传统产业转型升级：
机理、路径与政策

刘 勇 等◎著

The Transformation and Upgrading of Conventional Industries:
Mechanism, Path and Policy

经济管理出版社
ECONOMY & MANAGEMENT PUBLISHING HOUSE

图书在版编目（CIP）数据

传统产业转型升级：机理、路径与政策/刘勇等著. —北京：经济管理出版社，2017.12
ISBN 978-7-5096-5602-0

Ⅰ.①传… Ⅱ.①刘… Ⅲ.①传统产业—产业结构升级—研究—中国 Ⅳ.①F269.24

中国版本图书馆 CIP 数据核字（2017）第 316547 号

组稿编辑：申桂萍
责任编辑：赵亚荣
责任印制：司东翔
责任校对：陈　颖

出版发行：经济管理出版社
　　　　　（北京市海淀区北蜂窝 8 号中雅大厦 A 座 11 层　　100038）
网　　　址：www. E-mp. com. cn
电　　　话：(010) 51915602
印　　　刷：三河市延风印装有限公司
经　　　销：新华书店
开　　　本：720mm×1000mm/16
印　　　张：13.5
字　　　数：219 千字
版　　　次：2017 年 12 月第 1 版　　2017 年 12 月第 1 次印刷
书　　　号：ISBN 978-7-5096-5602-0
定　　　价：58.00 元

课题组负责人

　刘　勇　中国社会科学院工业经济研究所　投资市场室主任、研究员

课题组成员

　曹建海　中国社会科学院工业经济研究所　研究员

　江飞涛　中国社会科学院工业经济研究所　副研究员

　彭绍仲　中国社会科学院工业经济研究所　副研究员

　吕　宁　中国社会科学院工业经济研究所　副研究员

　葛　健　中国社会科学院工业经济研究所　副研究员

　李芳琴　中国社会科学院研究生院　博士研究生

　郭　文　中国社会科学院研究生院　博士研究生

　蒋　鑫　中国社会科学院研究生院　博士研究生

　乔睿智　中国社会科学院研究生院　硕士研究生

　史耀庭　中国社会科学院研究生院　硕士研究生

前　言

　　随着国际金融危机的持续影响，国内外发展环境和条件发生变化，我国经济发展进入新常态。一是世界经济复苏艰难、持续低迷，外部需求对中国经济的拉动作用明显转弱；二是劳动年龄人口持续下降，劳动力供求关系出现变化，过去10年工资水平不断上涨，制造业成本优势快速减弱；三是更多新兴经济体加快了工业化步伐，利用其劳动力成本优势吸纳制造业投资，加入了世界市场竞争。与此同时，中国又拥有世界最大的潜在内需市场，构成了支撑工业持续增长和结构升级的市场基础。因此，只有将工业增长的动力从依靠投资和出口转向消费、投资、出口三者协同拉动，提升消费需求特别是居民消费对工业增长的拉动作用，才能强化内生增长机制，保证工业经济长期平稳、健康的发展。

　　但是，也要看到，消费需求的扩大特别是需求结构升级，在客观上要求企业有能力生产更为高端和高质量的产品与之匹配，否则这部分升级的需求将转向进口产品。从经济实际来看，一方面国内传统消费品生产增长乏力，另一方面需求结构升级加快，消费者对高品质农产品、制造品和高质量服务的需求更加突出，越来越多的优质农产品需求、高端制造品需求、高品质服务需求等高端需求，外溢到海外市场。

　　近年来，国家在抑制产能过剩和重复建设、扩大内需、推进产业结构优化升级等方面制定了一系列政策措施，取得了一定的成效；但总体来看，已出台的措施多为短期限制性或刺激性政策，在具体环节上，相关产业政策、财税政策、社会政策和资源政策也缺乏衔接，政策指向性不清晰，政策工具也不够丰富和完善。

　　在这种情况下，系统地从多角度研究传统产业转型升级的发展前景、主要路径与限制因素，在基于发达国家经验比较的基础上，研究财政政策、金融政策和产业政策如何相互配合，最大限度发挥政策的集成效果，并以此构建我国以供给侧结构性改革进而促进工业转型升级的总体战略框架，提出相应的政策思路与对策建议，不仅有助于防止宏观经济的严重失衡以至大起大落，而且还将为增强工业经济的内生动力，提升整个工业转型升级的能力，确保经济与社会和谐发展的具体实践提供理论依据。

本书是中国社会科学院工业经济研究所工业投资与市场研究室承担的创新工程"传统产业转型发展问题研究"（GJSCX2017-02）的阶段性成果。全书首先在阐述传统产业转型升级的基础上，着重从全球价值链视角论述了企业转型升级的内在机理和演化路径。之后，进一步地将视角转向工业投资，对固定资产投资和工业转型发展的相关关系展开研究，通过实证分析得出我国存在较为严重的过度投资的判断，进而对工业转型发展中的产能过剩治理政策展开深入研究。在此之后，又分别解析了工业转型发展中的效率问题、金融对转型升级的支撑作用、物流成本因素对转型升级的影响机理和路径。另外，还分别对基础设施和军民融合对工业转型升级的影响、难点及政策取向进行了分析和研判。最后，从国际视角研究了发达国家促进工业转型发展的成功经验及启示，从宏观调控政策协同角度研究了财政政策、金融政策与产业政策协同推进工业转型发展。

加快传统产业改造升级和效率提升，提高供给侧产品和服务质量，实现更高质量和水平的供需动态平衡，不仅是中国经济发展面临的长期任务和艰巨挑战，也是一项极其复杂的重大课题。本书在此领域进行探索性研究，不免挂一漏万，还需要做更深入的学术思考与辨析和更细致的实践调查。

刘 勇

2017 年 12 月 11 日

目　录

第一章　导　论 …………………………………………………………… 001

第二章　传统产业转型升级基本框架 ………………………………… 007

一、传统产业转型升级的判定和衡量 ………………………… 007

二、传统产业转型升级和战略性新兴产业以及高技术产业的关系 ……… 009

三、传统产业转型升级的动力 ………………………………… 011

四、传统产业转型升级的路径 ………………………………… 012

五、传统产业转型升级的国际经验 …………………………… 014

六、简要评述 …………………………………………………… 016

第三章　企业运营转型升级的内在机理与演化路径 ………………… 022

一、文献综述 …………………………………………………… 022

二、基于全球价值链治理的创新驱动制造企业转型升级机理剖析 ……… 024

三、基于全球价值链治理的创新驱动制造企业转型升级演化路径

分析 ………………………………………………………… 028

四、企业"实验室经济"发展路径的优化 …………………… 031

五、加快创新驱动制造企业转型升级的政策建议 …………… 040

第四章　固定资产投资与工业转型升级 ……………………………… 045

一、工业投资的增长与变化 …………………………………… 045

二、工业投资增速下滑的主要影响因素 ……………………… 051

三、增长阶段转换中的投资与工业经济增长 ………………… 055

四、推动工业扩大有效投资的思路与对策 ┈┈┈┈┈┈┈┈┈┈ 059

第五章 实证分析：中国是否存在过度投资
——基于 1995~2014 年固定资产投资效益的测算 ┈┈┈ 064

一、引言 ┈┈┈┈┈┈┈┈┈┈┈┈┈┈┈┈┈┈┈┈┈┈┈┈┈ 064

二、文献回顾 ┈┈┈┈┈┈┈┈┈┈┈┈┈┈┈┈┈┈┈┈┈┈┈ 065

三、对中国资本积累状况的检验 ┈┈┈┈┈┈┈┈┈┈┈┈┈┈ 069

四、过度投资与资本回报率测算 ┈┈┈┈┈┈┈┈┈┈┈┈┈┈ 073

五、结论和政策建议 ┈┈┈┈┈┈┈┈┈┈┈┈┈┈┈┈┈┈┈ 078

第六章 产能过剩治理与工业转型升级 ┈┈┈┈┈┈┈┈┈┈┈ 082

一、我国经济新常态下产能过剩的新特征 ┈┈┈┈┈┈┈┈┈ 082

二、经济体制、投融资体制与产能过剩形成 ┈┈┈┈┈┈┈┈ 084

三、治理产能过剩面临的问题和挑战 ┈┈┈┈┈┈┈┈┈┈┈ 090

四、坚持以供给侧结构性改革推进"去产能" ┈┈┈┈┈┈┈ 092

五、转型升级是产能过剩行业的根本出路 ┈┈┈┈┈┈┈┈┈ 096

第七章 效率提升与工业转型升级 ┈┈┈┈┈┈┈┈┈┈┈┈┈ 101

一、经济新常态下效率提升是工业转型升级的关键 ┈┈┈┈ 101

二、中国工业经济效率恶化趋势显著 ┈┈┈┈┈┈┈┈┈┈┈ 104

三、导致我国工业经济效率恶化的主要原因 ┈┈┈┈┈┈┈ 107

四、推动工业效率提升的政策建议 ┈┈┈┈┈┈┈┈┈┈┈┈ 109

第八章 金融支持实体经济转型发展 ┈┈┈┈┈┈┈┈┈┈┈┈ 114

一、金融支持实体经济发展的主要成效 ┈┈┈┈┈┈┈┈┈┈ 114

二、实体经济转型升级中面临的融资"瓶颈" ┈┈┈┈┈┈┈ 117

三、加快金融创新、推进实体经济转型升级的对策与建议 ┈┈┈┈ 121

第九章　物流成本与工业转型升级 ················· 126

一、研究背景 ······························· 126

二、物流成本产生的根源及控制机理 ··········· 129

三、物流成本对产业转型升级的作用机理 ········ 138

四、物流成本对产业转型升级的趋势影响 ········ 146

五、结论 ································· 152

第十章　基础设施建设与工业转型发展 ············· 156

一、中国基础设施建设投资的基本情况 ·········· 156

二、基础设施建设对于工业发展的作用 ·········· 161

三、经济新常态下基础设施建设发展展望 ········ 163

四、发挥基础设施建设先导作用、推动工业转型升级的对策与

建议 ································ 167

第十一章　军民融合推动工业转型升级 ············· 169

一、军民融合推动工业转型升级的主要路径 ······ 169

二、军民融合发展面临的挑战 ················· 172

三、军民融合的难点与障碍 ··················· 174

四、军民融合推动工业转型升级的政策取向与对策措施 ····· 176

第十二章　发达国家促进工业转型发展的经验及启示 ······ 181

一、日本、新加坡、德国推动供给体系提质增效的主要政策措施 ····· 181

二、发达国家工业转型经验对我国的启示 ········ 186

第十三章　财政政策、金融政策和产业政策协同推进工业转型发展 ······ 190

一、三大政策不协调问题的现状 ··············· 190

二、三大政策不协调的原因 ··················· 192

三、三大政策协调的基本原则与组织机制 ········ 194

四、促进三大政策协调的主要思路 …………………………………… 197

五、促进三大政策协调的具体建议 …………………………………… 200

后 记 ………………………………………………………………… 205

第一章 导 论

2012 年以来，中国工业发展与结构调整取得了积极进展，工业规模已跃居世界第一，发展质量和水平大幅提升，成为国民经济稳定发展的关键力量。但是，中国经济进入新常态，中国工业发展进程中若干深层次的矛盾和问题日趋突出，产能过剩问题日益严重，工业经济增长效率显著恶化，转型升级面临严峻挑战与诸多障碍。其中，工业增长过于依赖投资需求拉动，过于依赖大量资本投入和要素投入的问题尤为突出。

同时，近年来伴随生产要素成本的不断攀升，发达国家的再工业化战略对中国工业发展带来严峻挑战：一方面会对我国新兴产业的发展构成显著影响；另一方面则会削弱中国传统产业的竞争优势，并对我国传统产业的转型升级带来巨大压力。在国际上，"中国制造"的低成本优势面临着严峻的考验，越南等其他发展中国家正在通过越来越多地参与到全球价值链的生产活动中来带动本国经济的发展，它们拥有比中国更加廉价的劳动力。随着中国低成本优势的逐步削弱，发展中国家以更低成本优势承接国际产业转移的趋势还将继续，它们将充分利用发达国家和新兴经济体调整产业分工的机遇，发挥本国的低成本优势，在中低档产品市场承接产业转移。在此背景下，如果我国制造业不能快速实现转型升级，在高端制造业产品尚未具备竞争力的条件下，中低端制造业产品的竞争力也将被削弱，制造业"产业空心化"的风险将不断增加，我国全球制造业大国的地位将受到严重威胁。中国迫切需要加快传统产业的转型发展。

总体来看，产业转型发展包括两个方面：一方面是传统产业的转型发展，另一方面是新兴产业的发展。一个国家的产业转型发展由这两个方面组成，但是不同的国家在产业转型发展的路径上存在差异。以美国、德国为例进行比较，美国的产业转型发展是以新兴产业的发展为主，而德国的产业转型则主要表现在以新兴技术、新兴的管理理念、更为精益有效的管理等来推动传统行业的转型升级。新兴产业的发展固然重要，但是出于中国的研发与创新能力、技术积累、人力资源结构、超大经济体特征、就业等方面的综合考量，未来很长一段时间，传统产业的转型发展仍在整个工业转型发展中占有极为重要的地位。

我国经济已由高速增长阶段转向高质量发展阶段，正处在转变发展方式、优化经济结构、转换增长动力的攻关期。中共十九大报告明确指出，建设现代化经济体系，必须把发展经济的着力点放在实体经济上，把提高供给体系质量作为主攻方向，显著增强我国经济质量优势；支持传统产业优化升级，促进我国产业迈向全球价值链中高端。推动传统产业转型升级，不仅是加快供给侧结构性改革、坚持走中国特色新型工业化道路、实现经济发展提质增效的必然选择，也是培育新增长点、形成新动能、提升全球价值链中国际分工地位的基本前提和根本保障。

全书共分 13 章，第一章为导论。第二章通过对传统产业、产业转型升级理论的文献梳理，对传统产业转型升级进行新的判定和衡量；基于文献研究，挖掘了传统产业转型升级与战略性新兴产业和高科技产业发展三者间的正向互动促进作用。从现实角度来看，传统产业转型升级的外在拉力主要来自经济增长的需要和产业政策的引导，内在动力来自产业效率的驱动、科技创新的推动。把握国际产业的发展趋势，我国在产业战略调整中通过集群化进一步提高我国产业的国际竞争力，通过融合化实现产业创新和培育新的增长点，通过生态化促进我国经济的可持续发展。从国际经验看，发达国家在进行产业升级时也不会完全淘汰传统产业，而是利用高新技术对其进行改造，促使其转型升级。而我国作为一个工业化进程尚未结束的发展中大国，区域发展水平差异大，中部、西部一些经济不发达地区对传统产业的发展仍有巨大的需求。可以认为，我国经济要实现可持续增长和良性循环，就必须拥有完整、协调的产业链体系和丰富的产业结构层次。

第三章从全球价值链治理视角研究创新驱动制造企业转型升级的内在机理，在分析全球价值链治理与创新驱动制造企业转型升级之间相关关系的基础上，推导我国创新驱动制造企业转型升级的演化路径。该路径可概括为制造链—制造创新链—制造创新方法链。通过该路径实现我国制造企业的转型升级，需要分两步实施：第一步，从战略全局的高度，以企业为创新主体，以市场需求和价值实现为导向，以实现创新目标和创新系统的优化为目标，在创新各环节推广应用创新方法，致力于制造链向制造创新链的升级，最终构建基于创新方法应用的制造创新链。第二步，在企业自身的创新能力得到一定的提高以及制造创新链初步形成的基础上，进一步对创新链上各个环节所采用的创新方法群加以集成和系统分类、创新，强化不同创新链环节方法群之间的有机联结，协同创新方法，构建创新方法链。

第四章研究固定资产投资与工业转型发展。我国正处于增长阶段转换期，经济结构将出现大规模的调整，增长动力也会发生很大的变化，长期以来依赖投资高速增长拉动、依赖生产要素大量投入驱动的粗放式增长模式将难以为继。长期来看，应加快生产要素市场化改革，推进投资体制改革，深化金融体制改革，提高投资效率，促进工业转型升级；短期来看，则应在优化投资结构的基础上保持基础设施投资的适度增长。

第五章从投资效益的角度研究我国持续高投资率是否合理以及投资是否过度。通过应用 AMSZ 准则检验近 20 年来中国资本积累状况，发现 2003 年以来整体经济出现资本总收益小于总投资的资本过度积累状态。之后，本章进一步测算同期经济的资本回报率，发现 2008 年后国家实施经济刺激政策以来，整体资本回报率呈现大幅下降趋势。从投资率对资本回报率的拟合系数看，投资率对资本回报率表现为负向影响。基于实证分析的结论得出我国存在较为严重的过度投资的判断，并就中国过度投资危害及其防范提出了相应的政策观点。

第六章研究工业转型发展中的产能过剩治理政策。中国工业经济产能过剩问题日趋突出，并已经成为影响金融与国民经济稳定、阻碍国民经济转型发展的头号问题。与之相应，化解过剩产能成为推动供给侧结构性改革的首要任务。然而，化解过剩产能过程中过度依赖行政性手段，而化解过剩产能的市场机制、法律与金融途径严重受阻，兼并重组在化解过剩产能中的作用存在被夸大的倾向，这些不利于积极稳妥去产能。加快化解过剩产能，应重视破产机制（破产清算机制与破产重整机制）的作用，通过破产清算机制能有效清除"僵尸企业"与缺乏社会价值的落后产能，并迫使部分低效率企业接受高效率企业的兼并重组。

第七章研究工业转型中的效率问题。进入经济新常态以来，中国工业增长的动力机制已由效率与要素协同驱动型向资本投入主导驱动型转变。以 2003 年为界，资本投入对工业经济增长的贡献率由年均 34.07% 大幅提升为 89.28%，而全要素生产率进步的贡献率则由年均 47.34% 骤降为年均-4.08%。与此同时，全要素生产率增长率由年均 4.6% 急剧下降至年均-0.05%，边际资本产出率由 2002 年的 0.61 急剧下降至 2012 年的 0.28。这表明，投资驱动工业经济增长的模式面临严峻的效率问题，其可持续性面临质疑。进一步研究表明，中国工业增长效率急剧恶化的趋势在国际金融危机之前就已经非常显著，国际金融危机并非导致效率恶化的根本原因，只是进一步加剧效率恶化的趋势。由此可以看出，由政府主导、投资驱动的工业经济增长方式才是工业增长效率恶化的根源。实现向创新驱动、效率驱动增长方式的转变，关键在于理顺市场与政府的关系，即政府必须为市场建立完善的制度体系，让市场充分发挥其决定性作用，并在尊重市场机制及市场主体意愿的基础上积极作为，促进技术创新与技术转移。

第八章研究金融对实体经济转型发展的支撑作用。作为现代经济的核心，金融要素的持续辐射与投入对实体经济的转型升级至关重要。近年来，金融在以下方面取得积极成效：推动重点领域与行业加快转型调整；整合金融资源，支持"三农"和中小微企业发展；以绿色金融助推绿色经济发展；创新金融服务，降低实体经济融资成本；支持优势企业并购重组，推进产业转型升级等。然而，实体经济转型升级中仍然面临若干较为突出的融资瓶颈。本章从以下角度提出了当前加快金融创新、推进实体经济转型升级的对策与建议：强化政府对金融推动实体经济转型的引导扶持；深度推进产融结合，努力扩大金融有效供给；深化基于实体经济的金融创新，着力提升金融供给质量；提升对中小微企业的金融服务水平，加大对薄弱环节的金融支持力度；深化多层次金融合作体系，协力推进实体经济转型；全面优化金融生态环境等。

第九章研究物流成本与工业转型升级。本章通过研究物流成本的产生来源和机理、物流成本的相关控制理论、产业转型与升级的内涵，构建了物流成本对产业转型升级的机制流程，提出物流成本对产业转型升级的直接作用机制和间接作用机制。本章提出，工业转型升级的主线在于产业结构的转变、产业形态以及产业所提供的商品、服务、性质的升级，其发展主要以集群化、融合化、生态化为趋势。物流业本身作为第三产业中的一员，与其他产业交织相融。在产业集群化的过程中，物流充当了物资、商品转移的载体，物流的发展可以使产业集群的范围在同样的成本下地域范围扩大化。在产业融合过程中，技术融合对产业的融合起到牵引作用，业务的融合促进产业的融合，市场的融合来完成产业的融合，而物流产业起到连接贯通技术融合、业务融合与市场融合的作用，所以物流产业成本的控制和降低，能够有效降低产业融合的成本并且提高产业融合的效率。在产业生态化的过程中，由于不同产业流程和不同行业之间的横向和纵向共生以及不同企业或工艺流程间的横向耦合及资源共享，物质流动、信息流动对其影响巨大，因此物流成本因素也对产业生态化发挥了关键的作用。

第十章研究基础设施建设与工业转型发展。"十二五"以来，中国基础设施建设投资增速经历了一个先下降后快速回升走稳的过程，为稳定工业经济增长发挥了重要作用，并在一定程度上推动了工业的转型发展。"十三五"期间，中国交通基础设施投资增长仍有较大空间，电力基础设施建设与质量提升将稳步推进，新一代通信网络与工业互联网建设将显著加快，重大科技基础设施建设将稳步推进，环境保护基础设施投资力度将加大。这一方面能为工业经济稳增长发挥重要作用，另一方面能加快中国工业向"智能制造""绿色制造"发展的步伐，推动中国工业的转型发展。为此，必须加快基础设施投融资体制改革，积极支持工业互联网建设，加强农村基础设施建设。

第十一章研究军民融合推动工业转型升级。军民融合发展的根本目的，在于统筹经济发展和国防建设，将国防和军队建设融入国家经济社会发展体系之中，使包括军工企业、民用企业在内的各类涉军或将要涉军的企事业单位都将获得新的发展。军民融合推动工业转型升级主要有四条路径，分别是：军工需求牵引工业产品和质量升级换代；技术外溢提升工业技术水平和制造能力；要素共享激发创新活力；国防订单带动战略性新兴产业成长。从实践看，我国军民融合的深度、辐射能力、国防科技工业与基础工业的良性互动都还有极大的提升空间。向纵深层次推进军民融合，也仍面临顶层规划设计有待完善、政策法规制度不完备、利益壁垒难以打破、技术标准体系不互通、融资渠道过窄等现实问题和矛盾的困扰。针对这些难点，本章从推动军工开放、促进军民技术双向转化、推进创新资源共享、依托军工需求牵引提升国家整体制造能力、推动军工经济与区域经济融合发展、加强国家层面军民融合的统筹协调等方面，提出了一系列加快军民融合、促进工业转型升级的政策取向与对策措施。

第十二章研究发达国家促进工业转型的经验及启示。日本、新加坡、德国等国家都曾经历经济转型升级过程，它们实施的一系列政策，在推动国民生产体系质量与效率提升、提高国民收入水平方面富有成效，成为持续增强国家竞争能力的重要举措。对于日本和新加坡而言，这些供给侧政策还是助推两国成功跨越"中等收入陷阱"的重要政策工具。日本、新加坡、德国的成功经验，对于当前处于经济新常态的中国而言具有重要的借鉴价值。中国应借鉴这些发达国家的经验，从以下几个方面促进工业转型发展：积极推动国民观念的转变，让持续提升效率与质量成为全社会的共同信念，形成崇尚效率与质量的社会氛围，建设完善的生产力促进体系，更加注重帮助企业提升科学管理水平与企业劳动者技能；构建中国的中小企业评价系统，建立中小企业大学与全国性的中小企业管理咨询协会，助推中小企业提升管理水平，建立产业技术研究院和全国性的技术转移中心，助推中小企业技术升级与技术创新；高度重视产业技术人才和技能人才的培养；加快推进消费者权益保护制度改革，严格保护消费者权益。

第十三章聚焦财政、金融和产业政策协同推进工业转型发展。国际金融危机以来，财政政策、金融政策与产业政策不协调的问题日趋凸显，主要表现在积极财政政策与宽松货币政策的实施虽然短期内推动了国民经济的企稳回升，但是缺乏与产业政策的协调，在某种程度上阻碍了产业结构的调整与产业的转型升级。三大政策不协调产生的主要原因在于以下两点：一是三大政策的主要任务、目标及制定部门均各不相同；二是三大政策在制定过程中缺乏有效的跨部门协调机制。促进三大政策的协调，关键是加强政策制定实施主体之间的组织协调。为了降低三大政策的协调成本，需要从政策实施的组织结构和工作机制等不同的层面构建多层次的政策协调机制。三大政策的政策模式与重点也需进行相应调整。

第二章　传统产业转型升级基本框架

随着人口红利的逐渐消失、资源供给的日益紧张，以及环境污染的日趋严重，我国传统产业以廉价劳动力为基础、以大量资源能源消耗为代价的粗放型增长模式难以为继。在后发国家工业化和发达国家再工业化的双重挤压下，我国传统产业转型升级迫在眉睫。我国虽然已经进入了工业化的中后期，但传统产业仍然是占国民经济比重最高、创造税收最多、吸纳就业最广泛的产业部门。传统产业企业数占企业总数的2/3，国内生产总值的87%和国家财政收入的70%来自传统产业。在规模和实力上，传统产业无疑对我国完成工业化进程仍起着举足轻重的作用。本章通过对传统产业、产业转型升级理论的文献梳理，对传统产业转型升级进行新的判定和衡量；基于文献研究，挖掘了传统产业转型升级与战略性新兴产业和高科技产业发展三者间的正向互动促进作用。

一、传统产业转型升级的判定和衡量

1. 传统产业和产业转型升级的概念及相关理论

传统产业是一个相对的概念，不同学者根据研究视角的不同对其有不同的定义。刘宁宁等（2013）认为，传统产业是指发展时间较长、生产技术基本成熟、经济高速增长后发展速度降低、对国民经济的影响逐渐下降、资源利用率和环保水平较低的产业。熊勇清（2013）认为，传统产业是以运用传统技术为主体，并以生产传统产品为主的产业，且这一概念具有动态性和相对性，在经济发展的不同阶段内涵有所不同。朱方明等（2014）认为，传统产业大多属于第二产业中的原材料加工工业、加工工业的轻工业，以及重型加工工业等。任保平（2015）认为，传统产业在工业化的不同阶段对国民经济发展起过重大支持作用，如纺织、资源采掘、冶金、化工、汽车、船舶等产业。从我国当前情况来看，传统产业主要是指在工业化的初级阶段和重化工业阶段发展起来的一系列产业群，在统计分类上大多属于第二产业中的原材料工业以及加工工业中的轻加工工业，具有消费驱动性、产业跨越性、技术稳定性、较快下降性和产业有形性等特点（王文俊，2016），这一概念得到了业界的普遍认同。

在产业转型升级的概念界定上，蒋兴明（2014）认为，产业转型升级是由产业链转型升级、价值链转型升级、创新链转型升级、生产要素组合转型升级所形成的有机整体。王柏玲、李慧（2015）认为，产业升级是一个以节约资源和生态保护为导向，在长期内适应外部市场环境不断开发和创造需求，根据要素禀赋动态变化调整要素投入，融合最新科技革命，并通过持续进行技术创新来逐步培养竞争力的过程。从全球的价值链来看，产业升级主要是指劳动密集型产业向资本密集型或技术密集型产业升级转变的过程，主要包含四个层次：流程升级、产品升级、功能升级、跨产业升级（Humphrey，2004）。

产业的转型升级必然离不开产业结构的重新洗牌和升级发展。现阶段对于产业结构的升级理论，主要有日本经济学家赤松要提出的"雁阵模式"，就日本的产业发展历程提出产业升级的关键在于产业转移；格·门施（Grid Mensch）和冯·丹因（Von Dan）认为，技术进步推动产业升级从而提出技术周期理论；现阶段一些区域经济学家引申工业生产周期理论提出产业梯度转移理论。这些理论都为传统产业转型升级的"何去何从"提供了有力的理论支持。

2. 传统产业转型升级的判定与衡量

产业转型升级是一个系统性的工程，自上而下涉及产业的结构调整。对于传统产业来说，其转型升级必须充分结合传统产业的自身特点。

（1）技术成熟性。传统产业的生产技术一般以稳定成熟的传统技术为主，通常具有劳动密集型特征，资本密集型与技术密集型占比较低，主要以外延式扩大再生产。传统产业生产的产品往往需求弹性小，附加值较低，在生产中获得一般利润。为了克服传统产业生产特征所带来的局限性，可以充分利用新兴产业的特性和协整性来促进传统产业转型升级。

（2）成长趋缓性。传统产业相对于战略性新兴产业而言是一种成长性趋缓的产业，从长期来看，其占国内生产总值比重、对经济增长贡献率等指标将趋于下降。对于拥有十几亿人口的我国来说，传统产业在国民经济中仍占主体地位，其提供的产品仍有着巨大而持久的市场需求。因此，基于这一现实国情，我国必须将发展战略性新兴产业与传统产业改造升级有机结合起来，促进两类产业协调发展。

（3）概念动态性。传统产业是一个相对概念，这一时期是新兴产业，过一段时间也许就会变成传统产业。例如，在工业化初级阶段，纺织工业是新兴产业，而进入工业化中期阶段后纺织工业就被列为传统产业。此外，有些传统产业在吸收了新兴技术后，产生出新的分支属于新兴产业的范畴，如吸收了生物技术的传统种植业升级为生物农业等。因此，传统产业经过吸收新兴技术得到改造提升后，能够在现代产业体系中焕发新生，继续发挥重要作用。

（4）地域相对性。同一产业在不同的地域，可能有着不同的功能地位。一些在欧美等发达国家的传统产业在我国则有可能是新兴产业。因此，以梯度转移理论为指导思想，在地域因素的条件下来考虑我国传统产业的转型升级是极具意义的。

二、传统产业转型升级和战略性新兴产业以及高技术产业的关系

在"再工业化"背景下，我国传统产业升级面临着困境与挑战，要实现传统产业升级，应从构建现代产业体系、发展战略性新兴产业、高新技术引领等途径着手（詹懿，2012）。

国内战略性新兴产业与传统产业的相关文献主要产生在战略性新兴产业上升为国家战略以后。在战略性新兴产业与传统产业的相互关系方面，黎春秋、熊勇清（2011）认为，培育战略性新兴产业能够对传统产业产生溢出效应、置换效应和联动效应，从而推动传统产业的优化升级。孙军、高彦彦（2012）认为，传统

产业升级和新兴产业的培育是一种螺旋式的发展关系，而这种螺旋上升发展的关键在于发挥不同阶段的比较优势。董树功（2013）基于产业升级的角度认为，我国产业升级过程是战略性新兴产业与传统产业协同发展的过程，而不是残酷的淘汰和替代，两者可以通过资源转移和市场共享来实现良性互动和共同发展。从战略性新兴产业培育和发展的途径来看，在传统产业基础上"嫁接"或"裂变"，或是两种方法的融合（张银银、邓玲，2013），都能促进两者的共同发展。传统优势产业通过创新驱动、市场拉动、投资拉动、政策和制度保证四个维度对战略性新兴产业产生影响（王维、柳琳琳、乔朋华，2016）。我国目前的战略性新兴产业与传统产业处于正向非对称互惠共生状态，如果能对两者共生关系中存在的共生单元不稳定、共生关系不对称、共生界面不完善和共生环境不健全问题进行有效的解决，则能加快传统产业和战略性新兴产业协同发展（李少林，2015；马荣华，2015）。熊勇清、郭杏（2014）以国有企业及规模以上非国有企业2007年、2011年面板数据为样本数据，运用两部门模型研究了战略性新兴产业对传统产业的溢出效应，发现战略性新兴产业对传统产业的溢出效应明显，但存在一定的滞后期。

构建知识密集型高新技术产业是我国传统产业转型的重要方向之一。Michael Porter（2002）认为，传统产业是发展高新技术产业的关键所在。Sandro Mendonca（2009）分析了高科技产业和传统产业的技术差异。Osaka（2002）认为，新兴产业和传统产业可以相互交融、共同发展。Lexington（2002）认为，在发展新兴产业时，不应忽视传统产业在解决就业中的作用。封凯栋（2013）认为，传统产业转型关键在于完善并提高创新系统的效率，为此应避免片面强调高新技术产业，应加强高新技术产业与传统产业的关联。程强、武笛（2015）分析了科技创新促进传统产业转型升级的机理，并提出了创新驱动下传统产业转型升级发展的路径。目前，关于传统产业高新技术改造的研究主要集中在高新技术向传统产业扩散方面，具体而言，主要集中在高新技术的特性、高新技术渗透传统产业的有效路径、高新技术产业与传统产业的要素重配置效应、高新技术产业的高效益性和关联带动作用、高新技术运用的案例剖析和经验总结等方面（王文俊，2016）。

三、传统产业转型升级的动力

产业转型升级的过程是要素禀赋动态变化和选择的过程（王柏玲、李慧，2015），在过程中受到多种因素的影响。成功的转型升级必定需要来自外部拉力的提携与自身内部动力的催动。从现实角度来看，传统产业转型升级的外在拉力主要来自经济增长的需要和产业政策的引导，内在动力来自产业效率的驱动和科技创新的推动。

1. 政府与产业政策的指引

政府以及产业政策在传统产业发展过程中，通过对特定产业的扶持，肃清壁垒，减少障碍，建立流通通道，可以有效地促进产业融合，特别是传统产业与战略性新兴产业的融合。同时，政府以及相关产业政策所营造的市场化水平也是促进传统产业转型升级的重要动力。

刘志彪（2013）在一般均衡模型框架下研究了政府不同的补贴政策对战略性新兴产业和传统产业发展的影响。刘玉忠（2011）认为，发展战略性新兴产业要统筹处理好国家与地方、政府调控与市场调节、产业规划与科技规划、战略性新兴产业与传统产业之间的关系。陆立军、于斌斌（2012）运用博弈论分析了政府行为在传统产业和战略性新兴产业发展中的具体作用。同时，传统产业转型升级需要综合考虑国家需要（符合国家产业结构的调整）、区域需要（符合区域经济社会发展的需要）、现实基础（符合区域现有产业基础和能力并在操作上可行），在这三个方面谋求平衡，寻找最佳结合点（熊永清、曾丹，2011）。霍影、霍金刚（2015）针对现阶段我国多个地区存在发展战略性新兴产业趋同和传统产业让位的情况，提出了基于外部效应的"技术引进—要素升级"和"产业转移—模式创新"两类传统产业升级改造路径。

2. 产业效率的驱动

传统产业自身发展所带来的运营效率提升，是促进其转型的重要动力之一。孙文远（2006）和张辉（2006）基于地方产业集聚特征和企业发展阶段，提出基于产品价值链分工的产业升级方式和战略。Drucker 和 Feser（2012）根据企业层面数据分析认为，产业集聚能够有效促进产业结构调整。同时，产业运营流程的效率提升也是产业转型升级的动力。Frankerl 与 Romer（1999）和洪银兴（2001）通过分析发现了贸易结构升级对产业结构升级的推动作用。制度学派强调有效的制度设计，认为制度升级是产业升级的重要途径（王柏玲、李慧，2015）。

3. 科技创新的推动

刘慧等（2003）从理论上阐释了信息化推动传统产业转型升级的机制及实现途径，并提出，信息化推动传统产业转型升级可分为产品信息化、企业信息化和产业信息化三个层次。程淑佳等（2007）提出，传统产业高新技术化的动力机制包括市场需求拉力、市场竞争压力、技术创新和技术中介的推动力、政府行为支撑力，各动力相互关联、相互促进。张银银、邓玲（2013）认为，战略性新兴产业是传统产业转型升级的重要方向，而突破这一难题的途径就是创新驱动，创新驱动过程分为前端、中端和后端三种驱动方式，共同作用于传统产业转型升级的每个环节，以此为依据，提出了创新驱动传统产业向战略性新兴产业转型升级的实现路径。王磊、安同良（2013）选取江苏阳光集团、江苏沙钢集团、金陵船厂对中国传统产业自主创新模式进行了案例研究，发现中国传统产业自主创新存在供应商主导模式、过程创新模式和协同创新模式三类创新模式。除此之外，技术进步、市场化水平、产业集聚、对外开放程度、环境管理能力等是企业转型升级的重要动力因素（祁明德，2015）。

四、传统产业转型升级的路径

我国传统产业面临着产能过剩和节能减排的双重压力，转型升级是一个艰难的过程，各地应根据自身传统产业的特点、动力因素等选择合适的转型升级路径（王文俊，2016）。厉无畏、王慧敏（2002）指出，把握国际产业的发展趋势，我国在产业战略调整中通过集群化进一步提高我国产业的国际竞争力，通过融合化实现产业创新和培育新的增长点，通过生态化促进我国经济的可持续发展。

1. 以集群化为导向的传统产业转型升级路径

Michael Porter 提出，产业集群主要是指集中于一定区域内特定产业的众多具有分工合作关系的、不同规模等级的企业——这些企业是拥有共同的市场利润及发展空间，基于共赢机制及产权保护而建立的一种组织行为主体。

随着全球化产业结构的调整，促进产业集群发展成为推动传统产业转型升级、快速发展的重要方法之一（刘宁宁、沈大伟、宋言东，2013），产业集群的升级方式包括产品升级、功能升级、工艺升级和价值链升级（Humphrey & Schmitz，2002；桑俊、易善策，2008；王海杰、吴颖，2014）。夏若江、胡振红（2008）研究发现，市场治理模式和准科层治理模式是传统产业嵌入全球价值链的主要模式，该模式有利于产业集群从多方面集聚资源，提升价值创造力，这样只要具备了足够的学习能力和创新能力，即使处于落后地位的传统产业也容易实现产业集群价值链升级。在选择集群方向上，也有学者做了相关研究。黄永春等（2014）通过对昆山传统制造业和战略性新兴产业企业创新特征数据的统计和计量，研究了新旧两类产业企业的创新方式，发现战略性新兴产业企业倾向于借助国内价值链的创新资源，传统产业则主要依赖全球价值链的"链主"。

2. 以融合化为导向的传统产业转型升级路径

由于技术的进步、管制的放松以及管理的创新，同一产业内部或不同产业之间出现了传统边界模糊、消失，甚至产生一个新的产业的经济现象。产业融合不仅改变了传统的产业定义与产业演化路径，也改变了传统产业的竞争规则与产业界限，导致产业边界重新划分。

运用高新技术改造传统产业（许树辉、谷人旭，2013）、运用产业之间的协调发展促进产业升级（唐晓云，2012），都是促进融合并充分发挥融合优势的路径之一。赖红波、丁伟和程建新（2013）突破以往对产业转型升级聚焦"企业端"而忽略"客户需求端"的现状，从"客户需求端"对产业转型升级进行分析，为企业转型升级提供了新的研究视角。他们认为，国内高端市场大多被跨国企业所占据，本土传统企业的转型升级不能产生最优解决方案，基于"帕累托改进"的原理，从弱关系和"结构洞"理论出发，他们提出通过信息产业与传统产业的融合，利用网络升级推进企业转型升级。

在实证方面的研究上，张倩男（2013）运用耦合协调模型对2005年、2011

年广东省电子信息产业与纺织产业的耦合情况进行了实证研究，发现信息产业与传统纺织业的融合极大促进了纺织业的转型和升级。熊勇清（2010）借助物理学中的"容量耦合"模型构建了战略性新兴产业与传统产业的耦合评价模型，并以环保产业和橡胶产业为例进行了实证研究。菅青和吴骏（2014）以合肥市家电产业为例，研究了战略性新兴产业与优势传统产业融合发展形成主导产业的选择方法。李晓华（2016）认为，"互联网+"能提升传统产业竞争力和实现传统产业的环境友好发展，提出了"互联网+"改造传统产业应遵循的五个原则。

3. 以生态化为导向的传统产业转型升级路径

生态化是从产业生态系统的角度评估和降低产业活动的环境影响的科学。绿色发展、循环发展、低碳发展、可持续发展是其主要的发展理念。

在生产要素和劳动力成本优势逐渐失去和环境管治趋紧的情境下，需通过不同于一般创新的方式谋求可持续竞争优势，兼顾经济、社会、环境效益与效率的绿色创新是必然选择（李玉米、周霞，2014）。绿色经济作为一种新的经济形式，是传统产业转型升级的一个重要方向（朱彬、唐庆蝉、宋跃群，2015），针对不同产业的效益特征，可通过鼓励扶持、改造提升、延伸产业链等路径来推动传统产业的绿色转型升级。资源密集型产业仍将是拉动中国经济增长的支柱，展望绿色产业发展，重点应放在传统产业的绿色化上，而不是抛开传统产业（张其仔，2010）。

五、传统产业转型升级的国际经验

随着经济水平的发展，各国都会遇到传统产业发展的瓶颈，为寻求突破式的发展，发达国家都通过各种手段不同程度地实现了传统产业的转型和升级，从而为国民经济的发展提供支持。其经验对推动我国传统产业转型升级和产业结构优化，提升我国传统产业的国际竞争力，具有重要的借鉴意义。

发达国家通过技术创新与设备更新、生产方式和组织管理模式创新、清洁生产与再制造、产业组织调整与产业集群创新、产业融合发展、全球价值链和产业链升级等途径，实现了传统产业的转型升级（杜朝晖，2017）。

意大利采用传统产业集群内的高技术扩散模式（MacLachlan，1998）。法国采用信息技术升级传统产业模式（Coats，1976）。

美国从"工业立国"到"再工业化"。美国采取新兴产业和传统产业并举的发展路径（Razita，1991）。美国历来重视工业在经济发展中的基础性地位，在不同发展阶段均采取以工业为先导、以新兴产业推动传统产业来促进经济增长的战略。美国独立初期，经济基础薄弱，工业制造设备匮乏，技术水平落后，为此，美国采取"工业立国"赶超战略，一举超越英国成为世界第一工业强国。

英国从引领早期工业技术创新到重振先进制造业优势。在工业革命前夕，英国把发展重心从欧洲大陆转到海外市场，为经济发展寻找原料基地和销售市场。同时，英国采取了"重商主义"的海外贸易保护政策，限制商品进口和保护本国产品出口，推动了早期工业技术创新活动，采用传统产业和新技术嫁接模式（王启明、张芝年，2007）促使英国成为当时世界上最强盛的工业大国。

德国从"产业合理化运动""道威斯计划"到"工业4.0"。德国通过改善投资环境，促进所有制多元化（安筱鹏、陈凌虎，2002），高度重视产品标准化和技术创新。第一次世界大战中，德国工业遭到严重破坏。1923年起，德国积极推行"产业合理化运动"和"道威斯计划"，重点推行生产和产品标准化，提高投入产出率。20世纪中后期，德国开始调整经济结构，向创新型经济转型，推动行业技术创新，重视新技术的开发和利用，通过强势、稳定的制造业来避免经济发展的"空洞化"。

日本从"贸易立国、技术立国"到"科技创新立国"。日本的制造业科技创新经历了引进、吸收、再创新的过程（赵隽欣，2014）。20世纪50年代，日本为加速恢复经济，扭转经济衰败颓势，实施"贸易立国"战略，振兴出口贸易，同时实施引进、消化吸收的科技战略，追赶世界先进技术潮流。20世纪80年代初期，日本转变科技发展思路，实施更强调自主研发的"技术立国"战略。20世纪90年代中期，日本由技术创新转向更为重视科学基础研究的科技创新，实施"科技创新立国"战略。

六、简要评述

战略性新兴产业和高技术产业代表了当今国际产业的发展方向，我国需要通过发展战略性新兴产业、高技术产业为经济发展开辟新的空间，构建未来产业竞争优势，提升我国在国际分工和价值链中的地位。传统产业在我国仍占主导地位，在满足人民群众的基本生活、提供就业岗位、保证工业体系完整、保障经济增长速度等方面仍起着举足轻重的作用，在今后相当长时期仍然是我国经济发展的主体力量。从国际经验看，发达国家在进行产业升级时也不会完全淘汰传统产业，而是利用高新技术对其进行改造，促使其转型升级。而我国作为一个工业化进程尚未结束的发展中大国，区域发展水平差异大，中部、西部一些经济不发达地区对传统产业的发展仍有巨大的需求。综合发达国家经验和我国现阶段的特殊国情可以得出，我国经济要实现可持续增长和良性循环，就必须拥有完整、协调的产业链体系和丰富的产业结构层次。

传统产业自身在现行生产条件下和经济环境中的特点（技术成熟性、成长趋缓性、概念动态性、地域相对性），是其施行转型升级的根本前提。充分利用新兴产业的特性和协整性来促进传统产业转型升级是对技术成熟性的延伸化发展；成长趋缓性可以通过战略性新兴产业和高新技术产业来开辟新的成长空间；概念动态性使传统产业可以通过吸收新兴技术得到改造提升，从而在现代产业体系中焕发新生，继续发挥重要作用；地理因素以梯度转移理论为指导思想，来重新思考传统产业的地域相对性。

为更好、更快地实施和推进传统产业转型升级，要做好以下几个方面：第一，充分发挥政府和产业政策的指引作用。完善环境要素的价格形成机制，推动环境税的征收，迫使企业合理、有效地使用环境要素，避免环境污染；完善结构性税负制度，落实"营改增"，推动产业由劳动密集型向知识或技术密集型的产业转变，或推动产业的区域转移；完善土地空间集约节约利用的政策引导，发挥市场在资源配置中的基础性作用，让市场定土地价值和发展项目，推动"产业集聚升级、控量提质减排"。第二，发挥产业效率和科技创新的推动作用。注重科技创新和成果转化，发达国家均将科技创新和成果转化作为支撑制造业发展的重要条件，制定专门的措施促进科技创新和成果转化；把基础设施建设作为制造业发展的重点，基础设施是一国工业发展的前提和保障，基础设施建设对工业产品的需求又反过来刺激了工业扩大投资和生产，带动了工业增长；注重支持中小企业发展，中小企业是市场经济中最为活跃的元素，也是支撑各国工业化的重要力量；注重开拓海外市场，开拓海外市场是欧美国家推进工业化的重要手段。第三，以集群化、融合化、生态化为导向科学地实施传统产业的转型升级。产业集聚是各种生产要素在一定地域的大量和有效集中，体现了生产力在空间布局上的优化；产业集群是指以产业领域相互关联的企业及其支撑体系在一定地域内发展并形成有竞争优势的经济群落，它有利于企业成长、降低外部成本、节约用地、节能减排。不同产业间的融合，能够促进产业之间的合作，降低交易成本、物流成本以及充分发挥分享经济和平台经济的效用。"互联网+"成为产业转型升级新的引擎，要把"互联网+"产生的新思维和新方法融入区域产业的发展中，各区域要把握机遇、创造环境，为"互联网+产业"发展提供机遇。绿色发展、循环发展、低碳发展、可持续发展为理念的产业生态化，不仅是传统产业所追求的理想转型升级的目标，更是我国在新时期建设美丽社会、现代化强国的根本途径。

参考文献

[1] 安筱鹏，陈凌虎. 国外企业信息化的进程及启示 [J]. 中国科技论坛，2002（3）：57-63.

[2] 程强，武笛. 科技创新驱动传统产业转型升级发展研究 [J]. 科学管理研究，2015（4）：58-61.

[3] 程淑佳，高洁. 利用高新技术改造传统产业的运行机制 [J]. 吉林省经济管理干部学院学报，2007，21（5）：19-21.

[4] 董树功. 协同与融合：战略性新兴产业与传统产业互动发展的有效路径 [J]. 现代经济探讨，2013（2）：71-75.

[5] 杜朝晖. 发达国家传统产业转型升级的经验及启示 [J]. 宏观经济管理，2017（6）：87-92.

[6] 封凯栋. 传统产业与高新技术结合应是国家创新体系的核心 [J]. 宏观经济研究，2013（2）：3-9.

［7］胡俊文."雁行模式"理论与日本产业结构优化升级——对"雁行模式"走向衰落的再思考［J］.亚太经济，2003（4）：23-26.

［8］黄永春，郑江淮，张二震.依托于NVC的新兴产业开放互补式技术突破路径——来自昆山新兴产业与传统产业的比较分析［J］.科学学研究，2014，32（4）：519-530.

［9］霍影，霍金刚.地方产业经济发展策略选择：传统产业是否应让位于战略性新兴产业——协同发展视阈下战略性新兴产业布局与传统产业升级路径［J］.科技进步与对策，2015，32（10）：28-31.

［10］菅青，吴骏.战略性新兴产业与优势传统产业融合发展形成主导产业选择方法研究［J］.中国科技论坛，2014（5）：39-44.

［11］蒋兴明.产业转型升级内涵路径研究［J］.经济问题探索，2014（12）：43-49.

［12］赖红波，丁伟，程建新.基于"帕累托改进"视角的本土企业转型突破与网络关系升级研究——以江苏宝应传统产业升级为例［J］.科技进步与对策，2013，30（22）：105-109.

［13］黎春秋，熊勇清.传统产业优化升级模式研究：基于战略性新兴产业培育外部效应的分析［J］.中国科技论坛，2011（5）：32-37.

［14］李少林.战略性新兴产业与传统产业的协同发展——基于省际空间计量模型的经验分析［J］.财经问题研究，2015（2）：25-32.

［15］李晓华."互联网+"改造传统产业的理论基础［J］.经济纵横，2016（3）：57-63.

［16］李玉米，周霞.传统产业绿色竞争优势生成路径分析——基于"钻石理论"分析的绿色创新视角［J］.广西社会科学，2014（2）：68-73.

［17］厉无畏，王慧敏.产业发展的趋势研判与理性思考［J］.中国工业经济，2002（4）：5-11.

［18］刘宁宁，沈大伟，宋言东.我国传统产业转型升级国内研究综述［J］.商业时代，2013（34）：109-111.

［19］刘玉忠.后危机时代中国战略性新兴产业发展战略的选择［J］.中国科技论坛，2011（2）：45-49.

［20］陆立军，于斌斌.传统产业与战略性新兴产业的融合演化及政府行为：理论与实证［J］.中国软科学，2012（5）：28-39.

［21］马荣华.战略性新兴产业与传统产业互惠共生研究——基于共生经济视角［J］.科技进步与对策，2015（19）：61-65.

［22］迈克尔·波特.竞争论［M］.北京：中信出版社，2003：210.

［23］祁明德.珠三角产业转型升级绩效研究［J］.社会科学家，2015（12）：68-71.

[24] 任保平，周志龙.新常态下以工业化逻辑开发中国经济增长的潜力 [J].社会科学研究，2015 (2)：35-41.

[25] 桑俊，易善策.我国传统产业集群升级的创新实现机制 [J].科技进步与对策，2008，25 (6)：74-78.

[26] 孙军，高彦彦.产业结构演变的逻辑及其比较优势——基于传统产业升级与战略性新兴产业互动的视角 [J].经济学动态，2012 (7)：70-76.

[27] 孙文远.产品内价值链分工视角下的产业升级 [J].管理世界，2006 (10)：156-157.

[28] 唐晓云.产业升级研究综述 [J].科技进步与对策，2012，29 (4)：156-160.

[29] 王柏玲，李慧.关于区域产业升级内涵及发展路径的思考 [J].辽宁大学学报（哲学社会科学版），2015，43 (3)：73-80.

[30] 王海杰，吴颖.基于区域价值链的欠发达地区产业升级路径研究 [J].经济体制改革，2014 (4)：38-42.

[31] 王磊，安同良.中国传统产业自主创新模式研究 [J].现代经济探讨，2013，375 (3)：34-38.

[32] 王启明，张芝年.英国：采用高新技术更新传统产业 [N].经济日报，2007-01-27.

[33] 王维，柳琳琳，乔朋华.战略性新兴产业驱动要素测量工具开发——传统产业关联作用视角 [J].科技进步与对策，2016，33 (14)：75-80.

[34] 王文俊.传统产业转型升级研究综述 [J].财经理论研究，2016 (5)：19-24.

[35] 王宇，刘志彪.补贴方式与均衡发展：战略性新兴产业成长与传统产业调整 [J].中国工业经济，2013 (8)：57-69.

[36] 夏若江，胡振红.基于价值链治理模式的传统产业集群升级路径的研究 [J].管理观察，2008 (Z1)：289-290.

[37] 熊勇清，郭杏.战略性新兴产业对传统产业溢出效应的实证检验——基于两部门模型的多维视角分析 [J].软科学，2014，28 (10)：1-5.

[38] 熊勇清，李世才.战略性新兴产业与传统产业耦合发展的过程及作用机制探讨 [J].科学学与科学技术管理，2010，31 (11)：84-87.

[39] 熊勇清，曾丹.区域传统产业转型的决策方法探讨 [J].统计与决策，2011 (17)：42-45.

[40] 熊勇清，曾丹.战略性新兴产业的培育与发展：基于传统产业的视角 [J].重庆社会科学，2011 (4)：49-54.

[41] 熊勇清.战略性新兴产业与传统产业互动耦合发展研究 [M].北京：经济科学出版

社，2013.

[42] 许树辉，谷人旭. 欠发达地区技术创新的产业升级效应研究——以韶关制造业为例 [J]. 世界地理研究，2013（2）：61-68.

[43] 詹懿. 再工业化背景下的西部传统产业升级研究 [J]. 现代经济探讨，2012（2）：51-55.

[44] 张辉. 全球价值链动力机制与产业发展策略 [J]. 中国工业经济，2006（1）：40-48.

[45] 张其仔. 绿色增长的重点：传统产业绿色化 [J]. 绿叶，2010（3）：34-37.

[46] 张倩男. 战略性新兴产业与传统产业耦合发展研究——基于广东省电子信息产业与纺织业的实证分析 [J]. 科技进步与对策，2013（12）：63-66.

[47] 张银银，邓玲. 创新驱动传统产业向战略性新兴产业转型升级：机理与路径 [J]. 经济体制改革，2013（5）：97-101.

[48] 赵隽欣. 日本再制造业发展的成功之道 [J]. 资源再生，2014（6）：50-51.

[49] 朱彬，唐庆蝉，宋跃群. 传统产业绿色转型升级路径选择研究 [J]. 环境科学与管理，2015，40（12）.

[50] 朱方明，陈中伟，贺立龙. 提高传统优势企业竞争力的思路与对策 [J]. 经济纵横，2014（1）：13-16.

[51] Aguilar A. G. Maquiladora Myths: Locational and Structural Change in Mexico's Export Manufacturing Industry [J]. Professional Geographer, 1998, 50 (3): 315-331.

[52] Coates J. F. The Role of Formal Models in Technology Assessment [J]. Technological Forecasting & Social Change, 1976, 9 (1): 139-190.

[53] Drucker J., Feser E. Regional Industrial Structure and Agglomeration Economies: An Analysis of Productivity in Three Manufacturing Industries [J]. Regional Science & Urban Economics, 2012, 42 (1-2): 1-14.

[54] Humphrey J., Schmitz H. Governance and Upgrading: Linking Industrial Cluster and Global Value Chains Research [R]. IDS Working Paper, Institute of Development Studies, University of Sussex, 2004 (12): 124-126.

[55] Lexington. Technology Management and Competitiveness: Is There Any Relationship [A]. The Third International Conference on Management of Innovation and Technology (ICMIT 2002) [C]. Hangzhou, 2002: 206-209.

[56] Mendonça S. Brave Old World: Accounting for "high-tech" Knowledge in "low-tech" Industries [J]. Research Policy, 2009, 38 (3): 470-482.

[57] Osaka T. Regional Economic Development: Comparative Case Studies in the US and Fin-

land ［A］. 2002 IEEE International Engineering Management Conference （IEMC-2002）［C］. Cambridge UK，2002：635-642.

［58］ Porter M. Conditions of the Formation of High-tech Industries Clusters ［A］. The Third International Conference on Management of Lnnovation and Technology （ICMIT 2002）［C］. Hangzhou，2002：127-131.

［59］ Vernon R. International Investment and International Trade in the Product Cycle ［J］. International Executive，1966，8（4）：307-324.

第三章　企业运营转型升级的内在机理与演化路径

　　自德国政府在 2010 年正式确立"工业 4.0"国家战略以来，智能化制造取得了飞速发展，标志着以智能化制造为标志的新时代的到来。以 3D 打印为代表的新一轮产业革命已经悄然兴起，各发达国家纷纷将智能化制造列入新一轮国家发展战略，以期在工业领域的新一轮技术革新中占据先机。而同一时期，我国的制造企业在全球价值链中仍处于低端环节，随着我国"人口红利"的逐渐消失而导致生产成本的急剧上升，制造企业外迁现象严重，传统制造企业面临着产业空心化和产业低端化的双重威胁，如何推动我国制造企业的转型升级就显得尤为重要。与此同时，由工业和信息化部牵头制定的《中国制造企业发展纲要（2015~2025)》正式获得国务院批准，简称《中国制造 2025》，被称为中国版工业 4.0 规划。作为我国未来经济发展的重要推动力，如何依靠技术创新推动我国制造企业的转型升级来提升我国制造企业在全球价值链的地位将是本书研究的核心问题。本章将通过从全球价值链治理视角对创新驱动制造企业转型升级机理、演化路径及政策优化进行研究，为今后我国创新驱动体系建设、制造企业转型升级和创新驱动体制机制创新提供政策建议，供相关决策者参考。

一、文献综述

　　目前，国内外关于制造企业转型升级的研究成果颇丰，主要集中在如下几个方面：

（1）制造企业转型升级研究。周民良（2011）通过对"十一五"时期我国制造企业的发展现状进行深入剖析，从地区和国家层面提出当前我国制造企业转型升级方向和政策建议。郭伟峰、王汉斌和李春鹏（2012）利用协同学相关理论提出，通过完善泉州市政府与泉州市制造企业协会、泉州市相关科研机构的协同机制，推动泉州市传统制造企业转型升级。冯荷英（2012）提出，从产业融合、提高自主创新能力、绿色制造等方面推动我国传统制造企业转型升级。秦可德、秦月、徐长乐（2013）从产业集群角度，结合全球制造企业智能化发展趋势，提出通过优化网络空间布局推动区域制造企业转型升级。史本业和李泽润（2014）等基于国际垂直专业化分工这一背景，认为参与国际垂直专业化分工能够有效推动中国传统制造企业转型升级。孙泗泉、叶琪（2015）在深入剖析创新驱动制造企业升级积极作用和机理基础上，认为技术创新从动力维、要素维、创新维三个维度推动制造企业转型升级。

（2）制造企业升级演化路径研究。江心英、李兴花（2013）将我国制造企业演化路径归为四类：一是贴牌代工路线；二是基于全球价值链治理理论确立OEM—ODM—OBM路线；三是根据技术创新推动制造企业升级四阶段演化路线；四是在既有贴牌代工基础上通过技术创新不断提高自身制造水平，提升产品质量。蔡瑞林、陈万明和陈圻（2014）运用程序化扎根理论方法开展质化研究，指出市场、技术和组织等要素整合是低成本创新源泉，为中国制造企业实现低成本创新提出相关对策建议。唐光海（2015）结合互联网思维对我国传统制造企业发展所产生的巨大影响，提出基于互联网思维，通过生产扩大化、生产虚拟化两种路径推动我国制造企业产业升级。

（3）在创新驱动与全球价值链治理方面，Walter W. Powell（1990）将全球价值链治理分为市场、层级制和网络三种组织形式，并对三种经济组织形式进行比较分析。Humphrey、Schmitz（2000）基于全球价值链治理思路产业升级一般轨迹图，将产业升级划分为工艺流程升级、产品升级、功能升级和链条升级四种模式。熊宇（2011）认为，必须通过开发和抢占本土终端市场实现我国制造企业转型升级。黄韦华、向吉英（2011）基于全球价值链治理结构，提出利用破坏性创新推动本土制造企业转型升级。

现有研究成果提供了许多有益启示，但仍鲜有研究对全球价值链治理与创新驱动我国制造企业转型升级机理、路径的内在关联进行深入剖析，并站在全球价值链治理视角对创新驱动制造企业转型升级机理、演化路径等方面展开深入研究。基于此，我们立足于全球价值链治理视角，对创新驱动制造企业转型升级机理、演化路径进行深入剖析，并结合国内外发展实际，就创新驱动制造企业转型升级提出相关政策优化建议。

二、基于全球价值链治理的创新驱动制造企业转型升级机理剖析

基于全球价值链治理这种全新视角研究创新驱动制造企业转型升级，有利于进一步丰富和发展全球价值链治理理论，同时也可为我国实现制造企业转型升级提供新的理论指导。经济全球化的进程，使越来越多的国家参与到全球生产和贸易的过程中，价值链治理活动的作用因此也变得日益重要。Gereffi、Humphrey 和 Sturgeon（2003）将全球价值链治理模式划分为市场型（Market）、模块型（Modular）、关系型（Relational）、领导型（Captive）和层级型（Hierarchy）五种，其划分依据是各行为主体间协调能力高低。市场型治理关系中，企业面对相对自由的环境，产品和工艺知识比较简单且信息和标准化程度较高，其运行的核心机制是价格机制；层级型治理关系中，生产过程只能在企业内部完成，交易的复杂性和可标准性高，供应商能力较弱，其运行的核心是管理控制。其他三种治理模式属于网络型。模块型治理关系中，交易的复杂性、交易的可标准性和供应商的能力都相对较高。关系型治理关系中，交易的复杂性和可标准性高，供应商能力较低。领导型治理关系中，交易的复杂性高，但交易的可标准性程度较低，供应商能力较高。五种全球价值链治理模式是由三个重要变量决定的，即交易的复杂性、交易的可标准性、供应商的能力，而这三个变量具体又主要因商品标准化程度、供应商与采购商间的关系、技术发展与创新以及政策因素的变化而变化，具体如图 3-1 所示。

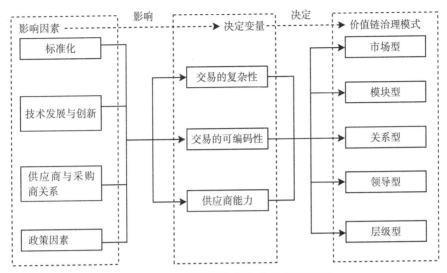

图 3-1　全球价值链治理模式形成机制示意

　　要实现创新驱动制造企业转型升级就是要实现以创新为驱动力，依靠创新全面提升传统制造企业的产品结构、技术结构、行业结构等，实现制造企业由劳动密集型、资源粗放型、低附加值型向技术密集型、集约型和高附加值型的发展方式转变。发达国家对全球价值链实施治理主要是为稳固其占据的全球价值链高端位置，成为全球价值链领导者。基于对图 3-1 的分析，从全球价值链治理模式的影响因素、决定变量出发，可揭示出我国创新驱动制造企业转型升级的过程与机理如下：

　　（1）传统制造企业筛选期。一般而言，重化工业易于向新材料、新能源进行产品及制造工序升级；一些传统汽车行业则易于向新能源、高端智能化汽车制造升级。在这一阶段，由于传统型制造企业对主导企业的过度依赖和缺乏自主创新的动力因素，在全球价值链的治理模式中多表现为领导型和层级型。因此，在这一阶段主要是筛选出那些在产品链、产业链、知识链、技术链等方面与创新驱动制造企业有交叉融合的制造企业对其进行培育。

　　（2）传统制造企业转型升级培育期。这一阶段，我国传统制造企业仍然是支撑企业及国家的重要支柱，通过积极嵌入全球价值链治理并从中学习发达国家高新制造技能，创新、优化、改造传统制造企业产品结构、技术结构、布局结构和行业结构等，培育我国制造企业转型升级新增点，明确我国在全球价值链上的战略地位。

（3）创新驱动制造企业发展期。以加强制造企业创新能力为核心，积极打造我国新型制造企业发展方式以及制造创新链。在此基础上，从全球价值链治理角度出发，抓住模块化"三高"治理机遇，利用在模块化治理关系中参与各方在关系上的互补性以及对等性，实现向价值链中高端环节持续爬升，改变我国制造企业在全球价值链中处于中低端的现状，实现制造企业转型升级。

创新驱动主要通过三个维度来推动制造企业转型升级：

第一维是"双力"维，即动力维与压力维。一方面，身处全球价值链中低端以及面对发达国家在金融危机后实施的"再工业化战略"的双重压力，迫使我国制造企业必须以创新方式来展开生产活动，以创新驱动作为主要手段；另一方面，在共同的全球价值链治理中，我国在与其他国家制造企业创新竞争及与跨国公司合作中可以相互学习，提升创新意识，形成动力。压力与动力的共同作用，可加快我国制造企业的转型升级。

第二维是要素维，即高端要素注入。《中国制造2025》是为应对全球新一轮科技革命和产业革命而提出的促进我国制造企业转型升级、提升我国国际竞争力的重要举措。该规划的重点在于实施了制造企业的创新建设、智能化、绿色发展以及高端设备等，目的在于通过自主创新与引入、消化、吸收、再创新，力争到2025年实现我国从制造大国迈入制造强国行列。一般地，自身创新能力强的国家，其对创新要素的吸引力也更强，而且在参与创新竞争中更能够把握世界创新的前沿，取得占据全球价值链高端位置的优势。所以，我国更应注重在自主创新基础上实现吸引其他创新要素的注入。

第三维是竞争维，也就是引领和超越。全球价值链中位于两端位置的发达国家具备较强的竞争力，而位于中低端的我国则处于追赶者的弱竞争地位。我国制造企业要获取国际竞争力，实现在全球价值链中地位的攀升，实现高额利润或保持引领者的地位，就需要不断提高创新竞争力，需要政府产业政策的大力支持，需要持续推进制造企业的转型升级，不断开辟制造企业升级的新天地。

创新驱动通过"三维"动力因素的相互作用，可以推动我国产业结构机制的优化，提升我国需求结构机制、劳动生产率机制以及贸易竞争机制。具体的创新驱动制造企业转型升级的机制作用示意图如图3-2所示。

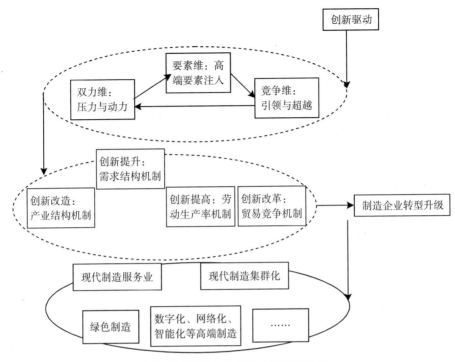

图 3-2 创新驱动制造企业转型升级机制示意

在创新驱动"三维"因素作用下，产业结构机制、需求结构机制、劳动生产率机制以及贸易竞争机制等得到优化升级，并最终共同致力于我国制造企业转型升级。从图 3-2 中可以看出，三个作用维度间是相互作用、相互影响的。三者在循环流通过程中，通过与我国产业发展的实际情况相结合，在科技创新驱动下，改造我国产业结构机制，提升我国需求结构机制和劳动生产率机制，改变我国国际贸易竞争机制，并最终实现我国制造企业的转型升级，向现代化制造服务业、现代制造集群化以及绿色制造、网络化、智能化、数字化等高端制造方向发展。

三、基于全球价值链治理的创新驱动制造企业转型升级演化路径分析

全球价值链不仅是我国改革开放以来制造企业得以迅速发展和提升的重要基础，也是我国当前在参与国际分工、全球价值链治理过程中实现创新驱动制造企业转型升级，提升我国国际地位的重要基石。国内运用全球价值链理论主要是从案例分析和突破路径的角度对我国制造企业转型升级进行分析，具有一定的参考研究价值，本章将从全球价值链治理这个全新的视角对我国创新驱动制造企业转型升级的演化路径进行分析，如图 3-3 所示。

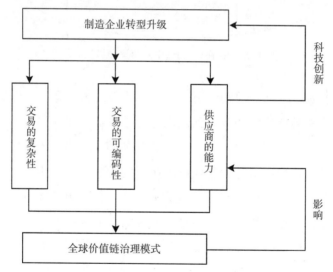

图 3-3　全球价值链治理视角下我国创新驱动制造企业转型升级路径示意

通过对图 3-3 进行分析，可发现全球价值链治理模式与产业升级间存在相互影响的关系，即全球价值链治理模式不同，会产生不同程度的产业升级。因此，从全球价值链治理视角来分析我国创新驱动制造企业的转型升级，可以看出：处于全球价值链中低端的我国制造企业由于会受到价值链治理的领导厂商影响或作

用而改善、提高其供应能力；企业也会通过自主创新、强化与其他跨国公司合作，影响采购商需求变化、信息的标准化与交易可编码性等决定治理模式的因素，致力于实现制造企业转型升级；同时，通过创新驱动制造企业转型升级会不断推动我国企业在全球价值链中的地位向高端环节攀升，这些又会作用于全球价值链治理模式。

基于上述对全球价值链治理与创新驱动制造企业转型升级间关系的分析，我国创新驱动制造企业转型升级演化路径应是：

1. 做强制造链

即做大做强代表我国制造企业实力水平的基本制造活动链——制造链。制造链作为一国制造企业最基本的活动链，其竞争力的强弱可直接反映该国制造企业实力水平的高低。目前，我国制造链的结构主要是：获取先进技术—作用于各制造流程—实现产品生产。从该结构可以看出，我国制造链的目标在于，通过将获取的技术应用于产品设计和制造过程，最终实现产品生产。从我国当前大多数企业能够在降低生产成本、缩短产品生产周期、保证产品质量等前提下制造出具备一定竞争力的产品来看，我国大多数制造链俨然已是处于高水平的制造链。但是从结构上与国外发达国家相比，我国制造企业则缺失了一个基于创新过程的创新链。发达国家注重依托自身或外包形成具有创新活动驱动的完整创新产业链，并将此贯穿产品整个生命周期。我国当前的制造企业却忽视了创新链对制造企业转型升级的重要性，更是很少以全球价值链治理为基础来对我国的制造链进行升级优化。因此，我国当前的首要任务是必须将创新驱动引入制造企业的转型升级。

2. 构建制造创新链

在保持原有强大制造规模基础上，坚持积极嵌入全球价值链治理和自主创新相结合方式，致力于制造链向创新链升级与融合，构建制造创新链。制造链是制造企业最基本的单元，是决定供应链运作的关键环节，其竞争能力的强弱直接关系到制造企业水平的高低以及全球价值链治理模式。虽然我国制造链制造成本低下，能制造出有竞争力的产品，对小批量复杂订单具有一定的吸引力并已发展成为高水平的制造链，但是制造链的创新能力弱，制造产品的质量保证能力弱，与国外依托技术研发、自主创新或外包的创新链相比，这已然成为我国在全球价值链中实现向高端延伸、实现制造企业转型升级的"瓶颈"。面对这种状况，我国企业应利用其能以较低的制造成本进行规模化、专业化生产的优势，积极嵌入全球价值链制造企业环节，主要是以低成本的姿态积极嵌入发达国家采购商主导的全球价值链，基于制造链打造创新链。针对缺乏自主创新、过分依赖主导产业的传统产业，应采取的措施并不是完全放弃、剥离整个制造企业。对于此类制造企业，关键在于在全球价值链治理中学习—引进—消化、吸收—再创新，抓住在全球价值链治理中模块化治理的机遇，使自身更好地融入全球价值链治理，并最终为我国创新驱动制造企业转型升级创造更好的条件。制造流程已不是我国制造企业应当关注的重点，市场创新才是目前我国创新驱动制造企业转型升级的核心。以市场实现为基本目标，重视市场创新和来源于市场的信息创意激发、技术研究，在具备一定自主创新能力的情况下通过致力于实现市场、技术和管理的协同创新，实现制造链与创新链的有效融合，构建制造创新链，最终通过各种创新手段提高企业的自主创新能力，确定我国在价值链中的战略地位，逐步向制造企业高端延伸，实现创新驱动制造企业的转型升级。

3. 构建创新方法链

在制造创新链形成基础上，基于对"工业 4.0"的了解，采取积极应对方式，对制造创新链各环节创新方法进行划分，通过强化、协同各环节创新方法，构建创新方法链。对于"工业 4.0"我国不应仅仅只是了解，更重要的还在于深入研究、学习借鉴、制定对应政策等。通过组织学习和自主创新，以及资本和技术的积累，在制造创新链初步形成的基础上增强制造环节的实力。我国在突破创新人才、管理、环境等"瓶颈"制约后，在全球价值链治理中创新驱动我国制造企业转型升级的突破点将会是我国长期忽视的一个着力点——创新方法。"方法适当，事半功倍"，温家宝也曾经说过，"要实现自主创新，方法必须先行"，并强调"创新方法是自主创新的根本之源"。因此，我国必须在制造创新链初步形成的基础上对创新方法进行甄别和系统设计，精炼制造创新链每一环节的方法群，发挥创新方法的协同效应，构建创新方法链。例如，创新产生的初级阶段也就是创意阶段有头脑风暴法、创造性模板、根源分析法等，落实到技术研发阶段有系统进化法则、矛盾矩阵法等，这些都是所谓的方法链。当然，这些方法链都是在正确把握自主创新方法和规律的基础上，在分析、总结国内外创新理论与研究方法并结合中国制造企业的发展现状和国家的长期发展战略的过程中逐渐形成的。要按照《中国制造 2025》坚持创新驱动制造企业转型升级向智能化、数字化方向发展，实现我国从制造强国向智造强国转变。"工业 4.0"也强调要把工业化与信息化的深度融合作为重点，推进制造企业向智能化发展，用标准化来引领、推动信息网络技术与工业融合。我国制造企业的发展方向已经很明确，关键在于在把握方向的前提下，重视创新方法链的要素及要素之间的关系以及发展的过程，制造链、创新链、创新方法链三者是实现企业自主创新能力的关键。

综上所述，我国实现创新驱动制造企业转型升级的路径可概括为：制造链—制造创新链—制造创新方法链。具体来说，通过该路径来实现我国制造企业的转型升级需要分两步实施：第一步，我国制造企业应认清在全球价值链治理中自身制造链所处的位置，从战略全局的高度，以企业为创新主体，以市场需求和价值实现为导向，以实现创新目标和创新系统的优化为目标，在创新各环节推广应用创新方法，致力于制造链向制造创新链的升级，最终构建基于创新方法应用的制造创新链。第二步，在企业自身的创新能力得到一定的提高以及制造创新链初步形成的基础上，进一步对创新链上各个环节所采用的创新方法群加以集成和系统分类、创新，强化不同创新链环节方法群之间的有机联结，协同创新方法，构建创新方法链。

四、企业"实验室经济"发展路径的优化

技术创新和科研成果转化是企业在激烈的市场竞争环境中取得竞争优势的关键所在。技术创新理论最早始于熊彼特，熊彼特（1990）在其著作《经济发展理论》中指出，技术创新是指把一种从来没有过的关于生产要素的"新组合"引入生产体系，通过这种新的组合实现技术水平的提升。技术创新不仅需要知识，更在于将知识转化为技术的能力，而企业是创新活动的灵魂。无疑，在企业通过技术创新的方式取得市场竞争优势的过程中，实现由知识到技术的转化以及由技术到产业的转化是其最为重要的两个环节。改革开放以来，虽然我国各高校和科研

院所以产学研合作的形式通过各种模式向企业进行了技术的转移和扩散，实现技术与市场的对接，但在这两个环节上始终没有得到很好的衔接，技术产业化水平极低。

如何实现知识—技术—产业之间的有效衔接，不仅是企业孜孜以求的目标，也是高校和科研院所共同努力的方向。企业"实验室经济"模式正好弥补了当前产学研不能有效衔接的缺陷，成为当前企业技术创新的新模式。在该模式下，企业依靠自建的实验室或与高校、科研院所的实验室紧密联合，让知识转化为技术，让技术生成产业，形成自己的核心技术与知识产权，成为市场上的自主创新主体，从而提升企业核心竞争力。由于该模式将企业敏锐的市场导向性和高校、科研院所创新的科学技术紧密结合在一起，既充分利用高校、科研院所高端技术人才优势，又面向市场需求，极大地提高了高新科技成果的转化率，因此，该模式越来越多地被国内外各大企业所采用。典型的如美国的贝尔实验室，它是美国众多重大发明的诞生地，这些发明和技术使朗讯科技公司在通信系统、产品、元件和网络软件方面处于全球领先地位。国内企业如华为、海尔、中信等也都纷纷投入大量资金和人力，建设自身实验室和设计院，通过技术创新，提升企业在国际市场上的竞争力。

1. 加大政府政策支持力度，促进科技成果和生产力的无缝对接

"实验室经济"是产学研相结合的创新模式，其最大优势就是有效地实现了科技成果和生产力的无缝对接，大大加快了从技术到市场的产业化进程，为企业获取持久的核心竞争力提供了强大的动力源泉。强有力的政府政策支持，不仅可以为企业"实验室经济"的发展提供良好的政策环境，还可以在实验室和企业之间搭建科技成果转化平台。因此，一方面，应继续加大对科技创新成果的资金和政策支持力度，加大财政对科技创新的投入，同时进一步拓宽科技创新企业融资渠道，在财税金融政策上给予科技创新企业各种优惠，鼓励企业积极进行科技创新。另一方面，应积极搭建科技成果转化平台。组织企业、高校和科研机构开展互访活动或联盟活动，定期举办科技项目对接会、技术交易会、科技创业者大赛等，促进产学研的紧密结合。着力培育一批在自主创新、联系和服务科技工作者中发挥重要作用的科技协会、学会和企业联盟，提升其科技服务水平。同时，还应积极建立科技信息服务网络，全面收集和提供科技成果信息、科技需求信息，

促进科技成果和生产力的无缝对接。

2. 创新体制机制，推动企业科技创新

长期以来，我国科研力量主要集中在高校和科研单位，技术创新脱离市场和企业需求，企业技术创新能力不强。企业作为国际竞争的主体，其技术创新能力，尤其是核心技术创新能力的强弱决定了一国在国际竞争中的地位。因此，推动企业成为技术创新主体，增强自主创新能力，就成为一项事关国家长远发展的重大任务。当前，应进一步推动科技体制和经济体制改革，激发企业技术创新活力，鼓励企业依托自身科技资源，加大研发投入，通过自建或共建实验室等多种形式，积极进行自主创新。对科技型小微企业给予更宽松的信贷资金保障，帮助其将科技成果转化为生产力。同时，还应创新科技机制，加快建立科技资源共享机制，支持企业、高校、科研机构共建开放式实验室，对建立开放式、专业化、共性化的科技研发和服务平台将在政策、资金上给予支持。培育一批与主导产业关联度大、具有一定区域优势、能产生新的经济增长点并能吸纳高校、科研院所和企业等各种社会创新要素的产业联盟，全面推动地区技术创新和产业结构优化升级。

3. 加快高端产业功能区建设，打造"实验室经济"发展平台

"实验室经济"解决了知识—技术—产业之间的有效衔接，成功地实现了知识技术化和技术产业化，而高端产业功能区作为科技成果孵化和产业化基地，以及产学研一体化体系构建的有效载体，在推动"实验室经济"发展、提升区域创新能力方面发挥着重要的作用。因此，应继续加快高端产业功能区建设，各地区依据不同的历史和文化条件，合理规划产业空间布局，健全运转机制。着力建设高新技术产业园，充分发挥其在引领高新技术产业发展、支撑地区经济增长中的集聚、辐射和带动作用，推动区域全面创新。同时，在高新技术产业园区内，应充分发挥大企业、大集团具有雄厚研发实力和超强的技术创新能力的优势，形成一批具有自主知识产权的科研成果，并加速推进科研成果产业化，使之成为"实验室经济"集中发展的示范基地，全面展示科技创新的集聚效应和规模效应。此外，还应积极支持大学科技城建设，依托高校集聚的技术和人才资源，引导其建立多功能、有特色的大学科技城，使之成为科技成果孵化和产业化基地。

4. 规范知识产权市场，营造良好的"实验室经济"发展法制环境

在知识经济时代，知识产权蕴含着极大的经济能量，能够最大限度地实现科技创新的经济价值，激发企业技术创新活力，从而推动技术的进步和科技的发展，为国家经济发展带来持久动力。随着我国知识产权战略的不断实施和知识产权制度的不断完善，企业对知识产权的创造、运用、保护和管理力度也不断加强，知识产权开始变成商品和资本进入市场运营。但我国在知识产权的运用方面仍然存在许多问题：首先，知识产权保护在执行层面存在问题，由于相关管理部门的失职、轻视或忽视，我国许多知识产权保护规定并未落到实处；其次，知识产权执行缺乏长效机制，导致随意侵害知识产权的现象依旧层出不穷，随意抄袭、复制、下载等现象随处可见，尤其是在互联网时代，这种现象更为严重；最后，虽然近年我国知识产权法律体系不断得到完善，但由于我国居民尚未形成知识产权意识，知识产权观念淡薄，致使许多法律法规得不到有效执行。因此，应进一步规范知识产权市场运作，维护科技创新者的权益。同时，还应大力弘扬知识产权文化以培育社会公众的创新意识，用知识产权制度激励发明创造，营造良好的知识产权法治环境、市场环境、文化环境，提升我国企业知识产权创造、运用、保护和管理能力，为我国科技创新和"实验室经济"发展提供强有力的支撑。

5. 加快科技创新人才培养，为"实验室经济"发展提供智力支持

规模宏大的创新型科技人才队伍不仅是国家科技创新和技术进步的保障，同时也是"实验室经济"有效地发挥"1+1>2"的聚合效应的关键因素。因此，在"实验室经济"发展过程中，着力培养一批高层次的科技领军人才和创新团队，壮大和优化科技创新型人才队伍就显得尤为重要。应继续加大科技人力资源投入，重视高层次科技人才队伍建设，造就一批具有世界一流水平的科技人才队伍。同时，还应重视科技管理、科技服务和科技普及人才队伍的建设，加快科技成果转化专业服务人才队伍建设。国家应给予各种政策支持，营造良好的科技创新氛围，鼓励优秀的高校毕业生和企业科技人员创新创业。此外，在人才教育培养模式上应不断创新，将创新型教育融入各层次教育体系，根据国家科技和经济发展需要及时调整优化高等学校学科专业，推进产学研合作教育模式，促进高校和科研院所、企业联合培养人才。

【专栏 3-1】
企业"实验室经济"发展现状

企业"实验室经济"的雏形最早可以追溯到 18 世纪中叶英国第一次工业革命，19 世纪下半叶至 20 世纪初在美国发展成熟。美国是"实验室经济"的典型代表，拥有一大批享誉全球的著名实验室，如劳伦斯伯克利国家实验室、贝尔实验室、拜耳实验室和喷气推进实验室等，这些实验室因研制出了代表世界前沿科技水平的科技成果，成为美国众多重大发明的诞生地，为美国经济和科技的发展做出了重大贡献，并成为美国企业在激烈的市场竞争中获取持久和强大竞争优势的源泉。

我国于 1984 年开始组织实施国家重点实验室建设计划。《国家中长期科学和技术发展规划纲要（2006~2020 年)》提出，"根据国家重大战略需求，在新兴前沿交叉领域和具有我国特色和优势的领域，主要依托国家科研院所和研究型大学，建设若干队伍强、水平高、学科综合交叉的国家实验室"。为进一步落实和深入实施《科技规划纲要》，2011 年《国家"十二五"科学和技术发展规划》提出，"在国家战略需求、基础前沿以及新兴交叉学科等领域，按照择优布局的原则，继续在高等学校和科研院所推荐国家重点实验室建设，打造国际一流水平的基础研究骨干基地。"同时，"结合技术创新工程实施，加强企业国家重点实验室建设。"近年来，我国实验室规模发展较快，每年新增实验室数量达到 500 家，截至 2010 年 9 月，全国已经拥有通过认证的实验室 4225 家，居世界首位。这些实验室分布领域广泛，涵盖数理、生物、医学、地学、工程、信息、化学、材料等多个领域，分属教育部、中国科学院、工业和信息化部、卫生部、农业部、总后勤部卫生部等多个部门管辖。截至 2012 年，全国拥有国家重点实验室 260 多个，国家工程研究中心 130 个，国家工程实验室 128 个，国家认定企业技术中心达到 887 家，省级企业技术中心达到 8137 家，其中，与 2011 年相比，国家工程实验室增长 7%，国家认定企业技术中心增长 11%，省级企业技术中心增长 19%。这些实验室拥有先进的仪器设备，承担了大量国家重大科研项目，是我国基础研究的骨干基地，为我国科技和经济发展提供了强有力的技术支撑。

在激烈的市场竞争中，企业要想立于不败之地、获取持久的竞争优势，就必须依靠科技的力量，形成自己的核心技术和知识产权，成为市场自主创新主体。因此，企业建立实验室是加快自身发展的必然要求。我国从 2006 年开始筹建企业国家重点实验室，截至 2011 年底，我国共建设了 96 个企业国家重点实验室，这些实验室分布于材料、矿产、能源、医药、信息、制造、农业、交通八个学科领域，拥有固定人员 7600 余人，主持和承担"973 计划""863 计划"等国家级课题 1500 余项，发表高水平研究论文 1.1 万多篇，申请发明专利 6800 余项，获得授权发明专利 2100 多项。企业实验室专注于行业前沿技术以及共性关键技术的研究，不仅为企业的技术进步和产业国际竞争水平的提高做出了巨大贡献，成为企业技术创新的尖兵，同时也为企业的健康、稳步发展保驾护航。如长春百克生物科技股份有限公司依托企业实验室强大科研力量的支撑，推出自主研发的冻干水痘减毒活疫苗和人用狂犬病疫苗，在金融危机的冲击下，公司不仅利润没有受到影响，而且首次突破销售收入过亿元的纪录。

此外，为了发挥科技对经济的拉动作用，最大限度地使科技服务于产业、服务于市场，我国企业还积极地通过共享、共建实验室等多种方式推动企业前沿技术和关键技术的开发和攻关，提升企业自主创新能力。如中信国安盟固利电源技术有限公司与北京大学共同出资建立了基础实验室；首都钢铁公司与钢铁研究总院、北京科技大学、东北大学等科研院所和高校分别成立了联合研发中心，共同出资研发；辽源市彤坤新能源科技有限公司与东北师范大学材料化学研究所投资 200 万元资金合作研究锂离子电池；山东凯丽特种纸股份有限公司与华南理工大学资源与造纸工程学院制浆造纸工程国家重点实验室联合组建了山东省特种防伪纸工程技术研究中心，并开发出 200 多个品种的防伪纸和充皮纸，其中两个产品填补了国内同行空白，申请了 12 项专利技术，连续两年实现销售收入和税收的翻番增长。由于共享、共建实验室模式极大地提高了企业技术创新的能力，增大了企业的利润空间，因此已被越来越多的企业所践行，尤其是一些实力相对弱小的中小企业。

资料来源：笔者根据有关资料整理。

【专栏 3-2】

"实验室经济" 发展现状

1. 强有力的政府政策支持

政府相关政策的支持，不仅可以为企业"实验室经济"的发展提供良好的发展环境，同时，也可以打造出一种全新的"科技＋政府＋资本"的科技成果孵化器模式，能够为实验室和企业搭建成果转化平台，推动企业技术创新向更深层发展。近年来，为更好地发挥科技对经济的拉动作用，加快构建产学研一体化创新体系，中央政府先后出台了一系列政策和措施，鼓励和推动企业技术创新。2006年，国务院颁布了《国家中长期科学和技术发展规划纲要（2006~2020年）》，提出要"通过科技体制改革支持鼓励企业成为自主创新主体"，并"根据国家重大战略需求，在新兴前沿交叉领域和具有我国特色和优势的领域，主要依托国家科研院所和研究型大学，建设若干队伍强、水平高、学科综合交叉的国家实验室"。2011年，在科学技术部发布的《国家"十二五"科学和技术发展规划》中，"在关键产业技术领域，结合区域特色和优势科技资源，建设一批国家工程（技术）研究中心、工程实验室"被列入规划。2012年，为全面落实《国家中长期科学和技术发展规划纲要（2006~2020年）》，党中央、国务院正式对外发布了《关于深化科技体制改革加快国家创新体系建设的意见》，突出强调了推动企业成为技术创新主体，增强企业技术创新能力具有重要的意义，并提出"十二五"时期国家重点建设的工程技术类研究中心和实验室，优先在具备条件的行业骨干企业布局，"支持行业骨干企业与科研院所、高等学校联合组建技术研发平台和产业技术创新战略联盟，合作开展核心关键技术研发和相关基础研究，联合培养人才，共享科研成果。"

与此同时，各省（区、市）也在围绕加快推进区域产学研一体化进程，实现科技成果和生产力的无缝对接，积极推出一系列政策措施，推进区域企业技术创新。如北京市昌平区为推动区域自主创新，区政府每年安排 3000 万元专项资金，对符合实验室经济模式的创新型企业开展的科技项目给予支持。山东省荣成市为了推动企业科技创新工作，在政策引导上，先后出台了《增强自主创新能力、建设创新型荣成的决定》《鼓励和扶持科技创新、加快高新技术产业发展的实施意见》等一系列文件，为企业开展科技创新搭建了良好的政策环境；同时，在资金引导上，每年投入近 300 万元的财政引导资金，对全市企业的科研项目进行扶持补助。除此之外，荣成市政府还通过举办产业技术创新联盟活动周、邀请科研院所专家为企业"把脉会诊"等方式积极为实验室和企业搭建成果转化平台。

2. 迅速发展的科技创新能力

当前，我国科技发展进入了重要的跃升期，整体科技水平虽然与发达国家仍存在一定的差距，但近年得到了迅速发展，科技创新能力加速提升，在国际上的科技地位也进一步提高。"十一五"时期，我国发明专利授权量上升到世界第三位，国内发明专利申请量年均增长达 25.7%，授权量年均增长 31%；国际科学论文总量由世界第五位上升到世界第二位，被引用次数由世界第 13 位上升到世界第八位。在部分重点领域，由于近年我国科技能力的不断积累和创新，已具有了国际领跑能力。如载人航天、探月工程、超级计算机、高速铁路、实验快堆、量子通信、载人深潜等取得了标志性重大成果。同时，近年我国科技资源总量也快速增加。"十一五"时期末期，全社会科技研发投入为 6980 亿元，2011 年达到 8687 亿元，增长 24%，2012 年突破 1 万亿元，年均增长超过 20%；研发人员投入 2010 年为 255 万人年，而 2012 年则达到 320 万人年，稳居世界第一；全国技术交易合同也由 2010 年的 4324 亿元增长到 2012 年的 6400 亿元，年均增长超过 20%。另外，我国科技创新基地建设也发展迅速。2010 年累计建设国家工程（技术）研究中心 127 个，国家工程实验室 91 个，国家认定企业技术中心 729 家，而截至 2012 年，全国拥有国家重点实验室 260 多个，国家工程研究中心 130 个，国家工程实验室 128 个，国家认定企业技术中心达到 887 家，其中，国家工程实验室增长率达到 40%，国家认定企业技术中心增长 21% 左右。在我国科技资源总量和创新基地迅速发展的同时，我国的科技成果转化能力也得到了巨大的提升，一大批科技成果应用化和产业化。如实施了宽带移动通信专项、新能源汽车示范推广"十城千辆"工程、半导体照明应用示范"十城万盏"工程、光伏发电规模化"金太阳"工程等，其中，通过实施宽带移动通信专项打造了 TD-SCDMA 完整产业链，用户数突破 1 亿，TD-LTE-Advanced 成为国际标准。迅速提升的科技创新能力为企业"实验室经济"发展提供了强有力的智力支撑。

3. 不断完善的知识产权制度

随着现代化高科技的不断发展，知识产权在科技创新和提升国家竞争力中的作用越来越显著。知识产权可以很有效地实现创新过程和创新成果的产权化，从而最大限度地实现科技创新的经济价值，同时，知识产权尤其是专利还可以很好地固化前期科技创新成果，成为未来科技创新的牢固基石。对于企业而言，良好的知识产权保护不仅关乎其创新成果经济价值的最大实现，而且决定了企业在激烈的市场竞争中的地位，拥有自主知识产权的核心技术是企业占领市场的必备武器。改革开放以来，随着我国知识产权战略的不断实施，我国知识产权事业取得了巨大的成就。2008 年，国家颁布《国家知识产权战略纲要》，开始全面实施知识产权战略，截至 2012 年，我国已有 28 个省（区、市）和新疆生产建设兵团出台了地方知识产权战略。知识产权法律制度不断完善，《专利法》《职务发明条例》《专利实施强制许可办法》和《关于加强战略性新兴产业知识产权工作的若干建议》等相关法律政策相继制定和落实。尤其是 2012 年，国家知识产权局联合十部委制定了《关于加强战略性新兴产业知识产权工作的若干意见》，全面推动了战略性新兴产业的培育和发展。同时，知识产权执法保护水平也不断提高。五年来，行政机关累计办理商标违法案件 30.9 万件、侵权盗版案件 5.3 万件、专利案件 1.7 万件、海关知识产权案件 13 万批次。为优化审判资源配置，知识产权民事、行政和刑事案件"三审合一"试点工作也在积极推进。与此同时，知识产权对科技创新的推动作用也不断加强。近年来，国内一大批大型服务性企业，如国家电网公司（以下简称国家电网）、中国工商银行股份有限公司（以下简称工商银行）、中国移动通信集团公司（以下简称中国移动）、苏宁控股集团（以下简称苏宁）等，通过制定和实施知识产权战略，积极推动自身技术创新，抢占相关领域制高点。据统计，国家电网由于在特高压输电领域拥有专利达 620 件，从而有效地保护了其核心研发成果，并推动企业不断创新，抢占科技制高点，确保我国特高压输电技术始终处于国际领先水平。由于良好的知识产权不仅可以最大限度地实现企业科技创新的经济价值，而且可以有效地固化科技创新成果，为后期研究提供坚实基础，因此，完善的知识产权制度可以极大地激发企业科技创新的活力，为企业"实验室经济"发展提供动力源泉，并成为企业"实验室经济"发展的理论支撑。

资料来源：笔者根据有关资料整理。

五、加快创新驱动制造企业转型升级的政策建议

创新驱动制造企业转型升级是在各方要素的共同作用下推进的，基于对创新驱动制造企业转型升级机理与演化路径的分析，本书提出以下创新驱动制造企业转型升级的优化政策：

1. 强化企业转型升级的体制机制创新

实现创新驱动制造企业转型升级，提升我国制造企业在全球价值链中的地位，必须不断优化科研创新环境，调动各方参与科技创新的积极性，培养富有长久生命力的科研创新制度体制机制。优化我国科研创新环境，离不开政府的大力支持，本书认为，政府应在以下四个方面强化我国创新驱动制造企业转型升级的制度体制机制创新：

一是建立以市场为导向的研发投入实现机制。目前，我国依然停留在以政府为主导的研发投入实现机制阶段，政府引导着研发投入的资源分配、路线选择、研发投入方向，将研发投入的形成机制与实现机制人为地行政分割，不利于科技研发成果的转化，导致科技创新能力与科技吸收能力出现不协调发展的局面。以市场为导向的研发投入实现机制，市场在科技资源的配置方面发挥着决定性作用，与政府主导的研发投入实现机制相比，在资源整合、减少不确定性和分散风险方面均具有无可比拟的优势。

二是建立完善的产学研合作机制。目前，我国以政府为主导的产学研合作机制带有明显的计划经济痕迹，政府部门高高在上，不接地气，科技产出效率偏低，科研资源利用效率不高，科技创新与产业发展"两张皮"现象非常严重。为此，在今后的发展过程当中，政府应积极推动产学研合作机制的完善，逐步建立以市场为导向的产学研合作机制，推动科研院所和企业科研人才互动机制建设，破除人才流动的体制机制障碍，优化科技资源配置，完善科技创新的内在激励机制，提高我国科技创新的产出率与转化率。

三是积极推动知识产权制度的创新和完善，推动我国知识产权标准化战略实

施。当前，由于我国市场经济体系的不完善，知识产权制度存在欠缺，使市场侵权行为时有发生，并且存在侵权成本低、维护难等相关问题，企业科技创新面临较大市场风险，降低了企业科技创新积极性。为提高企业进行科技创新的积极性，优化企业的科技创新环境，政府应积极推动我国知识产权制度的创新和完善，通过"技术专利化—专利标准化—标准许可化"，推动我国知识产权标准化战略实施。

四是推动科技金融政策实施和完善。从当前我国技术产业化链条来看，资金供应环节依然比较薄弱，金融机构出于降低经营风险考虑，对企业科技创新支持力度不够，企业科研资金短缺制约其技术研发能力提升。在今后的发展过程当中，应加快我国科技资金供应链环节的建设，创新我国科技金融政策，积极引导金融机构为企业的科技创新服务，形成风险投资和科技信贷的联动机制。

2. 提升企业技术创新能力

创新驱动制造企业转型升级的核心在于科技创新，如何提高我国的科技创新能力是创新驱动体系构建的关键，而科技创新能力提升的关键又在于科研创新人才的培养和引进。本书认为，要提高我国的科技创新能力，一是要加大我国科研人才培养力度，提高科研人才培养投入。长期以来，我国高等院校注重实用型人才培养，并已取得巨大的成就，但在创新型人才培养方面还存在一定缺陷，研发投入不够，高校科研环境有待改善。二是要加大科研人才的引进力度。我国在人才引进方面存在天然的优势，全球遍布着华人群体和大量留学人才，他们其中的一部分受过西方高等教育，并在西方的政府或跨国公司的相关研究机构从事过科研工作，具有较强的科研能力，他们是人才引进战略可以争取的主干力量。另外，还可以推动我国高层次人才引进战略的实施，围绕我国科技创新的发展需要，积极探索技术移民制度的实施，面向全球引进高端科研人才。

3. 高度重视和鼓励高新技术产业化中的商业模式创新

技术产业化是指将科技研发中具有实用价值的科研成果进行后续的开发、应用和推广，直至形成新工艺、新材料、新产品，最后发展成新产业等相关活动。科技创新对我国制造企业的转型升级和全球价值链治理具有十分重要的意义，但技术产业化能否顺利推进是我国创新驱动发展战略的关键，技术产业化和商业化是科技创新的动力和源泉，技术产业化和科技创新同等重要，技术产业化能够推动制造企业产业结构的合理化和高度化。技术产业化是创新驱动我国制造企业转型升级的必要条件，科技创新本身并不具有任何经济价值，不能创造出任何经济效益，只有通过技术产业化才能实现科技创新的内在价值。一直以来，我国高新技术转化率严重低于发达国家，技术产业化渠道还有待开发，技术产业化商业模式不成熟，严重阻碍了我国科技创新能力的提升。在今后的发展过程当中，应积极推动我国高新技术产业化的商业模式创新，探索符合中国特色社会主义市场经济体系的商业模式。

强化我国创新驱动制造企业转型升级，必须充分发挥制度体制机制创新、技术创新和技术产业化商业模式创新这"三驾马车"的带动作用，推动我国制造企业积极参与由发达国家跨国公司主导的全球价值链治理，实现我国制造企业由全球价值链低端环节向全球价值链高端环节的跃迁。

参考文献

[1] 80、90后消费群体的特点 [EB/OL]. 中国糖烟酒网，http://www.tangjiu.com/images/new/logo.gif，2015-9-25.

[2] 80后、90后消费者研究与营销战略思考 [EB/OL]. 中国营销传播网 http://www.emkt.com.cn，2014-2-11.

[3] 蔡瑞林，陈万明，陈圻. 低成本创新驱动制造业高端化的路径研究 [J]. 科学学研究，2014，32（3）：384-390.

[4] 差异化策略造就海尔出口逆势走强 [EB/OL]. 腾讯网 http://mat1.gtimg.com/www/im-ages/channel_logo/digi_logo.png，2012-10-18.

[5] 陈春花. 中国家电战略深度分析 [J]. 招商周刊，2005（28）.

[6] 陈庆春. 可怕的美的 [J]. IT经理世界，2010（22）.

[7] 陈月生. 我国经济发展方式转变与战略性新兴产业的发展 [J]. 天津大学学报·社会科学版，2011（5）：217-221.

[8] 陈志. 战略性新兴产业发展中的商业模式创新研究 [J]. 经济体制改革，2012（1）：112-116.

[9] 葛秋萍，李梅. 我国创新驱动型产业升级政策研究 [J]. 科技进步与对策，2013，30（16）：102-106.

[10] 辜胜阻. 我国民营企业自主创新对策思路 [EB/OL]. 中国经济网 http://www.ce.cn，

2007-1-29.

[11] 郭万达，朱文晖. 中国制造 [M]. 南京：江苏人民出版社，2003.

[12] 郭伟峰，王汉斌，李春鹏. 制造业转型升级的协同机理研究——以泉州制造业转型升级为例 [J]. 科技管理研究，2012（23）：124-128.

[13] 海华，汤天波. 智能互联：制造业转型升级之路——2014年浦江创新论坛先进制造业分论坛综述 [J]. 科学发展，2015（75）：110-112.

[14] 胡绪华，蔡济波. 基于全球价值链的我国本土生产型外贸企业升级机理分析 [J]. 企业经济，2013（1）：28-31.

[15] 胡昱. 产业升级路径选择：循序演进与跳跃发展 [J]. 东岳论坛，2011（12）：91-94.

[16] 惠敏. 打造创新方法链——访创新方法研究会秘书长周元 [N]. 经济日报，2012-04-23.

[17] 家电行业"私人定制"变集中定制生产购买还很困难 [EB/OL]. 好品牌网 http：//www.maigoo.com/news，2014-9-12.

[18] 家电业进入平稳发展新常态转型路在何方 [EB/OL]. 赛迪网 http://img.ccidnet.com/templates/ccidnet/img/content/logo.jpg，2015-11-2.

[19] 贾根良. 只有价值链高端才有技术追赶的机会窗口 [N]. 中国经济导报，2014-03-29.

[20] 贾根良. 中国应该走一条什么样的技术追赶道路 [EB/OL]. http：//www.baidu.com/link?url=rOD6gRLzcfdXIyuv_SNgwWNZLffxyZ_UDNkgOLHhpNo-mfWTjwSCL5OG7YljAxfnqOCiQOOi9Aef1uRjJDgsYxB89u40PVbSvjO24yp0_SC，2014-03-16.

[21] 江心英，李兴花. 贴牌企业演化路径国内外研究综述 [J]. 科技管理研究，2013（17）：104-107.

[22] 刘康，曾繁华. 企业技术创新与产业技术链整合 [J]. 科技进步与对策，2011（6）：60-63.

[23] 迈克尔·波特. 国家竞争优势 [M]. 北京：中信出版社，2012.

[24] 彭绍仲，曾繁华. 技术创新竞赛与技术垄断竞争 [M]. 北京：中国市场出版社，2015.

[25] 彭绍仲，曾繁华. 中国工业经济的结构转型与路径演化 [M]. 北京：中国市场出版社，2016.

[26] 彭绍仲. 中国工业经济转型增长 [M]. 北京：中国市场出版社，2017.

[27] 彭绍仲. 中国工业增长的结构转型动力与关联涌现升级 [M]. 北京：中国市场出版社，2013.

[28] 桑俊，易善策. 我国传统产业集群升级的创新实现机制 [J]. 科技进步与对策，

2008，25（6）：74-77.

[29] 史本业，李泽润. 基于国际垂直专业化分工的中国制造业产业升级研究 [J]. 商业研究，2014（1）：49-53.

[30] 孙泗泉，叶琪. 创新驱动制造业转型的作用机理与战略选择 [J]. 产业与科技论坛，2015，14（2）：14-18.

[31] 唐光海. 互联网思维下制造业产业升级路径与对策研究 [J]. 经济观察，2015（3）：22-23.

[32] 魏平，高建. 跃迁模型：制定新兴技术战略的一种理论方法 [J]. 科学学研究，2006（10）：684-687.

[33] 吴桂生等. 自主创新战略和国际竞争力研究 [M]. 北京：经济科学出版社，2011.

[34] 杨林，曾繁华. 微笑曲线视角下的我国制造业竞争策略及其演化 [J]. 科技进步与对策，2009（16）：59-62.

[35] 曾繁华，赵祯昱，游宝德. 产业技术垄断竞争力研究 [J]. 管理世界，2013（1）：180-181.

[36] 张耿庆. 战略性新兴产业引领"中国制造"升级初探 [J]. 现代财经，2011（11）：110-115.

[37] 周松兰，刘栋. 中日韩战略性新兴产业创新驱动力比较研究 [J]. 国际经济合作，2013（7）：81-84.

[38] 朱启贵. 以体制机制创新驱动科技创新 [J]. 人民论坛，2011（12）：142-143.

[39] 朱瑞博，刘志阳等. 架构创新、生态位优化与后发企业的跨越式赶超——基于比亚迪、联发科、华为、振华重工创新实践的理论探索 [J]. 管理世界，2011（7）：69-97.

[40] 朱瑞博. 核心技术链、核心产业链及其区域产业跃迁式升级路径 [J]. 经济管理，2011（4）：43-53.

[41] 邹德文，姜涛. 基于战略性新兴产业的经济发展方式转变研究 [J]. 理论月刊，2011（1）：87-90.

第四章　固定资产投资与工业转型升级

2013 年以来，由民间投资主导的工业投资增速呈现出明显的持续下滑，这本质上是经济下行时期投资主体基于产能过剩比较严重、市场环境偏紧的自然反应，深刻地反映了经济新常态下的一系列结构性变化。

一、工业投资的增长与变化

1. 投资增速回落凸显

受外需大幅萎缩、内需低迷以及房地产市场周期性调整等因素影响，2015 年我国固定资产投资累计增速呈现"逐月放缓"的态势。全年全国固定资产投资（不含农户）551590 亿元，比 2014 年名义增长 10%（扣除价格因素，实际增长 12%），增速比 1~11 月回落 0.2 个百分点，比 2014 年回落 5.7 个百分点。逐月看，除 6 月、10 月短暂企稳外，投资累计增速逐月放缓。12 月环比增长率仅为 0.68%，表明投资增速下行压力依然较大。固定资产投资价格指数跌至 100 以下，1~12 月，投资价格指数为 98%，比 2014 年全年回落 2.7 个百分点。分产业看，工业投资 219957 亿元，比上年增长 7.7%，增速比 1~11 月回落 0.4 个百分点。其中，采矿业投资 12971 亿元，下降 8.8%，降幅扩大 0.1 个百分点；制造业投资 180365 亿元，增长 8.1%，增速回落 0.3 个百分点；电力、热力、燃气及水生产和供应业投资 26621 亿元，增长 16.6%，增速提高 0.6 个百分点。

2016 年上半年，全国固定资产投资（不含农户）258360 亿元，同比名义增长 9%（扣除价格因素后实际增长 11%），增速比 1~5 月、一季度分别回落 0.6 个和 1.7 个百分点，投资增速出现了放缓，引起了社会普遍关注。从环比速度看，5 月固定资产投资（不含农户）增长 0.45%。分产业看，工业投资 99594 亿元，同比增长 4.2%，增速比 1~5 月回落 1.2 个百分点。其中，采矿业投资 4225 亿元，下降 19.7%，降幅扩大 3.3 个百分点；制造业投资 82261 亿元，增长 3.3%，增速回落 1.3 个百分点；电力、热力、燃气及水生产和供应业投资 13108 亿元，增长 22.5%，增速提高 0.9 个百分点。

2. 民间投资增速明显放缓

2015 年，民间投资 354007 亿元，比上年增长 10.1%，同比回落 8 个百分点；民间投资占全部投资的比重达到 64.2%，比 2014 年提高 0.1 个百分点。国有及国有控股投资增长 10.9%，高出民间投资增速 0.8 个百分点。在工业领域，民间固定资产投资 175052 亿元，比上年增长 9.3%，增速比 1~11 月回落 0.1 个百分点。其中，采矿业 7082 亿元，下降 9.9%，降幅比 1~11 月收窄 2.2 个百分点；制造业 158173 亿元，增长 9.1%，增速比 1~11 月回落 0.5 个百分点；电力、热力、燃气及水生产和供应业 9798 亿元，增长 33.4%，增速比 1~11 月加快 3.6 个百分点。民间投资疲弱反映出企业自主投资意愿不强，国有及国有控股企业在促投资中扮演着重要角色。

进入 2016 年，民间投资增长放缓的迹象更为显著。1~6 月，民间固定资产投资 158797 亿元，同比名义增长 2.8%（扣除价格因素实际增长 4.7%），增速比 1~5 月回落 1.1 个百分点。民间固定资产投资占全国固定资产投资（不含农户）的比重为 61.5%，比去年同期降低 3.6 个百分点。工业民间固定资产投资 78688 亿元，同比增长 2.9%，增速比 1~5 月回落 1.7 个百分点。其中，采矿业 2544 亿元，下降 17.7%，降幅扩大 6.6 个百分点；制造业 71243 亿元，增长 2.5%，增速回落 1.4 个百分点；电力、热力、燃气及水生产和供应业 4901 亿元，增长 27.2%，增速回落 1.9 个百分点。可以看到，在工业领域，民间投资下降尤以能源原材料领域最为严重。2016 年上半年，黑色金属矿采选业、煤炭开采与洗选业分别下降 38.3% 和 32.4%（见图 4-1）。

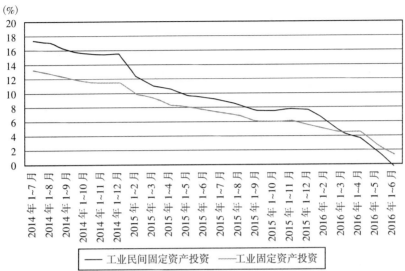

图 4-1　2014 年 7 月至 2016 年 6 月工业民间固定资产投资月度累计增速

资料来源：国家统计局网站。

3. 工业投资结构趋于优化

随着工业投资增长速度放慢，全社会投资结构也发生了较大的变化。2015年，工业投资占全社会固定资产投资比重降至 39.9%，比 2013 年和 2014 年各降低 1.8 个和 0.8 个百分点；2016 年上半年进一步下滑，降至 38.5%（见图 4-2）。相比之下，服务业投资占全社会固定资产投资比重 2013 年为 55.5%，继 2014 年升至 56.2%，2015 年达到 56.6%，2016 年上半年继续升至 57.7%，比第二产业高18.3 个百分点，比工业高 19.2 个百分点。这种投资结构的变化与服务业 GDP 较快增长趋势是一致的。2016 年上半年服务业增长 7.5%，占 GDP 的比重为54.1%，比 2015 年同期提高了 1.8 个百分点。

从工业内部看，R&D 投入强度（即 R&D 经费支出占主营业务收入的比重）相对较高的高技术产业（制造业）投资占比明显提升，有力支持了工业向中高端迈进。[①] 2016 年上半年，高技术产业（制造业）投资 15622 亿元，增长 13.1%，增速比全部制造业投资高 9.8 个百分点；占制造业投资的比重为 19%，比 2015

---

① 高技术产业（制造业）主要包括医药制造，航空、航天器及设备制造，电子及通信设备制造，计算机及办公设备制造，医疗仪器设备及仪器仪表制造，信息化学品制造六大类。

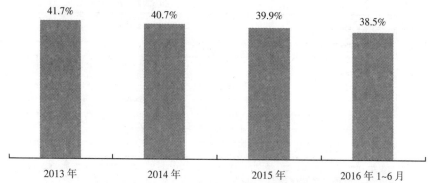

图4-2　2013年至2016年1~6月工业投资占全社会固定资产投资比重

资料来源：国家统计局网站。

年同期提高1.3个百分点（见表4-1）。此外，基础设施投资较快增长，有力支持了"补短板"，增强了发展后劲。2016年上半年，基础设施完成投资49085亿元，增长20.9%，增速比1~5月提高0.9个百分点，比2015年全年提高3.7个百分点；占全社会固定资产投资的比重为19%，比上年同期提高1.9个百分点。

表4-1　2013年至2016年1~6月制造业固定资产投资增速

单位：%

行业类别	2013年	2014年	2015年	2016年1~6月
制造业	18.5	13.5	8.1	3.3
农副食品加工业	26.5	18.7	7.7	8.8
食品制造业	20.7	22.0	14.4	15.9
酒、饮料和精制茶制造业	30.4	16.9	4.4	1.1
烟草制品业	27.3	−5.3	−6.5	−17.7
纺织业	18.3	12.4	12.8	12.9
纺织服装、服饰业	23.6	19.2	22	2.2
皮革、毛皮、羽毛及其制品和制鞋业	30.3	15.6	10	6.1
木材加工及木、竹、藤、棕、草制品业	22.3	18.5	19.3	−4.3
家具制造业	27.2	27.1	17.7	6.3
造纸及纸制品业	18.8	6.4	0.4	5.4
印刷和记录媒介复制业	22	26.8	15.1	1.4
文教、工美、体育和娱乐用品制造业	24.1	26.9	29.7	17.1
石油加工、炼焦和核燃料加工业	19.4	7.1	−20.9	−0.4

续表

行业类别	2013 年	2014 年	2015 年	2016 年 1~6 月
化学原料和化学制品制造业	17.1	10.5	3.3	−4.5
医药制造业	26.5	15.1	11.9	11.7
化学纤维制造业	21.8	3.1	1.2	−0.7
橡胶和塑料制品业	20.6	13.2	10.1	7.0
非金属矿物制品业	14.8	15.6	6.1	−2.0
黑色金属冶炼和压延加工业	−2.1	−5.9	−11	1.9
有色金属冶炼和压延加工业	20.6	4.1	−4.0	−5.7
金属制品业	20.9	21.4	10.0	6.6
通用设备制造业	23.5	16.4	10.1	0.7
专用设备制造业	18.5	14.1	8.5	−1.5
汽车制造业	15	8.3	14.2	6.9
铁路、船舶、航空航天和其他运输设备制造业	16.4	16.1	2.2	−11.0
电气机械和器材制造业	10.7	12.9	8.7	12.3
计算机、通信和其他电子设备制造业	20.2	10.7	13.3	7.7
仪器仪表制造业	7.3	4.9	10.7	2.4
废弃资源综合利用业	33.8	24.9	10.3	4.6
金属制品、机械和设备修理业	9.3	1.5	3.2	−34.9

资料来源：国家统计局网站。

4. 投资区域结构持续分化

近年来，东部地区部分经济发达省份及时推动产业结构调整，转型升级取得较好进展，经济发展重新焕发活力，投资效率提高，引领带动作用逐步增强。中西部地区促投资的政策力度较大，投资增速相对较高，回落幅度较小。数据显示，2015 年固定资产投资增速回落，在一定程度上是由东北地区投资大幅下行所致，而其他三大板块投资增速总体保持稳定。2015 年，东部地区投资 228747亿元，比上年增长 12.7%，增速比 1~11 月回落 0.3 个百分点；中部地区投资139904 亿元，增长 15.7%，增速回落 0.1 个百分点；西部地区投资 137353 亿元，增长 9%，增速提高 0.1 个百分点；东北地区投资 40033 亿元，下降 11.2%，降幅扩大 0.5 个百分点。2016 年上半年，东部地区完成投资 111135 亿元，增长 11%，增速比 1~5 月提高 0.1 个百分点；中部地区完成投资 67775 亿元，增长 12.8%，增速回落 0.2 个百分点；西部地区完成投资 65339 亿元，增长 13.5%，增速提高 0.9 个百分点；东北地区完成投资 12195 亿元，下降 32%，降幅扩大 2 个百分点。如果不含东北地区，2015 年全国固定资产投资增长 12.5%，也就是说东北投资下降拉低全国投资增速 2.5 个百分点；2016 年 1~6 月，东部、中部和西部地区投资增长 12.3%，增速比 1~5 月提高 0.3 个百分点。从 31 个省（区、市）（除港、澳、台地区）看，2016 年 1~6 月有 15 个省（区、市）投资增速较 1~5 月有所提高。

5. 融资规模继续扩大，直接融资比重明显上升

中国人民银行发布的金融统计数据和社会融资规模增量统计数据显示，2015 年社会融资增量 15.41 万亿元，较 2014 年少 4675 亿元，显示总体社会融资需求增速仍在下滑。但是，对实体经济发放的新增人民币贷款却创历史最高水平，全年新增规模达 11.3 万亿元，比上年多增 1.52 万亿元，占同期社会融资规模增量的 73.1%，比 2014 年高 11.7 个百分点，创历史最高水平。2016 年 1~6 月，对实体经济发放的人民币贷款增加 7.48 万亿元，同比多增 8949 亿元；占同期社会融资规模增量的 76.7%，同比提高 1.8 个百分点。除表内贷款外，金融机构还通过银行承兑汇票、委托贷款、信托贷款等表外融资形式，积极为实体经济提供资金支持。此外，还通过参股 PPP、城镇化发展等各类基金，以及定向资管计划、资金信托等通道类业务为企业和项目提供多样化的融资支持，带动股权投资、债券投资快速增长。

从融资结构看，直接融资占比大幅上升，同创历史最高水平。2015 年，非金融企业境内债券和股票合计融资 3.7 万亿元，比 2014 年多 8324 亿元；占社会融资规模增量的比重为 24%，较 2014 年提高 6 个百分点，较 2008 年上升 11.3 个百分点。受新股发行和股票增发较多等影响，从单月看，2015 年 12 月债券融资和股票融资均创年内新高，分别为 4700 亿元和 1533 亿元，较上月环比增长 40% 和 170%。2016 年上半年，直接融资占比继续保持上升态势。企业债券净融资 1.73 万亿元，同比多 7956 亿元；占同期社会融资规模增量的 17.8%，同比提高 7.1 个百分点。非金融企业境内股票融资 6023 亿元，同比多 2082 亿元；占同期社会融资规模增量的 6.2%，同比提高 1.7 个百分点。这些变化表明，实体经济对中长期资金的需求并未显著下降，而且在 IPO 重启、贷款利率下降较慢而同期

债券利率快速下行的背景下，实体经济中长期融资向债券、股票转化的特征正在趋于明显。

二、工业投资增速下滑的主要影响因素

当前，固定资产投资下行压力仍然较大，何时触底尚有很大的不确定性。导致工业投资增速下滑主要有企业自主投资意愿不强、实际融资成本较高、产业资本"脱实向虚"、民间投资在部分领域尚有一定的进入障碍、地方政府及融资平台投资能力受限等方面的原因。

1. 企业盈利能力下降抑制投资意愿

从整个工业领域看，市场需求总体偏弱，工业产品价格和企业效益低迷，PPI 当月同比连续 44 个月下跌，产能过剩矛盾仍在持续发酵，工业产成品存货增速不断下降，PMI 产成品库存指数低于荣枯线，工业企业整体仍处在"去库存"阶段，企业缺乏扩大再生产的投资意愿。与此同时，劳动力、土地等要素成本不断上升，企业税费负担较重、资金成本较高等问题仍然存在，使中国企业特别是民营企业的传统比较优势逐步减弱，企业利润受到明显侵蚀。从 2006~2015 年全国工业运行情况来看，工业投资增速与规模以上工业企业利润增速运行趋势基本一致，均呈现逐步回落的趋势（见图 4-3）。初步测算，规模以上工业企业利润增速与工业投资增速的相关系数为 0.59，表明两者中度正相关。2015 年，规模以上工业企业实现利润 63554 亿元，比上年下降 2.3%。分门类看，采矿业实现利润比上年下降 58.2%，制造业增长 2.8%，电力、热力、燃气及水生产和供应业增长 13.5%。2016 年 1~6 月，采矿业实现利润总额同比下降 83.6%，制造业增长 12.1%，电力、热力、燃气及水生产和供应业下降 2.3%。由于企业盈利能力下降，企业主动投资和加杠杆意愿不强。一些劳动密集型的民营企业开始到东南亚等地投资建厂，替代了部分国内投资。中国人民银行数据显示，截至 2016 年 6 月末，广义货币（M2）余额 149.05 万亿元，增速继续回落，降至 11.8%；狭义货币（M1）余额 44.36 万亿元，同比增长 24.6%，延续之前的上涨趋势达到 24.6%，增速分别比上月末和去年同期高 0.9 个和 20.3 个百分点；流通中货币（M0）余额 6.28 万亿元，增长 7.2%；M1 与 M2"反剪刀差"达到 12.8%，达到历史最高水平。这种"反剪刀差"从一个侧面折射出投资主体对投资形势的谨慎和观望。

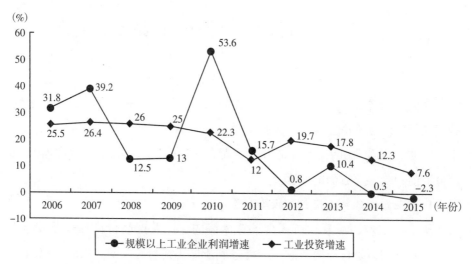

图 4-3　2006~2015 年规模以上工业企业利润增速与工业投资增速

资料来源：国家统计局网站。

2. 企业实际融资成本过高

2016 年，地方政府债务置换总规模为 5 万亿元，中央专项建设资金预计安排 1.2 万亿元。同时，中央政府为了稳增长，增加有效供给而推出的基础设施投资，以及一些重大项目中，国有企业往往成为主力军，这样的背景以及诸多原因导致银行信贷更多流向国有企业或回流金融体系。这种情况在客观上导致了对民间资本的挤出效应，再加上诸多不时暴露的民企债务违约问题，让银行对民营企业的贷款更加谨慎。《2015 年全国企业负担调查评价报告》显示，人工成本快速攀升、融资难且贵、生产要素价格上涨等是企业面临的主要困难，66% 的企业反映融资成本高，较 2014 年提高了 6 个百分点；66% 的企业反映资金压力紧张，比例与上年基本持平。企业尤其是中小型民营企业普遍反映，在经济下行期，银行收缩信贷较为明显，银行贷款门槛较高、申请较难，较高的融资成本给企业经营带来了压力与负担。尽管金融机构贷款加权平均利率同比有接近 130 个基点的下行，但工业产品价格水平同比下降更多。在银行业流动资金贷款业务中，还存在期限设定不合理、业务品种较单一、服务模式不够灵活等问题，影响小微企业的正常生产经营，有时甚至导致小微企业需要通过外部高息融资来解决资金周转问题。在企业看来，银行很少会"雪中送炭"，他们往往等到企业融到资、项目盈利了，且有大量流动资金和储备时，才会过来"锦上添花"。据估算，当前1000多万家小微企业中只有10%左右能从正规金融体系中获得融资，而实际上其融资需求是持续存在并为数不少的。事实上，中国企业负债率较高正是其庞大融资需求的一方面佐证。[1] 此外，贷转存款、贷转承兑、借款搭售等行为比较普遍，担保、保险、评估、公证等融资相关费用较高。以贷款担保和保险为例，一般银行贷款利率是7%~8%，若是找担保公司担保，成本至少3%；若是从银行买保险，一般额外的手续费达到4%以上，实际融资成本可能就会达到12%左右。目前，企业实际融资成本普遍高达10%以上，部分中小企业甚至超过20%。融资成本居高不下，对中小企业以及民营企业发展造成较大影响，直接影响了其投资能力。

3. 产业资本"脱实向虚"

近几年，我国坚持实施稳健的货币政策，并适时做好预调、微调，市场间流动性较为充足，但很多资金并没有流入实体经济，而是流入金融、房地产以及部分文化创意领域等虚拟经济，甚至用于投机炒作。一些企业以生产制造为名获取银行贷款后转手将资金投入金融或房地产，引发不良贷款率上升和银行贷款意愿下降。Wind数据显示，2015年有约430家上市公司将闲置资金用于购买理财产品，涉及金额近2000亿元。这部分理财资金大多来源于自有闲置资金和超募资金，理财产品预期年化收益率在5%~6%，远高于银行一年定期存款利率。尽管上市公司购买银行理财并没有触碰法律底线，但"挤破头"上市后，并未将融得的资金用于亟须资金支持的实体经济，而是"脱实向虚"去挣"快钱"，助推了某些行业或商品偏离实际价值。此外，"脱实向虚"还有银行存贷款互相派生、金融机构互相拆借资金、购买各自金融产品等形式；一些国有企业也参与其中，形成资金体内循环，资金成本则转给实体经济，债务杠杆去不掉，影子银行成隐患。部分上市公司跨界并购重组涉及VR、互联网金融等虚拟产业，偏离了原有

---

[1] 参见郭钇杉：《中小企业实际融资成本接近20%、债务高攀挤压利润空间》，《中华工商时报》2014年7月28日。

的实业；不少企业信奉"宁炒一座楼、不开一家厂"，加剧泡沫、扩大杠杆。房产领域吸纳过多资金后可能推高房地产价格，增加实体经济的经营成本；而高房价预期反过来又进一步刺激"脱实向虚"。

4. 民间投资在部分领域还面临着较多的障碍

尽管政府为激发民间资本活力，已经出台了多项政策，并通过简政放权和改革等手段试图打破制约民间投资的重重障碍，但是对于民营投资而言，这些存在多年的障碍并未能完全解除，集中表现为有效投资渠道较窄或不畅，投资审批手续烦琐以及因此滋生的各类"玻璃门""弹簧门""旋转门"较多。近年来，政府力推 PPP 模式以吸引社会资本进入市政公用领域和公共服务领域，拓宽投资资金来源。财政部先后推出两批共 236 个 PPP 项目，总投资额 8389 亿元；国家发改委发布的 PPP 项目共计 1043 个，总投资额 1.97 万亿元。目前来看，实际效果并不理想，项目签约率不足两成。项目收益率不高、政府治理水平有待提高、政府信用约束制度尚未建立等是制约 PPP 模式推进的主要因素。此外，在已经签约的 PPP 项目中，社会资本方主要是国有企业，民营企业仍然处于弱势地位，参与程度偏低，是被动的合作方，盈利前景得不到保障。而在国有企业混合所有制改革过程中，民间资本参与的积极性也不高，主要原因在于国有资本拿出来进行混合所有制改革的业务盈利前景较差，发展前景也不看好，即便是在已经进行混合所有制改革的国有企业中，民间资本也处于弱势地位，话语权无法得到保障。

5. 地方政府及融资平台投资能力受限也制约了工业投资增长

受公共财政收入低速增长、土地出让收入大幅减少以及偿债高峰期等因素影响，地方政府可用于投资建设的财力明显不足，引导带动社会资本的能力相应走弱。2015 年，全国地方本级一般公共预算收入 82983 亿元，增长 9.4%，同口径增长 4.8%；地方本级政府性基金预算收入 38218 亿元，下降 23.6%，同口径下降 17.7%。另外，地方政府融资平台正在推动转型改制，剥离政府融资职能，成为独立运营的市场主体。总体上看，地方政府融资平台普遍缺少突出的主营业务和充足的固定资产，参与市场化竞争存在先天不足，转型改制难度较大。地方融资平台因脱钩政府信用，叠加土地市场"遇冷"，融资成本和难度大幅度提高，部分在建项目后续融资困难，新增投资能力明显减弱，也对工业投资构成了间接的抑制。

三、增长阶段转换中的投资与工业经济增长

中国已经进入增长阶段转换期（刘世锦，2012），经济增长从过去的高速增长阶段向中速增长阶段转换，经济结构将出现大规模的调整，增长动力也会发生很大的变化，长期以来依赖投资高速增长拉动、依赖生产要素投入驱动的粗放式增长模型将难以为继。

1. 增长阶段转换后投资对于工业经济增长的拉动作用将减弱

在增长阶段转换前后，总需求中投资与消费结构会发生显著变动。在增长阶段转换前的高速增长期，投资快速增长，投资占 GDP 的比重持续上升；增长阶段转换后投资增速将逐渐下降，投资比重也将随之下降，消费比重则相应上升。包括存货资本在内的全部资本形成占 GDP 的比重（资本形成率）的变化规律，和固定资本比重的趋势基本一致。日本的资本形成率在"二战"后到 20 世纪 70 年代初呈上升趋势，在 1973 年达到峰值 37.1%，与经济增长阶段转换的时间点大体重合。随后，资本形成率逐渐下降，到 2007 年降至 23.4%。韩国在经济高速增长期内固定资产投资快速增长，资本形成率呈现明显上升势头，从 1960 年的 11.4%升至 1991 年的 38.9%，1998 年亚洲金融危机爆发时资本形成率也都保持在 37%左右，之后随着投资增速下降，资本形成率亦显著下降，到 2008 年已降至 29.3%。德国的资本形成率转折和增长阶段转换的时间点也基本重合。在 20 世纪 50 年代中期其资本形成率保持在 25%左右，到 1965 年达到"二战"后的峰值，为 28.3%，之后逐步回落，到 2008 年已降至 19.2%（刘世锦，2012）。

当前，我国存在较为严重的过度投资问题，并面临增长阶段的转换和发展方式的转变。在这一过程中，投资对于工业经济增长的拉动作用将逐渐减弱。从投资率的历史回顾来看，20 世纪 90 年代以来，中国的资本形成率大致维持在 35%~42%的区间内波动。近年来，随着固定资产投资的快速增长，投资率（资本形成率）显著提高，2011 年资本形成率高达 48.3%，与金融危机爆发前的 2007 年相比提高了 6.7 个百分点（见表 4-2）。中国作为快速扩张增长的新

兴市场国家，其投资积累率远远超过发达国家不足为奇，但是泰国、韩国、马来西亚的资本形成率及其平均值、最高值及高投资率的持续时间均低于中国，印度、巴西等国投资率则远低于中国。李稻葵等（2012）的研究表明，控制经济增长率及其他重要解释变量之后，中国的投资率仍然明显高于其他高增长国家，中国的固定效应系数要明显高于日本、韩国、马来西亚、泰国等高投资国家。其研究进一步表明，2002 年以后，平均资本形成率与社会福利最大化时的资本形成率相比高 5%；相对于福利最大化时的投资路径，过高投资率造成了社会福利较为严重的损失。中国已经步入增长阶段转换期，过于依赖投资驱动的经济增长模式将发生改变，较为严重的过度投资问题将难以持续，投资增速减缓以及投资率的下降将是这一时期的总体趋势，投资对于工业经济增长的拉动作用也将逐渐减弱。

表 4-2　21 世纪以来资本形成率与最终消费率变化趋势

年份	资本形成率（%）	最终消费率（%）
2000	35.3	62.3
2001	36.5	61.4
2002	37.8	59.6
2003	41	56.9
2004	43	54.4
2005	41.5	53
2006	41.7	50.8
2007	41.6	49.6
2008	43.8	48.6
2009	47.2	48.5
2010	48.1	48.2
2011	48.3	49.1

2. 中国工业经济增长迫切需要从要素（资本）投入推动型转为效率推动型

近年来，中国工业经济增长越来越依靠资本要素的投入，全要素生产率呈现明显恶化趋势，随着资本边际生产率的下降，这种增长方式迫切需要改变。表 4-3 是中国改革开放以来资本、劳动和全要素生产率（TFP）对工业经济增长的贡献情况，图4-4是历年资本、劳动和TFP对于工业经济增长贡献值的变动趋势图，从中我们可以看出：

表4-3　改革开放以来中国工业部门历年经济增长的构成（1980~2011年）

单位：%

年份	TFP 贡献值	资本贡献值	劳动贡献值	TFP 贡献率	资本贡献率	劳动贡献率	耦合部分占比
1980	9.11	0.09	3.05	74.33	0.81	25.61	−0.75
1981	0.97	0.07	1.35	40.92	2.88	56.43	−0.23
1982	4.02	0.07	1.68	70.21	1.33	29.43	−0.97
1983	7.78	0.64	1.56	78.80	6.64	16.14	−1.59
1984	9.87	0.96	4.95	64.27	6.47	32.21	−2.95
1985	7.29	2.49	3.98	54.59	18.84	29.70	−3.13
1986	1.50	5.05	4.27	14.51	46.83	39.86	−1.20
1987	−0.44	5.12	2.46	−6.38	70.64	34.83	0.91
1988	2.99	4.59	1.97	32.28	48.13	21.21	−1.62
1989	−8.13	3.00	−0.24	153.58	−52.66	4.32	−5.24
1990	−10.69	3.53	8.77	−709.35	214.56	505.81	88.98
1991	7.16	3.48	0.40	66.04	32.13	3.80	−1.97
1992	14.83	3.52	0.72	79.25	19.49	4.08	−2.82
1993	6.40	3.11	1.74	58.22	28.31	16.00	−2.53
1994	10.18	4.49	0.23	69.83	30.95	1.65	−2.42
1995	5.46	4.87	1.14	48.94	42.84	10.35	−2.13
1996	5.13	5.86	3.69	36.52	40.46	25.99	−2.97
1997	5.43	5.34	1.35	46.21	44.35	11.66	−2.22
1998	2.27	5.03	0.45	30.08	64.23	5.94	−0.26
1999	4.27	4.34	−0.61	54.33	54.03	−7.92	−0.44
2000	5.19	4.04	−0.64	61.37	47.18	−7.82	−0.74
2001	7.51	3.16	−0.38	73.93	31.27	−3.86	−1.34
2002	9.87	4.04	−2.63	88.04	36.37	−25.19	0.77
2003	5.83	7.10	0.30	45.61	53.42	2.40	−1.43
2004	1.15	8.27	2.44	10.18	68.22	21.29	0.31
2005	−0.73	10.32	3.33	−6.06	77.11	26.56	2.39
2006	0.02	11.50	3.28	0.15	74.86	23.03	1.96

续表

年份	TFP 贡献值	资本贡献值	劳动贡献值	TFP 贡献率	资本贡献率	劳动贡献率	耦合部分占比
2007	2.72	11.30	3.40	16.69	63.38	20.48	-0.55
2008	-0.04	9.72	0.57	-0.38	90.84	5.81	3.73
2009	-2.80	12.06	0.51	-30.50	115.54	5.47	9.49
2010	1.01	10.82	0.83	8.43	82.02	6.90	2.65
2011	-3.96	11.68	2.92	-39.90	103.48	28.12	8.29
平均	3.47	5.30	1.78	32.16	49.09	16.44	0.25

注：贡献值为对工业经济增长的绝对贡献，贡献率为对工业经济增长的相对贡献，耦合部分占比为无法单独归于要素投入和 TFP 的共同作用部分占工业经济增长率的比重。

资料来源：笔者计算整理。

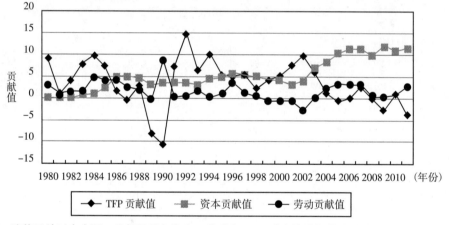

图 4-4 改革开放以来中国工业部门历年资本、劳动和 TFP 对产值增长的贡献值（1979~2011 年）

第一，资本投入是中国工业经济增长的最主要动力来源，30 余年来其对中国工业经济增长的平均贡献率达 49.09%，占要素与 TFP 能够独立解释部分的一半。贡献值数据显示，考察期间仅依靠投资拉动，中国工业经济便可实现 5.3% 的较快增长。除了对经济增长的贡献水平突出外，投资拉动作用还具有长期中波动式上升的趋势特征，尤其是近十年其持续上升趋势非常明显，以贡献值来看，平均每年都要提高 0.8 个百分点。2004~2011 年，资本对于工业经济增长的平均贡献率高达 84.43%，工业经济增长更为依赖资本投入的快速增长，随着资本边际产出率的下降，资本要素投入快速增长驱动模式的持续性正面临着极大的挑战。

第二，劳动投入对中国经济增长的贡献最小，这一方面源于人口更新换代速度的客观制约，使其在投入量上的变化幅度较小，另一方面源于长期过剩的劳动力供给抑制了劳动边际产出的提高。同样，由于人口更新换代速度的客观制约，劳动投入对工业经济增长的贡献未出现较大的绝对值波动。考虑到人口红利的逐渐消耗和与此同时结构转型滞后的困扰，劳动要素对中国工业经济增长的支撑作用在未来并不乐观，最明显的一个事例便是愈演愈烈的"民工荒"现象。

第三，中国工业经济的全要素生产率恶化，对于工业经济增长的贡献大幅减弱。从改革开放 40 年来看，TFP 对工业经济增长的贡献率将近 1/3，不到投入要素贡献的一半，但其贡献值为 3.47，这一水平并不低。但是，近些年来 TFP 显著恶化，2004~2011 年，TFP 对工业经济增长的平均贡献值为-0.32，平均贡献率为-5.17%。可见，目前 TFP 停滞所导致的中国工业部门粗放式增长态势已越发令人担忧。

虽然目前来看，粗放的高投入式增长暂时抵御住了效率维度缺失的制约，但是这一反向角力态势的逐渐强化将可能随着资源约束的触顶、资本边际产出的持续下滑而引发严重的增长危机。应当说，中国表面上仍维持着的工业经济快速增长态势存在深刻的内在矛盾，未来迫切需要加快实现经济增长的动力机制由投资拉动向效率驱动的转变。

四、推动工业扩大有效投资的思路与对策

工业投资增速放缓一定程度上既是结构调整的反映，也有利于用市场的力量纠正资源错配问题，有利于传统产业的转型升级和新兴产业的发育成长。但是，工业投资保持适当的增速也是稳增长、保就业以及推进供给侧结构性改革的重要保障。在经济下行压力较大的情况下还必须发挥好投资的关键引领作用。当前，我国围绕"中国制造 2025"和"互联网+"等国家战略，着眼于先进制造业发展壮大和传统制造业改造提升，要鼓励各类资金加大投入，着力推动工业领域扩大有效投资。

1. 加快生产要素市场化改革

改革开放至今，我国的生产要素市场化改革滞后于消费品领域的市场化改革，政府依旧是稀缺生产要素（资本和土地）的实际掌控者和配置者。要素市场的扭曲是中国投资效率低、产能过剩问题日益突出的体制性基础。一方面，作为稀缺生产要素的配置主体，政府集规则制定者、执行者、仲裁者和参与者于一身的状况，不利于市场经济秩序的正常运行；另一方面，政府履行部分公共服务的功能缺位，如社会保障体系等不健全，又加大了收入分配差距，减弱了经济社会进一步发展的动力。推进我国生产要素的市场化改革，是转变中国经济发展方式的前提，是中国经济社会可持续发展的关键所在。为此，一是尽快建立反映资源要素稀缺程度的价格形成机制、公平竞争的市场秩序和产权边界明晰的微观主体。二是继续推行发电权交易以及跨区跨省送电管理体制改革，完善清洁能源和可再生能源发电定价和费用分摊机制。三是完善天然气和成品油价格改革措施。四是建立健全严格的水资源管理机制，加强水资源保护；建立健全合理的水价形成机制，完善水资源费征收办法，适时调整供水价格，充分发挥水资源的市场调节作用。

2. 深化简政放权，深化投融资体制改革

首先，健全产业协调推进机制。通过加强部门间的协调合作、建立月度协调例会制度等措施，努力把问题解决在一线。其次，鼓励和引导民间投资。通过破除不合理的进入壁垒，进一步清理与"民间投资36条"及其细则相冲突的法律法规、部门规章。再次，进一步减少行政审批事项。着重梳理相互矛盾的前置审批条件，清理不必要的评估环节，尽可能采用事后监督的备案制。改进投资调控方式，健全以规划为依据，以土地和环保为约束，与财政、税收、金融等密切配合的投资宏观调控体系。制定完善并公开权力清单、行政事业性收费清单、政府性基金清单、涉企经营服务收费清单、基本公共服务事项清单。最后，完善政务服务机制。大力推行"互联网+政务服务"，推进实体政务大厅向网上政务大厅延伸，打造政务服务"一张网"。有条件的地方要探索建立固定资产投资项目审批基础数据共享库，扩大并联审批范围。

3. 发挥财政资金引导作用，建立高技术产业投资风险分散机制

信息、生物、物联网等战略性新兴产业以新技术开发应用为主，具有前期投

入大、项目周期长、技术水平高、市场风险不确定等特点，是公认的资金、技术、智力密集型产业。因此，投资风险的分散机制至关重要。一次性大规模的投入，是某一家金融机构无法完成的，甚至也是某一种金融形式所无法完成的。尽管风险投资日渐活跃，但资金主要进入后端，对前端企业来说，迫切希望政府建立投资风险分散机制，由多家金融机构共同承担投入、共同分担风险。政府可以通过设立引导基金、母子基金等创投基金，发挥财政资金"酵母"和"杠杆"作用，更好地吸引社会投资、放大投资效果。在此过程中，应着力实现"三个转变"，即由直接投入向间接引导转变，由无偿拨付向有偿使用转变，由分散补贴向集中扶持转变。此外，还要鼓励金融创新，支持民间资本发起设立民营银行等民营金融机构，为中小企业提供个性化、特色化、专业化融资服务；支持股权众筹、第三方支付等互联网金融模式，并加强规范管理，拓宽创新企业融资渠道。

4. 引导资本回归实业，加大对工业转型升级的金融支持力度

首先，要完善多层次资本市场体系，充分发挥资本市场服务实体经济的功能。在提高企业上市融资效率的同时，实施更为严格的退市制度，防止"僵尸企业"留在虚拟经济部门吸收资金，引导资本流向那些发展前景较好的优质企业；推进"新三板"分层尽早落地和制度创新，使其成为中小企业真正的融资平台，成为"大众创业、万众创新"的一大抓手。其次，鼓励金融机构多维度加强对小微企业的融资支持。落实银行业金融机构对小微企业金融服务的"三个不低于"（贷款增速、户数、审贷获得率）的目标要求；鼓励金融机构使用特许经营权、政府购买服务协议、收费权、知识产权、专利权、著作权、股权等无形资产开展质押贷款。建立中小微金融服务平台，推动与商业银行和保险机构合作，推广"互联网+银行""互联网+保险"新模式。加强信息融合和共享，为企业提供与风险投资机构或银行进行投融资对接的服务平台。再次，加大政策性担保支持力度。政府可出资设立融资担保基金，以股权投资方式参股主要政策性担保机构。积极推动成立小微企业综合金融服务电子交易平台和融资性担保联盟，进一步提高小微企业融资对接效率，降低企业融资成本。最后，规范企业投融资行为，建立健全社会信用体系，完善银企互动互信机制，促进银企合作，实现"双赢"发展。支持企业上市融资，加快发展地方性金融机构，及时组建地方商业银行，推

动金融服务和金融工具创新，有效扩大融资渠道。

5. 加强供给侧管理，促进新兴产业快速成长

首先，加强对过剩行业的供给管理。针对新增、在建违规、建成违规的过剩产能项目制定更为严格的分类管理措施。对过剩产能实行强制性退出向援助性退出转变，判别落后产能由规模标准向环境标准和安全标准转变。在优化投资结构基础上，适度拉动需求，增加市场机会，缓解企业产能过剩的负担。其次，坚持智慧产业化、产业智慧化方向，引领工业经济提质增效转型发展。大力推进"互联网+"融合创新，培育基于互联网的新技术、新服务、新模式和新业态。积极打造"风险投资+孵化器"模式，引导市场主体建设一批具有专业化、网络化、差异化等特征的众创空间。最后，引导新供给创造新需求。鼓励有实力的大型企业集团，以资产、资源、品牌和市场为纽带促进跨地区、跨行业的兼并重组，提升产业集中度。积极培育新能源、新材料、生物医药、新一代电子信息等战略性新兴产业，为市场释放新供给创造条件。

6. 提振企业家精神，促进企业间多层次战略合作

首先，要积极提振企业家发展工业的信心。企业家精神是工业发展的根本驱动力，企业技术水平、管理能力和产品质量等归根结底都由此决定。一个企业能否进行创新以实现技术领先，与企业家的技术战略抱负及领导素质紧密相关。促进工业有效投资，不仅要强调财政资助或税收优惠，还要特别重视企业创新文化和企业家精神的培养与激励。可建立以政府资金为引导、多方投入为主的企业家选拔与继续教育机制，培养企业经营者自主创新、主动升级的战略能力。其次，要鼓励企业特别是民营企业参与组建多种形式的产业联盟。可以通过组建企业信息交流平台，引导大型企业与小微企业经常性联系沟通，解决信息不畅的问题，扩大信息资源共享，有效帮助企业化解订单少和用工难等问题。还可以资本为纽带、以项目为载体、以技术为平台、以上下游企业为链条，加强产业联盟各成员单位在技术研发、生产制造、示范应用、市场开拓、金融支持、人才培育、中介服务等方面的资源整合和相互协作，提升民营企业市场进入能力。

7. 完善固定资产投资加速折旧制度

扩大允许享受加速折旧政策固定资产的范围。应该取消加速折旧政策的行业限制，加速折旧政策应针对固定资产的特定类型，只要拥有和使用该类固定资产

就应该允许其加速折旧。应扩大允许加速折旧的固定资产范围，对于企业设备更新换代、技术改造、节能环保、研发与检测等方面的固定资产投资予以普遍的支持。允许企业自制自用的节能环保设备享受加速折旧与税额抵免政策。最低折旧年限少于 10 年的设备均可采用双倍余额递减法折旧。此外，在允许享受加速折旧政策固定资产的认定条件方面，应使标准更为简单、明确，并简化享受加速折旧政策固定资产认定的程序以及折旧计算的方法。缩短固定资产折旧年限。尤其是缩短技术进步和更新替换较快设备的最低折旧年限。为了鼓励企业进行设备更新和自主创新，可借鉴发达国家的经验，将固定资产折旧年限缩短到 3~5 年。取消企业同类资产只能使用一次加速折旧的限制规定，有效激发企业设备更新的速度。对国家鼓励的有利于技术进步和节能减排的设备投资可进一步提高其首年折旧率。

对于中小企业应给予更为优惠的折旧扶持政策。中小企业设备投资可当年抵扣，也可自主选择加速折旧法或直线折旧法。中小企业对国家鼓励的有利于技术进步和节能减排的设备投资，还可采取加计扣除的扶持方式。企业可自主选择加速折旧法或直线折旧法，加速折旧法可转直线折旧法。因为不同类型企业选择加速折旧的意愿存在差异，特别是民营企业、非上市企业比国有企业、上市企业更愿意选择加速折旧，所以，在实际操作层面上，应当允许企业灵活地进行选择。

适时、适当扩大税额抵免政策的范围，加大政策优惠力度。对于国家鼓励的、有利于技术进步的设备投资均可给予适当程度的税额抵免政策；而对于节能节水、环保与安全生产方面的设备投资，应加大税收抵免优惠政策的实施力度。鉴于实施加速折旧政策的前几年对企业所得税收入影响较大，可通过发行特别国债的方式平滑，用于弥补前几年的财政收入缺口，并用后几年多收部分偿还。并且，事前要加强研究，模拟测算不同加速折旧方案对财政收入的可能影响。

参考文献

[1] 贾海. 投资增速趋缓　结构明显优化 [N]. 经济日报，2016-07-21.

[2] 万建民. 提振企业家信心重于山 [J]. 中国企业家，2016（3）.

[3] 张向东. 中国民间投资非官方报告：五大原因吓退民资 [N]. 经济观察报，2016-07-17.

[4] 周旭霞. 杭州市扩大工业有效投资的对策建议 [J]. 杭州：周刊，2016（6）.

第五章　实证分析：中国是否存在过度投资

——基于 1995~2014 年固定资产投资效益的测算

一、引　言

自 1978 年我国将工作重心转移到经济建设中以来，国内生产总值获得了年均 9.7% 的高速增长，并于 2010 年超越日本，成为仅次于美国的世界第二大经济体。在我国经济的高速增长过程中，资本积累即固定资产投资发挥了重要的作用。相应地，我国的投资率（即资本形成率）亦不断攀升，投资驱动经济的特征日益凸显。根据国家统计局的数据，1979 年我国的投资率不足 30%，2000 年之后从 36.3% 逐年递增，到 2009 年底达到 47.6% 的峰值，2014 年仍高达 46.2%，接近世界其他国家平均水平的 2 倍。[①] 考察改革开放以来我国固定资产投资对GDP 增长的拉动情况，1978~2014 年投资平均拉动 GDP 增长 3.9%，2003~2014 年投资平均拉动 GDP 增长更是高达 4.9%，投资驱动经济增长的特征趋于强化。

中国的投资率是否已经过高？是不是存在过度投资？或许不能简单地通过历史或国际比较找到答案，需要从投资的效益等产出效果层面进行衡量。从经济人理性的一般原理出发，资本获取的利润是资本积累即投资的动力，而资本的效益

---

① 按照世界银行对高、中、低收入国家的划分标准，以 2009 年为例，我们根据世界银行公布的数据，分别求得高收入国家的平均投资率为 22.8%，中等收入国家的平均投资率为 24.2%。

往往取决于资本积累规模、资本的技术水平和资本使用的效率。假定资本的技术水平和使用的效率不变，则资本的效益主要取决于资本积累的规模的变动。考虑到生产函数的边际产量递减的情况，资本效益的下降很大可能是由于过量的资本积累即过度投资造成的。在资本积累呈低技术水平和低效率的现实条件下，为了达到某个产量或产值目标，配置过量资本很容易成为一种趋势。

以上分析为通过投资效益衡量资本积累规模是否得当提供了支持。从中国经济的实际情况看，当前面临的工业产能过剩、基础设施投资超前、房地产巨量库存、生态环境恶化导致资源环境约束趋紧等问题，引发学界对我国固定资产投资及其效率的广泛思考。这些规模巨大且严重过量的资本积累，很大程度上起因于近年来盛行的 GDP 考绩体制下投资主体违背投资回报原则、为追求 GDP 最大化而进行的投资活动，并产生投资收益不能回报投资的浪费状态。

面对稀缺的资源及千秋后代的福祉，当代人必须考虑到投资的效益问题，绝不能有广种薄收的思想。自 2014 年 10 月以来，国务院更是七会三议"有效投资"① 问题，可见决策层也开始日益重视投资效益问题。本章借助 AMSZ 准则对近 20 年来我国资本积累状况进行检验，并对这一时期的整体资本回报率进行测算，以及通过对投资率与所测算的资本回报率结果进行拟合，以判断我国资本积累中的过度投资问题。

二、文献回顾

本部分将从两个方面对中国过度投资相关研究进行简要回顾与梳理：一是关于过度投资及其测算方法的讨论；二是关于过度投资形成的原因及其导致后果的分析。

---

① 资料来源：《稳增长两月紧急行动　国务院七会三议有效投资》，华尔街见闻，http：//wallstreetcn.com/node/211250，2014-11.

1. 过度投资及其测算方法的研究述评

过度投资的大量研究来自企业层面，被视为一种企业行为。Richardson（2006）曾经构建了一个投资模型，将企业新项目的新增投资划分为合理的投资支出和非效率的投资支出（含过度投资和投资不足），研究了超额现金持有与过度投资之间的关系。我国学者也大量研究了公司治理对企业过度投资行为的影响（李维安等，2007），更多的学者研究了国有企业受政治联系（杜兴强等，2011）、地方政府干预而导致的过度投资问题（唐雪松等，2010）。

虽然宏观经济来自对微观经济的综合，但从宏观层面看，经济中是否存在过度投资，是相对于总体经济发展的需求而言的，不同的经济规模需要不同的投资总量。从朴素的意义看，过度投资显然是指投资形成的供给超过了市场需求，或者从投入—产出角度看，投资形成的生产能力缺乏足够的消费（包括境外消费）来吸收。

关于对宏观层面是否存在过度投资的判断，最著名的莫过于 Abel、Mankiw、Summers 和 Zeckhauser（1989）推导出的净现金流量准则（即 AMSZ 准则），通过比较经济体中资本总收益与总投资的大小来检验资本是否过度积累。根据这个准则，如果一个经济体内资本总收益大于总投资，亦即资本部门的产出大于投入，能够获得正的净收益，此时经济动态有效，不存在资本的过度积累；反之，资本部门的产出小于投入，则经济动态无效，存在资本的过度积累。此后 2002~2014 年 13 年间，我国史永东和齐鹰飞（2002）、袁志刚和何樟勇（2003）、刘宪（2004）、庞明川（2007）、吕冰洋和毛捷（2014）、项本武（2008）、张延（2010）、朱君（2014）等诸多学者分别采用 AMSZ 准则，对中国经济的资本积累状况进行了测算。不过由于测算的时间不同，以及不同学者对资本总收益采取了不同的核算方法，因此得出的结论也不尽相同。史永东和齐鹰飞（2002）、袁志刚和何樟勇（2003）等的计算结果显示，我国经济处于动态无效状态，亦即经济中资本积累过多；项本武（2008）认为，中国经济动态效率处于波动状态，且大部分年份为动态无效；而刘宪（2004）、张延（2010）、朱君（2014）等则认为，中国经济动态有效，不存在资本的过度积累。

资本回报率是指平均每一单位资本的投入所能获得的收益。白重恩等（Bai et al.，2006）、CCER（2007）、庞明川（2007）、孙文凯等（2010）、张勋等

（2014）均认为，投资是否过度，需通过测算资本回报率的高低给予回答，倘若资本回报率高，那么投资总体上就是合理的；否则就是不合理的。贾润菘和张四灿（2014）认为，大多数文献选用资本回报率来判断投资是否过度有一定合理性，即如果资本回报率高是投资扩张追逐高利润的结果，就无须担心投资的过快增长；而方文全（2012）则认为，资本回报率变动取决于资本的产出效率、分配份额和投资资金来源构成等因素，与其依据资本回报率高低讨论是否存在过度投资问题，不如关注其背后的初次分配和内需消费问题。

目前，对中国资本回报率高低的测算差异很大。例如，李宾（2011）的研究结果显示，我国自改革开放以来资本回报率呈快速下降趋势；方文全（2012）的研究结果则显示我国的资本回报率近年来有所升高；白重恩和张琼（2014）通过估算 1978~2013 年中国的总体资本回报率，认为 2008 年以来我国资本回报率大幅下降的原因是投资率的大幅攀升和政府投资规模的持续扩大等。综合国内学者对资本回报率在测度上的差异，由于资本存量估算对折旧率的变化极为敏感，同时资本回报率又对资本存量的变化十分敏感，因此，不同学者采纳的折旧率的不同是造成资本回报率测算结果相去甚远的主要原因。

迄今的研究文献，基本上要么单独依据 AMSZ 准则判断经济的动态效率，要么单独对资本回报率进行测算，较少有学者把 AMSZ 准则与资本回报率结合起来研究过度投资。鉴于 AMSZ 准则与资本回报率在测度方法和涉及指标估算上存在较大争议，我们认为，单纯依据一种方法判断是否存在过度投资是片面的，需要对同一口径下取得的"一揽子"数据分别进行测算并相互验证。

2. 过度投资的成因及后果研究述评

已有的多数研究文献表明，在我国经济体制转轨以来的经济运行中，与高投资率相伴随的是投资的低效率，这种投资的低效率以过度投资、重复建设以及大量的投资浪费等形式表现出来。即使到目前为止，中国经济仍然不是成熟的市场经济，仍处于计划经济向市场经济的体制转轨过程之中。科尔奈（1986）认为，由于缺乏内部产生的自我约束机制，在经典社会主义体制中存在严重的投资饥渴症，中央政府只能通过行政机构严格的投资分配过程从外部来约束这种投资饥渴症。科尔奈（1986）进一步指出，在社会主义经济体制转轨过程中，由于投资决策的分散化，政府放松了对企业投资的外部控制，却没有通过利润动机或者预算约束机制建立起任何自我控制机制，这使改革往往加重了经典社会主义体制固有的投资领域过热倾向，而并非使之降低。周黎安（2004，2007）认识到中国地方政府拥有巨大的干预企业和利用各种优惠政策招商引资等支配经济资源的行政权力，认为地方政府有强烈动机，通过扩大投资来达到财政分成和政治晋升等目标。林毅夫和苏剑（2007）认为，我国资源价格长期低于市场均衡价格这一扭曲的价格体系是导致过度投资的根源。任志军（2009）认为，持续低消费下的高投资是出现巨额无效投资的直接原因，政府采取非市场经济的方式激励企业投资以确保经济增长，是出现巨额无效投资的根本原因。曹建海和江飞涛（2010）认为，地方政府普遍的投资补贴进而导致全社会过多的产能投入和均衡产出（产能过剩），并引起产品市场上行业整体亏损及社会福利上的损失。张雷宝（2012）认为，从根源来看，政府投资冲动是导致国内整体投资率居高不下的基本原因，地方政府融资平台则在一定程度上扮演了投资扩张冲动的"帮凶"。

可见，体制问题是导致我国过度投资的根本原因。基于对市场需求弹性的考虑，任何国家或地区都可能存在一定程度的过度投资，但在欧洲、美国、日本等市场经济国家，由于投资主体是各类企业，企业在追求利润最大化目标中形成总量投资，过度投资问题并不严重，反而比较突出的是存在较多政府干预的原计划经济国家。在我国，政府采取行政干预方式鼓励企业投资以确保经济增长目标，是产生过度投资的根本原因，消除过度投资主要应从体制和政策两个方面着手。

大多数学者认为，过度投资给经济社会带来了一系列负面影响。林民书和张志民（2008）指出，与发达国家的资本产出率相比，中国的固定资产投资存在严重的浪费，并且由于产出中有相当的份额用以弥补无效投资和浪费，导致我国居民消费比重不断下降，影响人民生活和社会福利的提高。吴敬琏（2012）指出，当前粗放的增长模式核心和本质就是靠投资驱动增长，这造成了让我们头疼的各种问题：① 资源匮乏、环境破坏、投资和消费的失衡、民众收入水平提高过慢、

① 资料来源：吴敬琏. 投资驱动增长造成了让我们头疼的各种问题［EB/OL］. 中国新闻网，http://ucwap.ifeng.com/finance/fnews/caijingzixun/news? aid=44853350，2012-10.

最终需求不足、产能过剩等。吕冰洋和毛捷（2014）认为，从世界经济发展经验看，发展中国家在经济赶超阶段采取的轻消费、重积累的政策在一段时间内确实能起到迅速提高经济增长率的效果，但是消费需求增长乏力、经济增长过度依赖投资驱动，最终妨害了经济增长的潜力和质量。

综上分析，我国过度投资的形成与长期以来推行的投资驱动的经济增长模式密切相关。无论是改革开放之前政府主导的计划经济还是改革开放之后在政府主导背景下推行的各种刺激经济的发展战略，无不充斥着投资冲动。尤其是地方政府基于绩效的 GDP 最大化、生产规模最大化追求更是加剧了过度投资。国有企业的预算软约束进一步导致投资饥渴和扩张冲动，不合理的投资体制与治理政策加剧过度投资，扭曲了整个经济的投资结构，给中国经济的发展带来了一系列负面影响。

三、对中国资本积累状况的检验

依据 Abel、Mankiw、Summers 和 Zeckhauser（1989）推导出的 AMSZ 准则，[①]如果对于所有时期 t 和所有自然状态，有 $R_t / V_t > 0$ 成立，那么，均衡时，经济是动态有效的；反之，均衡时，经济动态无效（其中，V_t 是经济在 t 期有形资产的总价值；R_t 是 t 期资本的净收益，即资本总收益减去总投资）。Abel、Mankiw、Summers 和 Zeckhauser（1989）在对美国经济动态效率的研究中使用的公式为：总资本收益＝国民收入＋资本折旧－劳动者报酬－劳动者的财产收入；总投资＝固定资产投资＋存货投资；净收益＝总资本收益－总投资。我国学者项本武（2008）认为，Abel 等的算法更加适合市场经济比较成熟的国家。考虑到我国的实际情况，在计算资本总收益时，由于政府对企业的补贴也形成要素收入，虽然它不体现在产品价格中，但构成了总收益的一个来源。也就是说，对于企业补贴是否纳

---

① Abel A., Mankiw N., Summers L., R. Zeckhauser. Assessing Dynamic Efficiency: Theory and Evidence [J]. Review of Economic Studies, 1989, 56（1）: 1–20.

入总收益部分，取决于一国的市场化程度。由于我国目前还处在一个市场化逐步完善的经济转轨阶段，所以本章认为在计算总收益时应当加上企业补贴，计算总投资及净收益则按照 Abel 等（1989）的算法，计算公式调整为：

总资本收益＝GDP－间接税－劳动者报酬＋企业补贴

总投资＝固定资产投资＋存货投资

净收益＝总资本收益－总投资

考虑到数据的可获得性，我们首先考察 1995~2012 年的数据，其中，GDP、劳动者报酬、固定资产投资、存货投资数据来源于相应年份的《中国统计年鉴》；间接税按照增值税、消费税、营业税和关税四项求和计算所得，数据来源于《中国财政年鉴》(2013)；企业补贴为企业亏损补贴，1995~2009 年数据来源于《中国财政年鉴》(2010) 中的国家财政分项目收入，由于 2010 年后国家财政分项目收入中不再细分企业补贴数据，所以，2010~2012 年这三年的企业补贴数据由以往各年的算术平均值代替。计算结果如表 5-1 所示。

表 5-1　中国经济资本积累状况

单位：亿元

年份	GDP	总资本收益	总投资	净收益	总资本收益*	净收益*
1995	61129.8	25031.03	24019.3	1011.73	29042.4	5023.1
1996	71572.3	29824.79	27013.5	2811.29	34486.5	7473
1997	79429.5	30200.26	28244.53	1955.73	37559.1	9314.57
1998	84883.7	32061.28	30321.3	1739.98	40546.47	10225.17
1999	90187.7	33331.71	31080.8	2250.91	43009.84	11929.04
2000	99776.3	38495.09	33916.1	4578.99	49700.4	15784.3
2001	110270.4	43835.16	39228.4	4606.76	55825.6	16597.2
2002	121002	46517.51	45432.8	1084.71	60269.1	14836.3
2003	136564.6	53444.37	58038.9	-4594.53	69639.6	11600.7
2004	160714.4	60559.77	74528.13	-13968.39	79649.19	5121.06
2005	185895.8	70494.05	92397.61	-21903.56	92598.93	201.32
2006	217656.6	84628.87	114998.2	-30369.33	111101.86	-3896.32
2007	268019.4	104322.2	144318.6	-39996.4	139910.91	-4407.67
2008	316751.7	124175	183069.2	-58894.2	166049.94	-17019.2

续表

年份	GDP	总资本收益	总投资	净收益	总资本收益*	净收益*
2009	345629.2	129917.6	232382.2	−102464.6	178531.11	−53851.1
2010	408903	155274.6	261683.8	−106409.2	217935	−43748.8
2011	484123.5	183918.6	324147.4	−140228.8	261593.45	−62554
2012	534123	187913.9	385711.1	−197797.2	277446.19	−108265
2013	588018.8	—	453655.5	—	291422.54	−162233
2014	636138.7	—	517791	—	293414.54	−224376

注：总资本收益＝GDP−间接税−劳动者报酬+企业补贴；总资本收益*＝GDP−劳动者报酬；
总投资＝固定资产投资+存货投资；净收益*＝总资本收益*−总投资。

由表 5-1 可以看出，在 1995~2002 年，中国经济的总资本收益大于总投资，净收益为正，经济中不存在资本的过度积累现象；而在 2003~2012 年，中国经济的总资本收益小于总投资，净收益为负，经济中存在资本的过度积累。

考虑到计算总资本收益时减去间接税有可能会使总收益的值偏小，本章又另外按照

总资本收益*＝GDP−劳动者报酬

总投资＝固定资产投资+存货投资

净收益*＝总资本收益*−总投资

对 1995~2014 年经济中净收益进行计算。由于统计局公布的劳动者报酬数据截至发文日期只更新到 2012 年，本章通过计算 2003~2012 年劳动者报酬增长率的平均值，近似地估测出了 2013 年与 2014 年两年的劳动者报酬。相关计算结果如表 5-1 所示。结果显示，在 1995~2004 年，我国不存在资本过度积累问题，但 2005~2014 年由于经济中资本积累过多导致中国经济为动态无效。

根据表 5-1 的计算结果，分别对两种不同口径下经济中的总投资、总收益以及净收益作图如下。其中，图 5-1 为根据总资本收益＝GDP−间接税−劳动者报酬+企业补贴计算所得 1995~2012 年结果；图 5-2 为根据总资本收益*＝GDP−劳动者报酬计算所得 1995~2014 年结果。对比两者净收益的趋势图，不难发现大致走势基本一致。

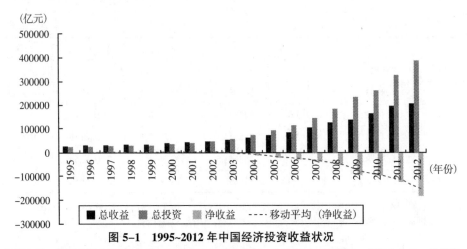

图 5-1　1995~2012 年中国经济投资收益状况

资料来源：按照总资本收益 = GDP − 间接税 − 劳动者报酬 + 企业补贴，净收益 = 总资本收益 − 总投资计算所得结果。

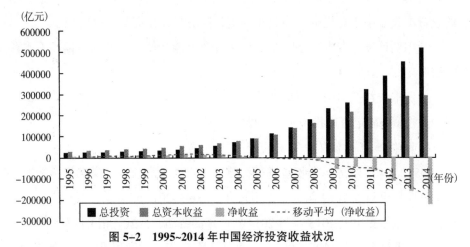

图 5-2　1995~2014 年中国经济投资收益状况

资料来源：按照总资本收益 * = GDP − 劳动者报酬，净收益 * = 总资本收益 * − 总投资计算所得结果。

通过对比表 5-1 中净收益与净收益 * 的具体数据或者对比图 5-1 与图 5-2 中净收益的大致趋势都可以充分说明：是否纳入间接税的两种情况计算结论基本相同，说明本章对中国经济 2003 年以来出现过度资本积累即过度投资的判断是可靠的。[1]

① 这也与近年来中央高层、产业界、学术界和传媒界对中国经济中工业产能过剩、基础设施超前发展、房地产高库存的判断是一致的。

通过上述分析和判断，可以得出我国持续不断走高的投资率已然引致近年来整体经济资本积累过度的结论。换言之，2003 年以来我国整体经济已经出现资本总收益小于总投资的资本过度积累状态。尽管我国在发展战略上强调为实现快速发展的目标需优先选择投资驱动的增长模式，通过不断增加积累来获得经济发展的基础，同时，我国目前所处的城镇化、工业化同步发展阶段也在一定程度上决定了经济发展中高投资的特点，但我们仍需警惕投资的度。高投资产生的产能如果没有相应的消费来消化回收，其后果不单单是资本沉淀，更可能是对稀缺资源的浪费和全民福祉的损害。

四、过度投资与资本回报率测算

1. 资本回报率的估计方法

估计资本回报率的方法大致可以归结为两类[①]：一类是宏观层面上基于资本存量来计算整个经济体的资本回报率；另一类是微观层面上以企业的财务报表数据为基础来估计企业的资本回报率。宏观层面的资本回报率涵盖整个经济体从而更为综合、全面，所以，本章采用宏观层面的方法来计算资本回报率。在相关方法中，白重恩等（Bai et al., 2006）根据 Hall-Jorgenson 的资本租金公式推导的资本回报率的测算方法较其他方法更为简单、直观、有效而被国内大多数学者广泛采用。因此，本章采用白重恩等（Bai et al., 2006）的方法来测算资本回报率。考虑到篇幅限制，本章略去具体推导过程，任意时期 t 资本回报率的计算公式如下：

$$r(t) = \frac{\alpha(t)}{P_K(t)K(t)/P_Y(t)Y(t)} + [\hat{P}_K(t) - \hat{P}_Y(t)] - \delta(t) \tag{5-1}$$

其中，r(t) 表示资本回报率，$\alpha(t)$ 表示资本收入份额，$P_K(t)$ 表示经济中总的

[①] 相关方面的详细讨论参见 CCER "中国经济观察" 研究组（2007）、白重恩和张琼（2014）的研究。

资本价格，$K(t)$ 是经济中总的资本存量，$\hat{P}_K$ 为资本品价格变化，$\hat{P}_Y$ 为产出品价格变化，$\delta(t)$ 为资本的折旧率。

2. 数据来源

首先，资本存量的估计采取 OECD 国家广泛采用的 Goldsmith 于 1951 年开创的永续盘存法：

$$K_t = K_{t-1}(1-\delta) + I_t / P_t$$

使用该方法需要确定四个变量：当年投资 I、投资品价格指数、初始资本存量以及经济折旧率。

（1）当年投资 I 选取当年固定资本形成总额，数据来源于世界银行。

（2）投资品价格指数选用固定资产投资品价格指数，数据来源于《中国统计年鉴》。

（3）初始资本存量 K_0 采用 Reinsdorf 和 Cover（2005）采用的模型：[1]

$$K_0 = I_0 \frac{g+1}{g+\delta}$$

其中，I_0 为初始年的投资，δ 表示折旧率，g 为初始年份之前的投资平均增长率，本章 g 取初始年份之前改革开放之后 1979~1989 年固定资本形成总额[2] 年增长率的算术平均值，经计算得出这段时间的平均值约为 9.5%。

（4）折旧率 δ 采取张军等（2003）的计算结果 9.6%。

其次，资本收入份额 $\alpha(t)$ 的计算采用公式：资本收入份额=1−劳动者报酬/GDP。在国民统计中，我国的收入法 GDP 将国民生产总值分为四个部分：劳动者报酬、营业盈余、生产税净额和固定资产折旧。其中，劳动者报酬数据来自历年《中国统计年鉴》资金流量表（实物交易）；存货数据来源同劳动者报酬；资本的折旧率 $\delta(t)$ 同上，统一采取张军等（2003）的计算结果 9.6%；资本品价格变化 $\hat{P}_K$ 采用固定资产投资价格指数变化进行替代；产出品价格变化 $\hat{P}_Y$ 采用 GDP 平减指数的变化来表示。

---

① 模型的具体证明过程参见原文。
② 数据来源于《中国统计年鉴》。

3. 测算结果

根据上述资本回报率的计算方法及相应数据来源，得出 1995~2014 年的资本回报率如图 5-3 所示。结果表明：根据式（5-1）测得的资本回报率在我们所估测年份内整体呈现出波动式下降，在 1999~2007 年呈现出有升有降波动式特点，2008 年后资本回报率的下降幅度则较为剧烈。图形整体较为平滑，主要源于我们将考察年份内的折旧率近似地处理为同一值，并且我们认为，这种处理方法不影响资本回报率的整体趋势。

图 5-3 1995~2014 年中国的资本回报率

一方面，资本回报率对资本收入份额和资本存量的估计非常敏感；另一方面，从已有的文献可以看出，每一个指标都有多种选择，造成估计结果存在巨大差异。考虑到以上两方面的因素，以及多数文献将我国的折旧率设定为 5% 左右（王小鲁等，2000；郭庆旺等，2004；陈昌兵，2014）等，本章把折旧率统一设定为 5%，计算得到相应的资本回报率如图 5-4 所示。结果表明：把折旧率设定为 5% 测算所得到的资本回报率大致趋势与折旧率为 9.6% 测算的资本回报率大致趋势一致，前者较后者稍微平稳。在考察的起始年份 1995 年，前者的资本回报率为 16%，而后者为 18%；在考察的最后年份 2014 年，前者的资本回报率为 4.6%，后者则为 3.2%；且二者测算的结果在 2006~2010 年较为相近，尤其是 2008 年与 2009 年这两年，二者所测算结果几乎一致，在图中表现为几乎重合。

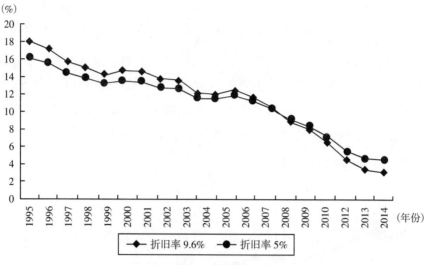

图5-4 1995~2014年中国的资本回报率（不同折旧率）

4.资本回报率与投资率的变动趋势

资本回报率指的是平均每一单位资本的投入所能获得的收益。而我国2000年后特别是2008年金融危机以来资本回报率的持续走低说明经济发展中投资效率的不断下降，每一单位资本的投入所能获得的收益逐步下降甚至很有可能为负值。究其原因，与我国投资刺激政策下的过度投资有关。因此，本章考虑将投资和资本回报率进行回归拟合。一般来说，投资对资本回报率拟合的系数越大，说明投资增长对资本回报率有促进作用；反之，投资对资本回报率拟合的系数越小，说明投资增长对资本回报率是抑制的。

对投资和资本回报率进行回归拟合，投资用投资率（T）表示，投资率为资本形成总额占国内生产总值的比重，数据来源于世界银行。资本回报率（R）选取上述按照式（5-1）折旧率为5%计算的结果。具体数据如表5-2所示。

表5-2 1995~2014年中国的资本回报率与投资率

单位：%

年份	1995	1996	1997	1998	1999	2000	2001	2002	2003	2004
资本回报率	16.21	15.62	14.52	13.95	13.24	13.60	13.49	12.82	12.72	11.60
投资率	41.67	40.22	37.73	36.89	36.54	34.92	36.07	37.66	40.98	43.04

续表

年份	2005	2006	2007	2008	2009	2010	2011	2012	2013	2014
资本回报率	11.49	11.89	11.29	10.35	9.13	8.42	7.24	5.54	4.73	4.63
投资率	41.88	42.71	41.39	43.67	47.58	47.35	47.17	47.32	47.68	46.18

资料来源：投资率数据来源于世界银行，资本回报率为采取5%折旧率计算所得。

运用表 5-2 中的数据对投资率与资本回报率进行回归拟合，结果为：

R = 38.54 – 0.65T

（8.18）（5.85）

经 ADF 单位根检验，残差在 5% 的显著水平是平稳的，R 和 T 具有协整关系，拟合优度为 90%，F 检验通过，反映回归方程高度显著。T 检验通过，表明解释变量的回归系数显著，对被解释变量具有较强的解释能力，即投资率每上升1%，资本回报率则下降 0.65%。

上述拟合结果还可以通过图 5-5 所示的资本回报率（R）与投资率（T）之间关系的散点图来反映。从中可以看出，二者之间的拟合优度较高。从投资率对资本回报率的拟合系数来看，投资率对资本回报率表现为负向影响，表明我国经济发展中总体投资的不合理，存在过度投资。

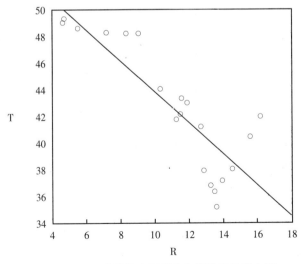

图 5-5　中国资本回报率与投资率的散点图

五、结论和政策建议

虽然投资在中国经济快速增长中发挥了举足轻重的作用，但节节攀升的投资率也促使中国经济增长依赖投资驱动的特征不断强化，投资效益下降趋势日益严重。尤其是 2008 年全球金融危机以来，这一趋势更为明显。基于此，从投资效益的研究视角来分析现阶段的投资率是否合理以及投资是否过度，具有较大的现实意义。借助 AMSZ 准则判断中国 2003 年以来整体经济出现资本总收益小于总投资的资本过度积累状态的基础上，我们又重点测算了 1995~2014 年整体经济的资本回报率，发现 2008 年全球金融危机国家实施投资刺激政策以来，整体资本回报率出现大幅下降。从投资率对资本回报率的拟合系数看，投资率对资本回报率表现为负向影响，表明我国经济中总体投资存在较为严重的过度投资。

从经济学意义上，过度投资导致我国固定资产投资中低效甚至无效投资增加，形成相当规模的资本沉淀。这部分资本沉淀不但不能增加社会的生产能力，相反却是对稀缺资源、社会财富的巨大浪费，属于全民福祉的损失。例如，有学者研究得出，中国高速公路的利用率只为经合组织国家平均水平的 12%，许多较小的机场利用率不到一半。①徐策和王元（2014）的研究指出，2009 年以来，政府刺激措施和大量建设活动，已造成 6.8 万亿美元的投资浪费。据有关机构初步测算，工业行业中有 15%左右的投资属于无效投资。如果以重置价值衡量这部分无效投资，其规模还会有所上升。中国的经济增长特别是工业经济的增长是以牺牲生态资源环境为代价的增长，而过度投资导致的大量重复建设、低效率运行甚至闲置的资本更是加剧了这一代价的程度。无论是自然资源环境还是生态环境的承载力都是有限度的，过度消耗资源和破坏环境，不仅使人类生产无法继续进行，而且将破坏人类最基本的生活环境。

---

① 贺铿. 未来两三年经济难有根本改变 [EB/OL]. 中国改革论坛网，2013-07-16. http://www.chinare-form.net/show.php? id=13758.

　　从宏观层面分析，过度投资推动了统计意义上 GDP 的快速上涨，但国民总产出中有相当一部分是用以弥补由过度投资引致的投资浪费，加之国民收入分配向政府、企业倾斜这一现状，导致真正能够用来提高社会福利、改善居民生活水平的部分剩余不多。2003 年以来，我国的居民消费占 GDP 的比重呈不断下降趋势，远远低于世界平均水平，实际上是过度资本积累下投资效益不断下降的结构性原因。根据经济学原理，投资属于消费的派生需求，投资依赖于消费并且由消费来回报。缺乏居民消费支撑的投资、为投资而投资的投资，终将转化为过剩产能和无效资本，这是中国经济内在结构失衡最为突出的特征。

　　根治过度投资，当务之急是推进生产要素的市场化改革，特别是要推进土地、矿山、银行信贷、资本市场、劳动市场的真正市场化，通过法制保障市场主体的产权不受权力的侵犯，充分发挥市场在资源配置中的决定性作用；同时，需要平衡过高的投资率与过低的消费率，通过建立健全社会保障体系、发展非国有经济、扩大居民就业等措施，大幅提高居民消费在社会总需求中的比重，建立消费者为主导的消费者主权经济；强化国有企业投资的预算约束机制，推进国有企业的混合所有制改革和资本运营管理模式，建立不同所有制企业公平竞争环境和基于经济社会管制法律法规约束的公平竞争环境，充分发挥企业家精神在社会投资中的主导作用；完善以质量和效益为核心的绩效考核机制，消除地方政府为绩效而加大投资规模的动机，提高地方融资透明度，限制地方举债规模，逐步降低政府投资在固定资产投资中的比重，切实将地方政府职能转变到主要提供公平市场竞争秩序、环境保护和治理、社会保障等公共服务上来。

参考文献

［1］白重恩，张琼. 中国的资本回报率及其影响因素分析［J］. 世界经济，2014（10）.

［2］曹建海，江飞涛. 中国工业投资中的重复建设与产能过剩问题研究［M］. 北京：经济管理出版社，2010.

［3］陈昌兵. 可变折旧率估计与资本存量测算［J］. 经济研究，2014（12）.

［4］杜兴强，曾泉，杜颖洁. 政治联系、过度投资与公司价值——基于国有上市公司的经验证据［J］. 金融研究，2011（8）.

［5］方文全. 中国的资本回报率有多高？［J］. 经济学（季刊），2012（1）.

［6］郭庆旺，贾俊雪. 中国潜在产出与产出缺口的估算［J］. 经济研究，2004（5）.

［7］贾润崧，张四灿.中国省际资本存量与资本回报率［J］.统计研究，2014（11）.

［8］科尔奈.短缺经济学（中文版）［M］.北京：经济科学出版社，1986.

［9］科尔奈.社会主义体制——共产主义政治经济学（中文版）［M］.北京：中央编译出版社，2007.

［10］李宾.我国资本存量估算的比较分析［J］.数量经济技术经济研究，2011（12）.

［11］李维安，姜涛.公司治理与企业过度投资行为研究——来自中国上市公司的证据［J］.财贸经济，2007（12）.

［12］林民书，张志民.投资低效与经济增长：对中国资本存量和无效投资的估算［J］.河南社会科学，2008（9）.

［13］林毅夫，苏剑.论我国经济增长方式的转换［J］.管理世界，2007（11）.

［14］刘宪.中国经济中不存在资本的过度积累［J］.财经研究，2004（10）.

［15］吕冰洋，毛捷.高投资、低消费的财政基础［J］.经济研究，2014（5）.

［16］庞明川.中国的投资效率与过度投资问题研究［J］.财经问题研究，2007（7）.

［17］任志军.无效投资及其治理政策探析［J］.辽宁师范大学学报，2009（11）.

［18］史永东，齐鹰飞.中国经济的动态效率［J］.世界经济，2002（8）.

［19］孙文凯，肖耿，杨秀科.资本回报率对投资率的影响：中美日对比研究［J］.世界经济，2010（6）.

［20］唐雪松，周效苏，马如静.政府干预、GDP增长与地方国有企业过度投资［J］.金融研究，2010（8）.

［21］王小鲁，樊纲.中国经济增长的可持续性：跨世纪的回顾与展望［M］.北京：经济科学出版社，2000.

［22］项本武.中国经济的动态效率1992-2003［J］.数量经济技术经济研究，2008（3）.

［23］徐策，王元.防止低效与无效投资造成巨大浪费［N］.上海证券报，2014-11-20.

［24］袁志刚，何樟勇.20世纪90年代以来中国经济的动态效率［J］.经济研究，2003（7）.

［25］张军，章元.对中国资本存量K的再估计［J］.经济研究，2003（7）.

［26］张雷宝.内需不再"内虚"的策略选择——消费驱动唱"主角"与政府投资讲绩效［J］.地方财政研究，2012（2）.

［27］张勋，徐建国.中国资本回报率的再测算［J］.世界经济，2014（8）.

［28］张延.中国资本积累的动态效率：理论与实证［J］.管理世界，2010（3）.

［29］中国经济研究中心（CCER）中国经济观察研究组.中国资本回报率估测（1978-2006）

[J]. 经济学（季刊），2007（6）.

[30] 周黎安. 晋升博弈中政府官员的激励与合作——兼论我国地方保护主义和重复建设问题长期存在的原因 [J]. 经济研究，2004（6）.

[31] 周黎安. 中国地方官员的晋升锦标赛模式研究 [J]. 经济研究，2007（7）.

[32] 朱君. 中国投资的动态效率研究 [J]. 投资研究，2014（12）.

[33] Abel Andrew B., Mankiw N. Gregory, Summers Lawrence H., Zeckhauser Richard J. Assessing Dynamic Efficiency: Theory and Evidence [J]. Review of Economic Studies, 1989 (56): 1-20.

[34] Bai Chong-En, Hsieh Chang-Tai, Qian Yingyi. The Return to Capital in China [J]. Booking's Papers on Economic Activity, 2006 (2): 61-88.

[35] Marshall Reinsdorf, Mariam Cover. Measurement of Capital Stocks, Consumption of Fixed Capital, and Capital Services [R]. Report on a Presentation to the Central American Ad Hoc Group on National Accounts, May, 2005.

[36] Scott Richardson. Over-investment of Free Cash Flow [J]. Review of Accounting Studies, 2006, 11 (2): 159-189.

第六章　产能过剩治理与工业转型升级

2012 年以来，受国际金融危机的影响，我国经济增长遭遇外需锐减和内需不振的双重压力，钢铁、煤炭、水泥、电解铝、平板玻璃、造船等一些行业出现了产能过剩，工业品出厂价格指数出现了连续 54 个月的回落。面向经济发展新常态，要实现中国经济提质增效升级目标，前提是要打好化解产能过剩的攻坚战。综合各方面因素，有效解决产能过剩问题，需要从堵、疏两个方面结合综合施策：所谓"堵"策，就是短期以化解和治理为主，长期重在健全防范机制；所谓"疏"策，就是引导产能过剩行业转型升级，这又是较之"堵"要困难得多的一项综合工程。

一、我国经济新常态下产能过剩的新特征

产能过剩是指一国制造业部门因产能利用率偏低而引起的产品价格大幅回落、企业普遍亏损、短期难以调整的一种经济现象。改革开放以来，我国出现过三次比较严重的产能过剩。第一次是在 20 世纪 90 年代初，起因于大规模重复建设，引起国民经济过热，纺织等行业大幅供过于求。第二次是在 20 世纪 90 年代末到 21 世纪初，由于一些地区盲目投资，500 多种消费品和一半以上生产资料产品供过于求。第三次是从 2008 年第四季度至今，为应对国际金融危机冲击，国家实施大规模经济刺激计划，随后钢铁、造船、太阳能光伏等行业出现产能过剩问题。

根据国际通用标准，工业产能利用率在 79%~90% 时属正常的产能过剩，当

其降为 78% 甚至更低时即为较严重的产能过剩。从国内权威部门公布的数据看，2013 年底我国钢铁、水泥、电解铝、平板玻璃、船舶产能利用率分别为 75%、77%、69%、72%、65%，普遍低于国际通用标准。值得注意的是，当前我国产能过剩涉及的行业和领域，既包括钢铁、水泥等传统行业，也包括多晶硅、风电设备等新兴产业，呈现出多行业同步过剩的新特点。产能过剩的一个直接后果，就是不少行业亏损扩大，企业经营困难。据中钢协数据，2014 年上半年，88 家重点钢铁企业尽管经营状况有所好转，但仍有 25 家亏损，亏损面达 28%。由于产能严重过剩，太阳能光伏产业面临生存困境，多数企业处于停工或半停工状态。

　　产能过剩一直是困扰我国经济健康发展的痼疾。以往，要素市场扭曲、地方政府采用各种优惠政策招商引资和保护本地企业是导致部分产业系统性产能过剩的主要原因，且这些行业的产能过剩总能为后来快速增长的需求所消化。随着我国经济进入新常态，产能过剩无论在形成机理还是表现形式及影响的广度、深度方面都出现了一些不同于以往的新特征。正是由于这些新特征的存在，导致当前及未来几年化解过剩产能工作具有前所未有的艰巨性。

　　从供需匹配的角度来看，经济增长的过程就是需求增长与需求结构演变升级、供给体系顺应需求增长与需求结构变化不断进行调整并与之匹配的过程。在后发赶超国家，经济快速增长会带来需求规模的快速增长与需求结构的快速转变，特别是在进入中等收入水平、经济增速下滑时，需求增速会快速放缓，需求结构会急剧变动，如果供给体系难以及时顺应这种变化，就会带来较为严重的结构性产能过剩。当供给体系缺乏灵活性时，这种结构性产能过剩将更为严重，且在很长一段时间内难以有效化解。

　　本轮严重的结构性产能过剩正是我国经济进入新常态以后，增速换挡、增长动力机制转换与需求结构急剧转变的产物。第一，随着要素成本的不断上升、环境与资源约束强化、投资效率的不断下降和全要素生产率的恶化，我国以往过度依赖投资拉动、粗放式规模扩张与要素驱动的增长方式将难以为继，实际投资增速将快速下降，钢铁、建筑材料、有色金属、普通机床等传统重工业产品需求增速将显著放缓，需求峰值已经或即将到来，这些行业将在未来很长一段时间内面临严峻的产能过剩态势。第二，随着国民收入水平的不断提高，国民消费结构尤其是中高收入人群的消费结构快速升级，现有绝大部分商品消费需求饱和且供给过剩，而对于高品质、个性化的高端消费需求，现有供给体系却远不能满足，从而在消费品市场出现较为严重的结构性过剩。第三，随着劳动力成本、土地成本、资源与环境成本的快速上升，欠发达国家发展觉醒，中国的低成本优势正在逐渐散失，中国的劳动密集型产品、"两高一资"等传统出口产品在国际市场上正面临越来越严峻的挑战，传统出口制造业将面临长期产能过剩的压力。

总体来看，这次产能过剩既在传统产业中不断加重，又在新兴产业中初步显现。首先，产能过剩行业呈现典型的"四高四低"特征，即"高投入、高消耗、高污染、高速度"与"低产出、低效率、低效益、低科技含量"并存，加剧了土地、资源、环境的承载压力，不利于经济增长质量和效益的持续提升。其次，由于企业亏损面扩大，许多企业既无力进行创新型投资，也无力转产谋求生存，这会使传统行业转型升级的进程后延，特别是一些新兴行业过快出现产能过剩，打击了社会投资的信心，从而使经济增长动力与后劲不足。再次，在产能过剩情况下，产品卖不出去，企业的再生产更多的是依靠借贷来支撑，这必然会累积债务风险。特别是由于近年来企业通过商业银行之外获取资金的比例大幅提高，产能过剩在扩大债务规模的同时加大了债权人的复杂性，极易成为经济风险的汇集点。最后，影响社会稳定。当前，去产能化已成为处置产能过剩的主要政策选择，一些企业的关闭、重组会使部分职工下岗。特别是对于过剩行业企业较为集中的地区，区域性社会不稳定因素增多。

二、经济体制、投融资体制与产能过剩形成

我国长期实施需求端刺激政策，特别是以基础设施、房地产等领域固定资产投资为经济增长引擎，催动了钢铁、有色金属、水泥、造船等重化工行业产能的迅速扩张，由此派生出消费需求不足、政府债务规模扩大、扩大投资规模在融资上不可持续等问题，造成产能过剩，进而必然对经济增长方式的转变造成较大掣肘。

1. 工业投资始终是全社会投资的最大力量

在我国工业化进程中，通过政府控制资源配置是一个非常明显的特征。例如，对商品和生产要素的价格管制、对自然垄断行业的管制、对各类国有企业的财政性补贴、行政审批项目繁多、对土地使用权的自由交易的严格管制，以及银行贷款和资本市场融资主要流向政府控制下的国有企业，信贷利率严格受到中央货币政策监管机构的控制等经济现象和经济行为都深深地打上了政府资源配置的烙印。由于政府在资源配置上的主导行为，当政府采取优先发展重工业战略时，其所控制的资源不可避免地流向工业部门，为工业部门的固定资产投资汲取了大量资金。

我国自 1978 年开始的从计划经济体制向市场经济体制转轨的进程，是"从上自下"、政府主导型的。在这一进程中，为工业化而进行的资本积累也不可避免地带有了转轨的色彩。不同于传统工业化进程中的投资方式，运用国家干预经济手段、政府配置资源的方式来推动的工业投资和工业化发展，使全社会的资本在政府的安排下集中于工业部门。特别是 2003 年以来，我国一批新的主导产业浮出了水面，包括住宅、汽车、电子通信和基础设施建设等，同时出现了一批投资性质的产业，主要是钢铁、有色金属、机械、化工等，以上两方面又拉动了电力、煤炭、石油行业的发展。工业增长带动工业投资，而工业投资又直接推动了工业产能的增长。工业投资在全社会固定资产投资中的比重，由 2003 年的 36.76% 上升到 2010 年的 45.81%，2014 年下滑到 39.92%，始终是全社会投资中的最大项投资（见图 6-1 和表 6-1）。在经济增速回落的情况下，工业投资与房地产投资、政府基础设施投资一起，成为中央稳定经济增长速度的重要工具。

然而，近年来工业投资占全社会固定资产的比重逐年下滑的事实说明，工业投资过快增长累积形成的巨量生产能力，在出口市场萎缩、消费不振、房地产市场回落，特别是地方政府债务压力下形成了严重的产能过剩，导致工业增加值增速逐年大幅回落，经济效益也随之逐年明显回落。

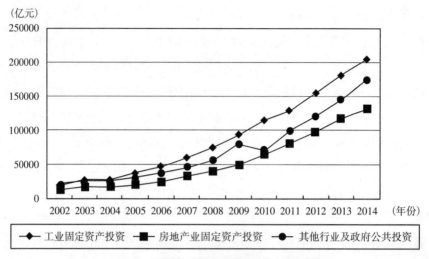

图 6-1 中国固定资产投资的"三驾马车"

资料来源：根据国家统计局数据整理。

表 6-1 全社会固定资产投资的行业分布

单位：亿元，%

年份	全社会固定资产投资	比例	工业固定资产投资	比例	房地产业固定资产投资	比例	其他行业及政府公共投资	比例
2003	55566.61	100	20427.12	36.76	13143.43	23.65	21996.06	39.59
2004	70477.4	100	27776.47	39.41	16678.87	23.67	26022.06	36.92
2005	88773.62	100	37717.74	42.49	19505.32	21.97	31550.56	35.54
2006	109998.2	100	47353.58	43.05	24524.38	22.30	38120.24	34.66
2007	137323.9	100	59851.52	43.58	32438.9	23.62	45033.52	32.79
2008	172828.4	100	75405.36	43.63	40441.82	23.40	56981.22	32.97
2009	224598.8	100	94258.3	41.97	49358.51	21.98	80981.96	36.06
2010	251683.8	100	115299.9	45.81	64877.29	25.78	71506.61	28.41
2011	311485.1	100	129119.6	41.45	81686.06	26.22	100679.5	32.32
2012	374694.7	100	154523.5	41.24	99159.31	26.46	121011.9	32.30
2013	446294.1	100	181990.5	40.78	118809.4	26.62	145494.2	32.60
2014	512020.7	100	204393.9	39.92	131348.2	25.65	176278.6	34.42

资料来源：根据国家统计局官方网站数据整理。

2. 投资审批体制下政府和国有企业投资扩张

2004 年以来，我国改革了所有项目均需经政府行政审批的制度，对于不使用国家资金的投资项目不再实行项目审批，而是区别不同情况实行核准制和备案制。实行核准制的项目，政府不再审批可行性研究报告，而是依据政府核准的投资项目目录，以及环境保护、土地使用、资源利用、安全生产、城市规划等审批手续给予核准。由于社会规制的不健全，项目核准制事实上由投资计划部门独家审批变成了多部门共同审批的实际结果。2009 年以来，国家为了稳定经济增长，实行了大规模政府投资计划，中央政府和地方政府投资的项目在项目审批上一路绿灯，政府投资在全社会固定资产投资中所占比重明显上升，一定程度上带来了市场化改革的倒退。项目核准制在实施中，由于地方政府对经济资源的垄断，需要地方政府的大量介入，地方政府因此成为主导投资扩张的关键力量。

在我国政府主导的经济转轨中，国有经济成为整个国民经济发展和工业发展的重要载体和推动力量。根据现有投资管理体制，国有企业特别是国有企业中的中央国有企业编制中长期发展建设规划，规划经国务院或国务院投资主管部门批准后，规划中项目不再另行申报核准，只须办理备案手续，极大地便利了国有企业投资。目前，我国国有企业的主体包括大型中央企业、中央金融企业、地方国有企业、作为地方融资平台的各类投资公司等。在工业领域，国有企业主要分布于矿产资源的开采、石油化工、煤炭、钢铁、有色金属、电力、汽车、自来水等领域，成为工业投资的重要力量（见表 6-2）；在基础设施领域，国有企业分布于交通运输、港口设施、铁路、航空等基础产业，并在这些产业中拥有主导和控制地位；在金融领域，国有企业分布于银行、证券、信托、金融交易平台等领域，通过控制社会融资的流向，发挥金融企业在扩大社会投资、推动经济增长方面的关键作用。然而，国有投资决策主体权力和责任不对称，缺乏投资约束机制，易于引起投资过度局面，且国有投资项目建成后缺乏资源退出机制，导致生产过剩固化。

表 6–2　近年我国主要工业品累计新增生产能力

指标 ＼ 年份	2009	2010	2011	2012	2013	2014
原煤开采（万吨/年）	31589.45	45825.07	60424	59654.9	72202.59	65094.9
粗钢建设规模（万吨/年）	3213.11	3624.75	2580	2853.3	2775.08	3130.54
电解铝（万吨/年）	273265	705714	1989150	2773348	4185492	3222000
水力发电（万千瓦）	5099.18	6014.68	5590	5859.85	4929.25	6606.27
火力发电（万千瓦）	9850.34	9082.9	7417	7068.65	5925.67	6279.54
水泥（万吨/年）	29085.57	48244.87	54751	45857.15	43987.86	41055.84
平板玻璃（万重量箱/年）	17453.07	11321.78	19027	11620.57	10669.05	15319.52
轿车制造（辆/年）	2374603	2762676	2070520	1834461	2368875	2511150
化学纤维（吨/年）	3589820	2228343	2345742	4984229	4214052	5792356
城市自来水供水能力（万吨/日）	2192.88	3009.44	2270	2223.97	2569.23	1628.62

资料来源：国家统计局。

3. 融资结构影响甚至决定投资方向

虽然融资实质上是投资的一个派生决策或从属决策，即在做出投资决策后，根据各方面条件再决定融资的规模、方式、成本和时机等问题。由于融资过程所涉及的债权债务关系表现为严格的契约关系，且拥有受法律保护的剩余财产优先求偿权，因而投资决策只有先满足融资决策所要求的现金流动状况，才能判定投资效果。

就世界各国金融而言，一般是先有间接融资，后有直接融资，且在相当长的时间内，间接融资所占的比重远远超过直接融资。20 世纪 80 年代以来，随着金融自由化浪潮的兴起，世界范围内融资方式证券化的趋势加强，直接融资的发展速度远远超过间接融资，以至于在许多国家，直接融资的比重逐渐地接近甚至超过了间接融资。多数研究认为，证券市场主导的直接融资在风险分散和金融创新方面更具优势，而银行主导的间接融资在信息获取和监督管理方面更具效率。

我国社会融资结构属于典型的国家控制下间接融资占绝对主体的融资结构（见表 6–3）。2002 年，我国银行贷款占到社会融资总额的 95.5%，2014 年虽然回落到 61.76%，但 2015 年再次回升到 73.69%。2015 年直接融资规模占社会融资总额的比重达到 23.44%，为历史最高峰，特别是非金融企业境内股票融资在 2015 年创造了有史以来的发行高峰 7604 亿元，但在全社会融资总规模中也仅仅占到 4.97%。

表 6-3　社会融资规模及其分布

单位：亿元

年份\指标	社会融资规模	人民币贷款	外币贷款折合人民币	委托贷款	信托贷款	未贴现银行承兑汇票	企业债券	非金融企业境内股票
2002	20112	18475	731	175		-695	367	628
2003	34113	27652	2285	601		2010	499	559
2004	28629	22673	1381	3118		-290	467	673
2005	30008	23544	1415	1961		24	2010	339
2006	42696	31523	1459	2695	825	1500	2310	1536
2007	59663	36323	3864	3371	1702	6701	2284	4333
2008	69802	49041	1947	4262	3144	1064	5523	3324
2009	139104	95942	9265	6780	4364	4606	12367	3350
2010	140191	79451	4855	8748	3865	23346	11063	5786
2011	128286	74715	5712	12962	2034	10271	13658	4377
2012	157631	82038	9163	12838	12845	10499	22551	2508
2013	173168	88916	5848	25466	18404	7755	18113	2219
2014	164133	97813	3556	25069	5174	-1286	23817	4350
2015	152936	112693	-6427	15911	434	-10569	28249	7604

资料来源：国家统计局、中国人民银行官方网站。

中国长期坚持间接融资为主体的金融结构，主要是基于中国正处于体制转轨时期，银行信贷能迅速转化成高投资，而高投资能带来高增长。随着投资效率的下降，这种金融结构所带来的边际产出呈现递减的趋势。大量事例表明，中国的信贷周期与产出周期高度相关，且紧缩时期信贷冲击的波动效应大于扩张时期的波动效应，由此产生了金融加速器效应，但也导致了借贷市场资金分配的无效率和因无法收回而被迫无限期延展的巨额隐形呆坏账。

从实际信贷规模看，截至 2015 年底，我国金融机构各项贷款累计为 99.29 万亿元。而根据财政部《2015 年 1-12 月全国国有及国有控股企业经济运行情况》，到 2015 年底，全国国有及国有控股企业（非金融类企业）①资产总额 119.2 亿元，负债总额 79.06 亿元，所有者权益合计 40.14 亿元。国有及国有控股企业负债总额相当于当年金融机构各项贷款总额的 79.62%，显示国有及国有控股企业在金融机构信贷规模中占有绝大部分比重。此外，根据审计署公布的 2013 年全国政府性债务审计结果，截至 2013 年 6 月末，全国政府性债务为 30.27 万亿元，其中全口径中央政府性债务合计 12.38 万亿元，全口径地方政府性债务合计 17.89 万亿元。考虑到地方政府融资平台②既有政府身份，又有国有企业身份，地方政府债务可能与财政部统计的地方国有企业债务存在重合，但仍然不难得出我国银行信贷资金绝大部分流向了国有企业贷款和政府贷款的结论。从行业分布看，地方政府融资多用于基础设施建设，而国有企业除了基础设施产业，其余绝大部分重化工行业属于当前产能过剩的重灾区。

三、治理产能过剩面临的问题和挑战

从 2016 年以来的政策实施情况看，还是主要通过目标分解、行政问责方式来推动各地削减产能，通过市场化和法制化的方式来化解过剩产能仍面临诸多障碍。当前，化解过剩产能主要面临以下四个方面的问题与挑战：

1. 化解过剩产能的市场机制严重受阻

在比较成熟的市场经济中，市场竞争的优胜劣汰机制是化解过剩产能最为有效的工具，在市场出现过剩产能时通过市场竞争总能把缺乏效率或者不符合市场需求的企业和产能较快清理出市场。在我国，由于部分地方政府采用财政补贴、

---

① 全国国有及国有控股企业包括 94 个中央部门所属企业、113 家国资委监管企业、5 家财政部监管企业和 36 个省（自治区、直辖市、计划单列市）的地方国有及国有控股企业。财政部监管企业包括中国铁路总公司、中国邮政集团公司、中国烟草总公司、中国出版集团公司和中国对外文化集团公司。

② 根据中国银监会对江苏省的调查，2010 年有近一半的平台经营活动现金流为零或负值，说明其资产结构不合理，有的就是一个空壳公司，货币资金很少，唯一值钱的资产就是政府注入的土地。而随着宏观调控趋紧，这部分资产的变现能力较差。从资产负债率看，有些平台的负债率偏高，有的甚至高达 80%~90%，对银行信贷资产安全构成严重威胁。

提供廉价能源资源、放松环境监管等手段保护本地落后企业，导致低效率企业长期难以被逐出市场；不仅如此，这些低效率企业甚至利用由此（地方保护及相应优惠政策）所获得的成本优势进行恶性竞争，使整个行业的盈利状况恶化，行业债务风险不断累积，使这些行业陷入日趋严峻的困局。当前，钢铁、电解铝等行业正深陷在这样的困局中，这些行业的企业债务风险正在快速累积，极有可能造成系统性风险。

2. 化解过剩产能的金融和法律途径严重受阻

破产机制是市场经济体制中化解过剩产能最为重要的金融和法律途径，在出现较为严重的产能过剩时，随着竞争的加剧，大量低效率的企业会因资金链断裂、难以偿还债务本息、资不抵债等情况触发破产机制，从而被清理出市场。而在我国，由于以下几个方面的原因，破产这一化解过剩产能的重要途径严重受阻：第一，地方政府保护本地企业，一方面，干预金融机构经营行为，迫使金融机构为已陷入破产危机的企业继续提供贷款；另一方面，通过干预司法，阻碍银行和其他债权人通过法律途径追讨到期债务，对于债权人对本地企业的破产诉讼不予立案或尽量拖延，甚至直接干预破产程序帮助本地企业免予破产清算。第二，企业账目不清，甚至给贷款银行提供假账，加之国内金融机构风险管理能力弱，有些企业已资不抵债且经营困难时，金融机构或其他债权人却无从知晓，仍为这些企业提供大量贷款支持。第三，国内金融治理结构存在缺陷，各级金融机构负责人都不愿意已发放贷款在任内变成坏账，往往对于一些已资不抵债或已不能偿付债务的企业网开一面，不及时诉诸破产诉讼。第四，我国《破产法》等法律法规与执行机制不完善，对于债权人利益保护不够，债权人往往很难通过破产诉讼保护自身权益，这使银行或债权人主动采用这一法律手段的意愿下降。第五，资本市场不发达，银行处置破产清算企业不良资产的途径少，采用资产证券化或者投资银行业务手段处理不良资产时，在政策和法律方面仍受到较多限制，降低了债权人采用破产诉讼的意愿。

3. 兼并重组难以担当"去产能"的重任且面临诸多困难

现行的化解过剩产能的政策都特别强调兼并重组的作用，但是在竞争性行业中，企业很少会以"去产能"作为兼并重组的动机，因为这不符合企业的自身利益。特别是在钢铁、电解铝等重资产、竞争性行业中，生产能力及相应设备是企业最有价值的资产，让并购企业收购目标企业然后自行报废目标企业有价值的资产，这显然有悖于企业的自身利益。此外，我们对历年来钢铁行业兼并重组情况的调查研究表明，几乎所有的兼并重组不但没有减少产能，反而大量增加了产能。

兼并重组能盘活低效率企业的有效产能，但当前兼并重组仍面临诸多困难：一是在一些地方政府保护下，部分低效率企业兼并重组意愿不强；二是近年来产能过剩行业企业盈利水平普遍下降，资金压力已成为制约企业兼并重组的重要原因；三是兼并重组过程的手续烦琐，过程漫长；四是现有政策使跨区域、跨行业、跨所有制的重组依然困难重重，金融资本参与兼并重组面临诸多限制；五是许多低效率企业财务不透明，地方政府干预兼并重组，增加了企业兼并重组的风险。

4. 自上而下以行政手段大规模"去产能"不可取

第一，以行政手段强行"去产能"缺乏法理上的支持，容易引发诸多矛盾和纠纷，甚至成为社会不稳定因素；第二，地方政府与中央政府在"去产能"问题上，利益是不一致的，地方政府出于辖区内经济发展、就业等方面考虑，会采取实际上不合作的方式，且行政上强制"去产能"的监督成本极高，而收效却可能很有限；第三，中央政府和地方政府关于"去产能"目标的商议和确定是一个复杂、艰巨、耗时的过程，由此确定目标也很难有其合意性；第四，自上而下以行政方式"去产能"，地方政府必然会以各种困难为由向中央政府提出各种条件和要求，中央政府实施"去产能"政策的成本会非常高。

四、坚持以供给侧结构性改革推进"去产能"

在我国，产能过剩主要体现为结构性过剩和结构性失衡，即低端制造业产能过剩与高端消费品、知识经济产品供给不足并存。与重化工业产能过剩相并行，随着居民收入提高，消费结构中衣、食、住、行等物质性消费支出比重以及一般性服务消费支出的比重趋于下降，而与居民文化素质和生活质量提高紧密相关的科教文体卫、杂项等领域的消费比重迅速上升。这种事实可以归纳为，那些带有传统生产和服务特征的传统部门的收入弹性和消费支出比重趋于下降，而有关人的素质提高的知识部门生产和服务的收入弹性和支出比例趋于提高，这也在一定程度上促使工业化物质生产经济向知识经济转变。然而，与日益增长的居民对于高端消费服务和消费品的需求相对应，产业结构中占据主导地位的却是钢铁、煤炭、水泥、玻璃等与民众需求格格不入的投资品供给，以及虽然价格较低，但企业之间质量雷同、价格竞争激烈的中低端消费品，而高端制造业、文教娱乐等满足居民更高层次需求的产业发展严重不足，供给侧结构性改革的一个重要逻辑就是调整这种产业结构性失衡。

1. 坚持对传统经济进行整顿的思路

产能过剩已成为传统经济进入经济新常态的最突出问题，也是阻碍经济转型升级、经济增长动能转换的关键因素。中央政府提出的"去产能、去库存、去杠杆、降成本、补短板"的调整方针，属于当前推进供给侧结构性改革的抓手。通过对传统经济进行整顿，促进经济结构调整。要坚持对传统经济整顿这样一个方向，不要因为出现了困难就犹豫、倒退，甚至重新回到刺激需求的老路上去。

事实证明，2015年以来的经济刺激政策，使中央的"三去一降一补"调整目标出现了全面倒退。2016年以来，由于金融市场的恶性炒作配合，钢铁、煤炭、有色金属等价格出现了上涨行情，煤炭供应一度紧张。这种"煤飞色舞"的局面，不仅让各界人士质疑"去产能"的必要性，更有可能诱导一些企业因为市场暂时性回暖而盲目复产、扩产，导致行业再次被拖入巨亏泥潭的恶性循环中。在房地产"去库存"方面，随着货币投放的加快，出现了一、二线城市房价、地价涨潮。"去杠杆"的结果是企业和政府的负债率仍在持续提高。"降成本"不仅没有达到效果，反而因房价、房租的上升，推高了制造业员工生活成本和企业生产成本。据媒体报道，华为计划迁出深圳，富士康计划把工厂迁到印度。"补短板"效应由于民营企业投资同比出现断崖式回落，没有起到任何效果。

上述情况说明，供给侧结构性改革是一种调整经济增长方式的理念，只有坚持下去经济才能夯实基础，但必须要接受一段时间的痛苦。在改革与增长，特别是传统增长之间，要把改革放在更重要的位置，避免为保增长甚至迫使改革倒退的局面。应深刻认识到传统增长对资源的浪费、对民生的危害，以及可能诱发经济危机、金融危机的巨大风险。必须防止这种思想上的反复，要对去年以来各种经济刺激政策导致供给侧结构性改革事实上的倒退有深刻的认识。

2. "去产能"过程中的"僵尸企业"与债务处置

作为供给侧结构性改革的抓手，在"三去一降一补"五大任务中，"去产能"处于首要的地位。一是产能过剩属于目前经济运行的主要矛盾，对企业经营的信心产生根本的影响；二是产能过剩的外溢作用，对推进供给侧结构性改革具有牵引和推动的作用。

在"去产能"过程中，处置"僵尸企业"属于迫切而关键的问题。2012年3月以来，中国工业品出厂价格指数连续54个月下滑，已经淘汰了不少企业。但目前产能过剩之所以依然严重，一是包括中央政府在内的各级政府为保增长而加大基础设施建设投资，以及地方政府为推高地价、房价以刺激开发商的房地产投资活动，一定程度上都属于政府利用行政权力制造的投资需求。由于缺乏居民消费的支撑，这种投资需求往往陷入为投资而投资的自我循环当中，或者如基础设施投资现金流不佳、投资浪费严重，或者如房地产投资虽然有现金流，却以转移社会财富作为盈利模式，房地产投资的火爆建立在庞大投机空置的"庞氏骗局"当中。二是以国有企业为主体的"僵尸企业"，依靠政府"输血"和银行续贷等手段勉强维生。尽管"僵尸企业"在产能过剩的环境下缺乏经济效益，甚至完全依靠政府"输血"苟延残喘，但它们依然占有大量的土地、资本、劳动力等要素资源，阻碍了资源向收益更高的部门流动，以及新技术、新产业的培育成长。尽管"僵尸企业"无偿债能力，却吸纳了大量企业拆借与银行贷款，也容易诱发局部金融危机。

对于关停"僵尸企业"，多数地区存在畏难情绪，担心处置"僵尸企业"会影响社会稳定，并因此知难而退。鉴于国家积极财政政策和房地产市场的周期性和不确定性，不少地区和企业心存侥幸，期盼中央政府再次出台经济刺激计划，通过市场回暖令"僵尸企业"死而复生，这种心理显然不利于"去产能"。

债务处置是"去产能"的核心问题。2014~2015年中国钢铁、煤炭企业的平均资产负债率超过70%，钢铁行业的债务总规模约3万亿元，债务负担极为沉重。对于扭亏无望的"僵尸企业"，可依据《破产法》实施破产清算，让其退出市场；对于核心业务仍在健康发展，只是融资来源暂时枯竭的"僵尸企业"实施兼并重组。2016 年 3 月底至 9 月底，东北特钢连续出现九次企业债券违约，最后宣布破产重组，打破了刚性兑付预期，一度引发了强烈的市场震动。

处置"僵尸企业"的主要难点在于，在中央和地方利益不平衡的情况下，中央处理的积极性高而地方可能出现消极抵抗的情况。解决这个问题既要有全局观念，更重要的是建立中央、地方"去产能"目标下的激励相容机制。例如，对于"去产能"幅度较大的地区，国家应加强财政政策倾斜力度，减轻地区经济增长考核压力，促使中央和地方协力完成"僵尸企业"处置任务。在采取行政手段的同时，利用环保、质量、能耗等标准，加强市场手段和法治手段，多措并举地"去产能"，从根本上避免被淘汰企业死灰复燃。

3. "去产能"与职工安置

职工安置也是"去产能"的难点。仍以钢铁、煤炭行业为例，两个行业都属于劳动密集型行业，涉及职工人数多。黑龙江龙煤集团拥有职工约 20 万人，当地的财政状况和就业形势本就困难，职工再就业难度很大。鉴于经济增长模式对于工业产能过剩的形成存在明显的推动作用，"去产能"甚至可能撤销超过数百万个工作岗位，可能由此造成地方经济萧条、社会不稳定等经济社会问题，政府在产能过剩行业的就业安置方面应承担主要职责。

当前我国不存在整体性失业压力，但就业形势仍不乐观。劳动人口自 2012 年以来持续下降，就业需求也在减少。从新增劳动力供给看，每年近千万名的大中专毕业生，保留了一定比例的待业人口，农村每年向城市转移劳动力 500 万人左右，全国每年新增劳动力 1500 万人左右。从劳动力需求方面看，制造业、建筑业和传统商业服务领域也面临就业岗位减少、工资待遇低等问题，对新增劳动力的吸引力减弱，容易产生自愿性失业问题。新兴行业如快递物流、互联网金融、网上约车等发展较快，但快递物流行业目前存在着增长达到临界点的问题，互联网金融因经营不规范、危害社会金融安全等问题正面临行业整顿，网络约车可以补充公共交通和出租车的运力不足，明显改善城市居民的出行，仍有很大的发展空间。至于涉及养老、私营医疗服务、食品安全等触及社会痛点的领域，本身存在巨大的市场机会，但是由于社会信用及企业经营战略、商业模式及服务管理等方面存在不可克服的问题，这些领域并没有诞生多少成规模、有品牌信誉的企业，对劳动力的吸收数量非常有限。

由于这些产能过剩行业劳动力的专用性较强，社会性知识掌握不足，年纪又普遍较大，通过劳动市场实现再就业存在很大困难，因此首先应考虑在企业内部转岗问题。企业可聘请专业团队，成立物流快递、网上约车、生活服务等新兴企业，从内部推动职工转岗；调整政府统一收储的土地政策，支持拆除企业盘活土地资源，通过吸引再就业员工入股等方式，发展商业服务、生态农业、休闲旅游业和文化产业等，把解决员工的就业和收入作为主要任务。

政府也在加大公益性岗位开发力度与职业培训强度，加强对就业困难人员和零就业家庭人员的援助力度，提供兜底帮扶，筑牢民生底线。再就业人员的培训重点是具体岗位的技能培训，应避免泛泛的所谓再就业培训内容。针对无法转岗再就业者启动失业救济机制。

政府"去产能"补贴应向员工再就业倾斜；除向退出企业提供必要的设备损失补贴外，主要面向基于土地经营的政策，土地经营必须与员工再就业相结合。

五、转型升级是产能过剩行业的根本出路

目前，产能过剩已经成为中国工业转型升级的最主要掣肘和风险点之一。一方面，产能过剩行业占据了大量优质资源，其他行业企业特别是新经济企业的生长空间受到限制，抑制了工业转型升级的进程；另一方面，产能过剩行业的经济效益持续恶化，潜在金融风险不断积聚甚至爆发，给转型行业企业的商业和金融生态造成连环影响。产能过剩屡禁不止除了来自超低成本进入等体制性原因外，还有一个重要原因，即由于工业转型升级不畅，企业仍旧徘徊于原有市场领域，拘泥于从低端环节向高端环节延伸。这种转型升级一旦实现，可以减轻恶性竞争带来的市场压力。然而，随着基建投资和房地产投资的回落，竞争对手纷纷向高端环节进军，以及市场收缩与竞争强度增加的同时挤压，高端制造环节同样会限于产能过剩、恶性竞争的状态。对于那些只能在低端进行恶性竞争的企业，企业经济效益的恶化进一步削弱了企业转型升级的能力，只会在产能过剩的陷阱中越陷越深。因此，对于现阶段的中国工业，治理产能过剩问题不仅要提升企业的技

术能力，更要实现企业面向市场的根本转变。

1. 企业转型：将市场由政府投资转向消费

政府建设项目投资所需工业品技术水平低，而与消费需求密切相关的产品技术具有精益求精的特质。以螺丝钉为例，中国有数目庞大的螺丝钉制造商，但要找到一家通过国际环保标准和质量标准的厂商并不容易。仅制作苹果手机上螺丝的原材料钛丝，就需要几十道加工工序，这绝非国内现有企业的技术标准所能达到的。精密螺丝钉严重依赖进口，给我国医疗产品、手机、工业机器人等精密产品的出口带来成本压力。

作为制造大国，中国生产的大部分螺丝钉很难通过欧盟等海外环保标准的检测，折射出中国制造选材劣质、工艺粗糙的底层生态，背后是低价竞争思维作祟。为降低原材料成本，国内企业普遍用大量回收的废旧材料重新熔炼，加工螺丝钉，不经其他特殊处理，致使重金属严重超标。除了材料，制造工艺不符合要求也是国产螺丝钉质量差的原因。

市场中太多不达标的零部件泛滥，而每个零部件的品质都是整个产业链上的一环。要将产品质量提升上去，就要确保产业链上每个环节的高质量，而目前参差不齐的零部件质量让企业在选材上颇费苦心。

我们认为，解决中国制造质量之痛，出路就在于将企业的市场定位由政府大基建订单转向消费者的精细消费。过去多数螺丝钉厂家面对的是基建工程、建筑材料设备，对螺丝钉的质量要求较低。在基建投资下滑的背景下，螺丝钉的需求也越来越转向电子消费品，要求更精密。消费品领域尤其是医疗设备、手机等直接面向消费者，消费者越来越挑剔。在消费升级的作用下，以往大规模、低价策略很难走得通，一定要转向精密化。不去适应新需求的企业只能饿死，只有适应消费新需求中国制造业品质才能获得新生。

2. 通过改善营商环境、激活微观机制促进工业转型升级

当前工业经济增长面临的核心问题是微观机制不活。大企业尤其是国有企业活力不足。即使在传统的垄断经营领域，国有企业也普遍效益不佳；在市场竞争领域，国有企业受困于重化工业领域的产能过剩，是产能过剩的主战场，也是"僵尸企业"的主力军；多数国有企业经济效益较好的业务限于房地产开发，但房地产开发还能持续多久，前景并不明朗。国有企业活力不足的根本原因，仍然

在于预算软约束的体制机制障碍，国家目前推行混合所有制改革等方式以求增强国有企业活力，但民营投资普遍对混合所有制改革持怀疑态度，推行效果并不理想。鉴于国有企业改革仍然存在做大做强和"瘦身"的巨大争论，国有企业改革仍将是一个漫长的过程，这势必拖累整个工业转型升级的步伐。目前"去产能"进入关键时期，国有企业的"僵尸企业"没有理由再受保护，而应坚决通过破产、重组的方式，彻底退出不具市场竞争能力的产业领域。中小企业微观机制不活的原因，主要在于企业经营面临市场需求、工业品出厂价格回落与生产成本特别迅猛增长的多重挤压，而企业税收负担并不因企业经营困难而减轻，税收甚至成为压垮企业的最后一根稻草。实体经营的困难加之来自房地产、金融等"短平快"赚钱模式的诱惑，大多数企业家不愿意专注于做实业。增强企业活力、激活机制除了企业专注于实业外，还应通过宏观经济政策挤出房地产和金融泡沫，并大幅度减免制造业和新经济企业的税收，促进工业尽早转型升级和提升自我"造血"功能。

3. 完善破产制度，疏通过剩产能退出机制

破产是市场竞争的必然产物，是低效率企业退出市场的最为重要的渠道。完善企业破产制度，一方面有利于低效率企业和落后产能的退出，有利于化解过剩产能；另一方面能硬化破产约束，制约企业的过度投资行为。具体而言，从以下几个方面入手：一是强化出资人的破产清算责任，当市场主体出现破产原因时，出资人在法定期限内负有破产清算义务，如违反该义务，应当承担相应的民事、行政乃至刑事责任；二是增强破产程序的司法属性，明确司法权和行政权在企业破产中的边界，增强法院在企业破产中的主导作用，使企业破产制度回归司法本质，避免地方政府对企业破产程序的直接介入；三是对于债权债务涉及面广、涉及金额大、有重大影响的破产案件，交由巡回法庭审理，避免地方政府干预破产司法程序；四是优化破产程序，完善破产管理人的相关规定，降低破产财产评估、审计、拍卖费用，减少破产清算成本，提高破产清算收益，提高债务人、债权人申请破产的积极性；五是适时修改《商业银行法》，赋予商业银行在处置不良资产中的投资权利，促进商业银行创新不良资产处置方法。

建立辅助退出机制，做好政策托底工作。对于严重产能过剩行业，还需建立辅助退出机制，重点做好失业职工的安置与社会保障工作，并对失业人员再就业

提供培训、信息服务甚至必要的资助；如破产资产不足以安置失业职工，政府应减免破产企业土地处置应缴土地增值税并以腾退在开发破产企业土地所产生的部分收益用于职工安置。对于产能过剩行业集中的地区，中央政府还应给予一定财政支持，确保失业职工的安置与再就业，并在土地开发利用方面提供支持；对于严重产能过剩行业集中地区、落后地区还可以提供特别的税收优惠政策，支持这些地区发展经济。

切实为兼并重组创造良好的外部环境。一是对兼并重组其他企业可以给予扩大税收抵扣或税收减免的优惠，特别是对于兼并重组过程中涉及的土地增值税，应缓征、减征或免征。二是切实落实促进兼并重组的金融政策，引导金融企业加强对兼并重组的融资支持。三是规范区域之间横向税收分配，降低地方政府由于担心企业被兼并导致税源流失而产生的阻力。四是适当放松管制，鼓励金融资本多渠道参与产能过剩行业的兼并重组。

（执笔人：曹建海、江飞涛）

参考文献

［1］北京大学中国经济研究中心宏观组. 产权约束、投资低效与通货紧缩［J］. 经济研究，2004（9）.

［2］曹建海，江飞涛. 中国工业投资中的重复建设与产能过剩问题研究［M］. 北京：经济管理出版社，2010.

［3］曹建海. 论我国土地管理制度与重复建设之关联［J］. 中国土地，2004（11）.

［4］曹建海. 重在完善产能过剩的防范机制［J］. 求是，2015（8）.

［5］科尔奈. 短缺经济学［M］. 北京：经济科学出版社，1986.

［6］科尔奈. 社会主义体制——共产主义政治经济学［M］. 北京：中央编译出版社，2007.

［7］李荣融. 外国投融资体制研究［M］. 北京：中国计划出版社，2000.

［8］李扬等. 经济蓝皮书（2016年春季卷）［M］. 北京：社会科学文献出版社，2016.

［9］李扬等. 中国城市金融生态环境评价［M］. 北京：人民出版社，2005.

［10］刘志彪. 论抑制不合理重复建设和产能过剩［J］. 南京大学学报（哲学·人文科学·社会科学版），1997（7）.

［11］皮建才. 中国地方政府重复建设的内在机制研究［J］. 经济理论与经济管理，2008（4）.

[12] 汪同三.中国投资体制改革道路 [M].北京：经济管理出版社，2013.

[13] 王学武.美国的投资体制研究 [R].国务院发展研究中心国研报告，2001-09-30.

[14] 新华社.2016年中央经济工作会议通稿 [R].2016-12-16.

[15] 杨培鸿.重复建设的政治经济学分析：一个基于委托代理框架的模型 [J].经济学（季刊），2006（1）.

[16] 周黎安.晋升博弈中政府官员的激励与合作——兼论我国地方保护主义和重复建设问题长期存在的原因 [J].经济研究，2004（6）.

[17] 周黎安.中国地方官员的晋升锦标赛模式研究 [J].经济研究，2007（7）.

第七章　效率提升与工业转型升级

中国经济已进入新常态，正面临要素成本快速上升、资源环境约束强化、发达国家再工业化与后发国家追赶等带来的严峻挑战，迫切需要工业提升生产效率与能源效率。国际经验也表明，要成功跨越"中等收入陷阱"，持续提升工业的效率是关键。近年来，中国工业全要素生产率与资本产出效率却呈现显著恶化的趋势，现阶段过度依赖资本投入驱动的工业经济增长方式已难以为继。体制机制上的缺陷是导致工业效率持续恶化的主要原因。应加快体制机制改革，完善市场制度，建立公平竞争的市场环境，并制定相应政策，促进工业效率的持续提升。

一、经济新常态下效率提升是工业转型升级的关键

1. 持续提升工业效率是跨越"中等收入陷阱"的关键

国际经验表明，中等收入国家要成功跨越"中等收入陷阱"与"高收入之墙"，必须持续提升工业的生产率水平。2013 年，中国人均 GDP 为 6807 美元，根据世界银行的标准，中国已进入中等收入国家行列，但尚未达到中等偏上收入国家的平均水平。从世界各国的发展经验来看，后发国家进入中等收入国家水平之后，随着劳动、土地、环境成本的上升，低成本优势散失，制造业的国际竞争力将面临严峻挑战，增长动力将减弱，从而陷入"中等收入陷阱"与面对"高收入之墙"。只有少数国家能通过持续提升国民经济（尤其是制造业）的效率，抵消要素成本不断上升给制造业竞争力带来的不利影响，推动经济在更高发展水平上的持续增长，从而实现对于"中等收入陷阱"与"高收入之墙"的跨越。这些

国家都非常重视促进企业创新、鼓励竞争、顺应产业发展与升级要求培育产业人才，并以此推动了制造业效率的持续改善。日本从 20 世纪 50 年代开始发起持续改善（质量与生产率）运动、新加坡从 20 世纪 60 年代开始发起生产力运动，并制定相应一系列的政策与行动计划推动制造业效率的持续提升，这些政策起到了非常重要的作用。因而，后发国家在进入中等收入国家水平之后，应特别重视工业的效率问题。

2. 工业亟须提升效率以应对成本快速上升带来的挑战

中国经济进入新常态后，制造业成本优势面临严峻挑战，迫切需要提升效率以消除成本上升带来的不利影响。一是劳动力成本快速上升，劳动力成本优势削弱。改革开放以来，我国工业的快速增长得益于充分发挥了低成本优势，并适应了全球生产网络的形成以及发达国家劳动密集型产业离岸外包的趋势，低劳动力成本是"中国制造"价格优势的重要来源。第三次经济普查的数据显示，近年来中国制造业职工工资保持较高增速水平，2013 年的平均名义工资和平均实际工资分别是 2003 年的 3.8 倍和 2.7 倍。当前，中国制造业单位劳动成本虽然仍低于美国、日本、德国、韩国等工业化国家，但差距逐渐缩小；单位劳动成本高于越南、印度、印度尼西亚，且差距还在拉大。

二是环境保护成本正在快速上升。中国经济经历了 30 余年高速增长，但发展方式粗放，使生态、环境代价严重，中国工业环境保护成本正在不断上升。第三次经济普查数据及此前历年统计数据显示，进入 21 世纪以后，工业在环境保护方面的投资快速增长，2013 年中国工业环境保护投资为 867.7 亿元，比 2012 年增长了 73.4%，是 2003 年的 3.9 倍。随着生态、环境约束趋紧，可以预期未来中国工业的环境保护成本还将进一步提高（见图 7-1）。

三是工业用地成本将快速上升。长期以来，我国很多地区为了追求 GDP、财政收入的高增长，都实行低价甚至零地价的工业用地政策，以此来招商引资和扶持本地企业，这降低了企业的投资成本、生产成本，提升了产品的出口竞争力。但是，近年来随着工业化和城镇化的步伐加快，对土地的需求快速增长，加之我国工业用地效率低下，土地的稀缺性日趋突出，工业用地指标已逐渐成为制约许多地区工业发展的刚性约束，工业用地价格的快速上升将不可避免。随着我国工业成本的上升，低收入发展中国家大力发展劳动密集型产业，发达国家重振制造

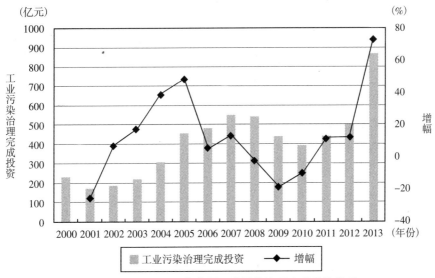

图 7-1 2000~2013年中国工业污染治理完成投资情况

资料来源：国家统计局。

业，我国制造业如不加快生产率提升，将面临来自高端和低端两个方面的挤压，如果不能找到新的市场定位，将处于"高不成、低不就"的尴尬境地。

3. 工业发展迫切需要加快能源效率提升

中国工业能源消耗增长较快，需加快工业能源效率提升的步伐。全国第三次经济普查数据显示，我国2013年能源消费总量为41.7亿吨标准煤，占全球能源消费总量的20%左右。其中，工业消费能源29.1亿吨标准煤，占全国总消费量的69.8%。虽然规模以上工业单位增加值能耗逐年降低，但工业能耗总量仍呈逐年上升之势。从能源安全的角度来看，中国能源的储量相对有限，2012年煤炭、石油、天然气的储采比仅为31、11.4和28.9，远远低于世界109、52.9和55.7的平均水平，能源安全形势非常严峻。而从碳减排的角度来看，中国政府也已经做出承诺，到2020年单位国内生产总值二氧化碳排放将比2005年下降40%~45%，减排压力巨大。中国工业发展必须加快提升能源效率。

二、中国工业经济效率恶化趋势显著

1. 中国工业全要素生产率显著恶化

利用全国第三次经济普查数据，我们优化了全要素生产率及资本效率的计算方法。研究结果表明，近年来中国工业全要素生产率正在显著恶化，中国工业经济增长的动力正在弱化。表7-1是我们根据历年数据及全国第三次经济普查数据进行计算得出的结果，结果表明，近年来TFP增长率快速下滑，生产率呈现持续恶化趋势，对工业经济增长的贡献已经转为负值。1980~2003年，TFP年均增长率为4.7%，对于工业经济增长的贡献率为47.6%。而2004~2013年，TFP年均增长率为-0.8%。其中，2004~2008年，TFP年均增长率为0.58%；2009~2013年，TFP增长率平均值为-2.17%。我们必须看到，全要素生产率增长率的急剧下滑，并非始于2008年金融危机之后，而是在经济繁荣期的2004~2007年就已经开始。

表7-1　1980~2013年中国工业经济的增长核算结果

单位：%

年份	TFP贡献值	资本贡献值	劳动贡献值	TFP贡献率	资本贡献率	劳动贡献率
1980	8.97	0.09	2.96	73.24	0.72	24.16
1981	0.97	0.07	1.36	40.35	2.82	56.60
1982	3.98	0.07	1.66	69.02	1.26	28.75
1983	7.70	0.61	1.51	77.17	6.12	15.12
1984	9.60	0.90	4.81	60.84	5.69	30.50
1985	7.07	2.39	3.87	51.38	17.36	28.13
1986	1.44	5.03	4.22	13.28	46.51	39.01
1987	−0.42	5.19	2.43	−5.93	72.78	34.10
1988	2.90	4.58	1.92	30.32	47.96	20.11
1989	−8.01	3.18	−0.24	149.28	−59.18	4.54
1990	−10.06	3.63	9.49	−627.91	226.50	592.33

年份	TFP贡献值	资本贡献值	劳动贡献值	TFP贡献率	资本贡献率	劳动贡献率
1991	7.03	3.41	0.38	63.65	30.91	3.45
1992	14.54	3.33	0.66	76.23	17.46	3.47
1993	6.26	3.04	1.67	55.61	27.00	14.86
1994	9.96	4.36	0.21	66.82	29.29	1.44
1995	5.30	4.83	1.09	46.24	42.15	9.49
1996	4.91	5.78	3.57	33.40	39.35	24.28
1997	5.26	5.31	1.29	43.38	43.75	10.66
1998	2.21	5.09	0.43	28.54	65.68	5.56
1999	4.20	4.36	−0.58	52.41	54.39	−7.25
2000	5.10	4.03	−0.61	59.40	46.95	−7.11
2001	7.41	3.10	−0.36	72.00	30.11	−3.47
2002	9.80	3.98	−2.43	86.87	35.29	−21.53
2003	5.63	7.14	0.28	42.54	53.91	2.14
2004	1.09	8.45	2.36	9.20	71.30	19.93
2005	−0.69	10.70	3.23	−5.33	82.92	25.04
2006	0.02	11.95	3.15	0.14	80.79	21.33
2007	2.54	11.58	3.23	14.57	66.48	18.57
2008	−0.04	10.15	0.55	−0.34	99.13	5.33
2009	−2.64	12.91	0.49	−27.06	132.47	5.03
2010	0.95	11.29	0.79	7.55	89.25	6.22
2011	−3.69	12.41	2.86	−34.73	116.76	26.87
2012	−3.68	11.67	0.75	−47.30	150.03	9.71
2013	−1.82	10.99	−0.80	−24.10	145.32	−10.56
平均	3.05	5.75	1.65	29.20	55.01	15.08

注：贡献值为对工业经济增长率的绝对贡献，贡献率为对工业经济增长的相对贡献。

资料来源：笔者计算整理。

2. 工业增长过度依赖资本驱动，资本效率急剧下降

工业经济增长过度依赖资本投入驱动。2004~2013年，资本投入在工业增长中的驱动作用不断强化，并成为驱动工业经济增长最为重要的力量，年均贡献值高达 11.21 个百分点，年均贡献率高达 92.64%；而全要素生产率的停滞乃至下降阻碍了工业经济的增长，年均增长率为 -0.8%，年均贡献率 -6.08%；劳动投入的作用则逐渐趋于中性，年均贡献值为 1.66 个百分点，年均贡献率 13.72%。

工业资本效率急剧恶化。我们根据全国第三次经济普查数据及此前统计数据，计算了边际资本产出率（即每新增 1 单位资本带来的产出增加）。图 7-2 根据相应计算结果绘出，根据图 7-2 我们不难看出，中国工业的资本边际产出在 2002 年之后出现快速下降，且下降幅度非常大。2002 年中国工业边际资本产出率为 0.624，2013 年该值已下降至 0.244。这一结果表明，2002 年中国工业固定资本每增加 1 元，会带来 0.624 元的新增工业增加值，而到了 2013 年只能带来 0.244 元的新增工业增加值。从图 7-2 中可以看出，工业资本产出效率呈现持续快速下滑态势，并且这一趋势尚无扭转的迹象。中国工业全要素生产率与资本产出效率的急剧恶化表明，现阶段过度依靠资本投入高速增长来驱动工业经济增长的模式已难以为继。

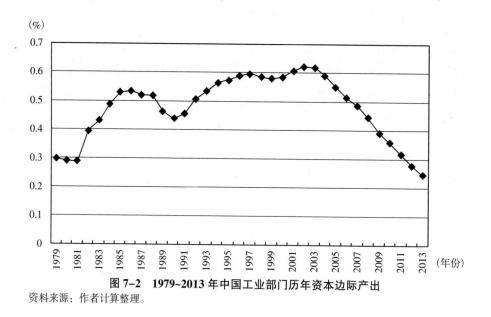

图 7-2　1979~2013 年中国工业部门历年资本边际产出
资料来源：作者计算整理。

3. 工业部门资源配置效率亟待提高

从微观上看，中国工业部门"优不胜、劣不汰"现象突出，资源在企业间配置效率低下，且配置效率有进一步恶化的趋势。研究表明，中国工业企业效率差异巨大，存在大量经济效率低下的企业，这些企业中只有生产效率极低的企业才会被淘汰出市场，工业跨企业资源配置效率低下；而在钢铁、石化等资本密集型行业中，高效率企业市场份额不断降低，低效率企业市场份额不断提升，这种配置效率的恶化，严重阻碍了这些行业总体生产效率的提升。如果工业企业之间效率差异接近美国水平，中国工业的总体全要素生产率可以提高 25%~30%。

三、导致我国工业经济效率恶化的主要原因

1. 地方政府采取扭曲要素价格等方式推动工业投资

要素市场化改革滞后，地方政府主导土地、资本、矿产资源等重要要素资源配置。地方政府低价提供土地与资源、提供财政补贴、提供税收优惠等政策推动工业投资，进而推动工业经济增长的模式，造成了工业经济效率的恶化。地方政府扭曲要素资源价格等优惠政策导致部分行业严重产能过剩，并对工业经济的配置效率也带来极为不利的负面影响。这些优惠政策使许多低效率企业进入市场，并为低效率企业的生存甚至发展提供空间，市场优胜劣汰的竞争机制难以充分发挥作用，进而导致资源在跨企业层面的配置效率低下。

2. 实施过度干预市场的产业政策

我国长期以来实施以干预市场、替代市场为特征的产业政策，对工业部门效率提升产生了重要不利影响：采取广泛干预微观经济的产业政策，带来了较为严重的寻租行为，诱导企业经营者将更多的精力配置于寻租活动，相应地减少了适应市场、降低成本、提高产品质量、开发新产品等提升效率方面的努力，进而阻碍了整个工业部门提升效率的步伐。

在钢铁、汽车、有色金属、石化等重要行业中，实施严格的投资审批、核准政策及市场准入政策为主的产业政策，这些产业政策具有显著限制竞争、扶持大企业、限制小企业的倾向，破坏了公平竞争的市场环境，使这些行业中优胜劣汰的市场竞争机制严重受阻，对行业效率的提升产生了显著的负面影响。这表现在以下三个方面：①在位大企业由于受政策扶持且缺乏竞争压力，生产效率偏低且改进缓慢，但市场份额却不断扩大；②一些具有较高生产效率且效率改进速度较快的中小企业或新进入企业，受政策限制却难以进一步成长和扩大市场份额；③由于市场竞争受限，一些低效率的企业长期存活在市场中，不能被淘汰出市场。

3.尚未建立公平竞争的市场环境

公平竞争的市场环境仍未建立，不利于工业部门的效率提升。当前，《产品质量法》《消费者权益保护法》《环境保护法》《劳动法》《反不正当竞争法》《知识产权保护法》等维护公平竞争的法律法规及其实施机制仍不健全，不少效率低下的落后企业采取损害劳动者权益、破坏生态环境、生产假冒伪劣产品、剽窃知识产权等不正当竞争行为，以此获得生存发展空间，导致市场竞争秩序混乱，落后、违规、违法企业长期难以被淘汰出市场，高效率企业的发展也受到很大局限，并导致高效率企业创新与提升效率的动力不足。

4.技能型与知识型产业技术工人缺乏

技能型与知识型产业技术工人缺乏，严重制约生产效率的提升。受过良好教育与职业培训的产业人才，是工业效率持续提升的重要源泉。虽然我国近年来大力加强职业技术教育，但与制造业转型升级的要求相比，技能型和知识型工人的缺口还很大。根据全国第三次经济普查数据，我国制造业劳动力平均受教育年限还比较低，由图7-3可知，我国主要制造业行业从业人员平均受教育年限均不到12年。也就是说，剔除制造业行业中受过大学教育的这部分专业人员，制造业工人中只有很少一部分人在接受完九年义务教育之后，继续接受完整的职业技术教育。

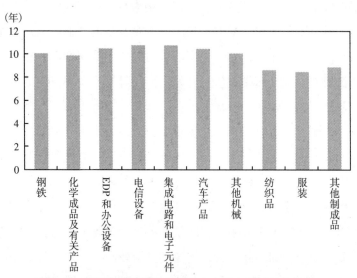

图7-3 我国主要制造业行业从业人员平均受教育年限

资料来源：作者根据国家统计局公布数据计算整理。

四、推动工业效率提升的政策建议

当前，要推动工业效率的持续提升，加快工业转型升级的步伐，首先需要处理好市场与政府的关系。政府必须提供完善的市场经济制度体系，建立公平竞争的市场环境，让市场机制在资源配置、激励创新、促进效率提升中充分发挥其决定性作用，并在尊重市场机制及市场主体意愿的基础上积极作为，为市场主体提升效率的创新活动、创新主体之间的协调与合作创造良好的外部环境，从而实现"市场在资源配置中起决定性作用"与"更好发挥政府作用"的高度统一。

1. 完善市场体制机制

完善的市场经济体制是促进创新和推动效率提升最为有效的制度安排。具体而言：第一，加快建设与完善市场法制体系。市场经济的本质是法治经济，当前中国经济面临的诸多问题主要源于市场制度的基本法律及其执行机制不健全，中国迫切需要完善规范市场行为的相应法律体系，应加快修订《合同法》《公司法》《破产法》《劳动法》《反不正当竞争法》《产品质量法》《消费者权益保护法》《环境保护法》等法律法规，并加快完善相应执法体制。第二，应完善知识产权保护相关法律体系及其执行机制，以法治建立起严格保护知识产权的长效机制；还应修改职务发明相关法律规定，理顺职务发明人及其所属机构之间的责任、义务及利益分配关系，增强对职务发明人创新活动的激励。第三，应加快要素市场改革，改变政府主导土地等重要资源配置的局面，让市场在要素资源的配置中发挥决定性作用；重点推进土地制度改革，明晰土地产权，改进国家对土地的管理制度；加快推进水资源、矿产资源、能源价格形成机制的市场化改革，使价格能充分反映稀缺程度与社会成本。第四，加快税收体制改革，特别是理顺中央与地方之间的利益分配机制，推动地方财政透明化与民主化改革，推进有关资源环境的税收制度改革，不仅要将资源环境的成本纳入企业成本，还要进一步加强相应的监督管理，防止地方政府利用环境保护管理方面的漏洞为企业变相提供优惠政策。

2. 建立公平竞争的市场环境

公平的市场竞争能通过优胜劣汰机制不断改进市场的配置效率，并迫使企业不断创新与提升效率。第一，应调整产业政策取向，放弃"扶大限小"以及挑选特定产业、特定企业，甚至特定技术、特定产品进行扶持的产业政策模式，将政策重点转为"放松管制与维护公平竞争"。第二，放松并逐渐取消不必要的审批、核准与准入，让不同所有制、不同规模的企业具有公平进入市场的权利。准入管理应仅局限在生态与环境保护、产品与生产安全、劳工权益保护方面。第三，制定完善的公平竞争法。切实保障各种所有制企业依法平等使用生产要素、公平参与市场竞争、同等受到法律保护，并将地方政府为本地企业提供损害公平竞争的各类补贴及优惠政策与其他地方保护主义行为列入可诉范围；公平税负与社会责任，让不同所有制企业在税负、社会责任要求方面能得到同等对待。第四，消除一些行业或领域存在的隐性市场进入壁垒，如政策影响力、指定采购、资源和要素的原始占有、在位企业战略性阻止行为等。

3. 完善环境保护体制

一是完善环境保护公众参与制度的法律设计。提高公众主体意识、权利意识、法律意识，在宪法、环保基本法、单项法规中明确公民环境权的内容，是实现公民环境权的必需条件和根本保障。二是完善公众参与环境保护的途径和方式，通过立法明确规定公众参与的程序性权利，大力发展环保团体，积极发挥非政府组织、民间团体的作用。三是在借鉴国外经验的基础上，进一步完善环境公益诉讼制度，使环境得到及时有效的保护，对个人和公众的环境权益进行全面周到的救济。四是加快环境保护的执法机制改革，保障环境保护相关法律法规能得以严格执行。尽快建立全国性钢铁、电解铝、水泥、化工等行业企业污染排放在线监测网络和遥感监测网络，强化高能耗、高污染物排放行业的环境监管。

4. 为工业效率提升与转型升级创造良好的金融环境

完善的金融市场能更为有效地配置资本，能有效提升工业资本的配置效率与全要素生产率。具体而言，创造良好的金融环境重点在于以下两个方面：第一，积极、稳妥地推动利率市场化进程，开展全方位的金融体制改革，将工业企业的资金使用成本充分反映到资金价格中去。这一方面可以从根本上抑制低效率的粗放型投资，提高资金的使用效率，抑制过剩产能；另一方面可以形成倒逼机制，迫使工业企业提高自身的生产效率和经营绩效。第二，在加强金融监管的同时，消除不必要的审批和准入管制，推动建立多层次、多元化、市场化的金融体系。逐步放开银行业等金融服务行业的准入管制，鼓励更多民间资本进入金融领域，发展社区银行、区域性银行；建立多层次的资本市场，形成交易所、全国性股权转让市场、区域性场外市场及券商柜台场外市场三个大的层次，积极发展能推动科技型中小企业发展的中小金融服务机构，健全多层次的资本市场体系以支持新兴产业的技术创新活动和产业化进程。

5. 为促进技术创新营造良好外部环境

为技术创新创造良好的外部环境，以此促进产业技术进步，推动工业效率提升。具体而言：第一，在财政上加大对于基础研究和产业基础技术研究开发的投入力度，并将这种资金投入的分配与使用、对产出成果的审核与评价置于公开、透明的程序与体系下，并以此为基础提高科技投入的产出效率。第二，加强国家科技公共服务平台建设。建立全国性公共科技综合服务平台，这个服务平台是集创新供需信息收集、信息咨询、技术咨询与技术服务等多种服务功能于一体的综合性服务平台；强化现有公共技术服务平台的考核与评估，加强其服务功能，促使其提升服务质量；鼓励和支持国家重点实验室的开放运行，支持各大高校、科研机构、大型企业的研发部门为增进科技创新活动和推广科技成果而建立开放型的知识管理和技术服务平台，建立和完善公共科研数据的管理和共享机制，推进科研数据的共享。第三，拓展现有的税收优惠政策，对于所有行业的企业对高新技术的自主开发及自主开发技术在生产中的应用，均给予适当的税收减免。

6. 建立多层次的人才培养体系

鼓励职业技术院校与企业紧密合作培养高素质技能型技术工人。可参照德国模式，建立产业工人终身学习机制，由政府统筹规划、领导协调，在财政上提供支持，在制度上提供法律保障；充分发挥各类教育机构的功能，有效整合各类教育资源，促进资源共享；鼓励和支持教育机构、企事业单位紧密合作开设符合社会需要的课程，以促进企业与职业学校的结合、实践与理论的结合、工作与学习的结合。鼓励一流高校调整学科与专业设置，培育与先进制造相适应的高级工程师与知识型员工。

7. 加快推动工业企业节能减排

首先，加大节能减排技术研发与应用的支持力度。以财政支持的方式鼓励节能减排技术公共研发机构和试验平台建设，推进节能减排基础性、框架性和共性技术的研究开发；推进产学研相结合，对企业与科研机构合作研发节能减排技术、购买或产业化实验室（节能减排）技术给予一定的税收优惠和财政补贴，加快节能减排技术成果产业化的步伐。其次，制定有针对性、差异化的节能减排政策。一是研究制定区域工业节能减排差异化政策，在淘汰落后产能、新上项目能评环评以及节能减排技改资金安排等方面，充分考虑东部与中西部的地区差异。设立专项资金或专门的金融机构，为中西部能源技术推广提供资金支持，有针对性地扶持落后地区的技术升级。二是研究制定工业行业节能减排差异化政策，在节能减排技术装备推广、能源消耗和主要污染物排放总量控制等方面，充分考虑重点行业与一般行业的差异。三是研究制定工业企业节能减排差异化政策，在制定节能减排服务、绿色采购、绿色信贷等方面政策时，充分考虑大企业与中小企业的差异，重点支持中小企业的节能减排。

参考文献

[1] 白重恩，谢长泰，钱颖一. 中国的资本回报率 [J]. 比较，2007（28）.

[2] 单豪杰，师博. 中国工业部门的资本回报率：1978-2006 [J]. 产业经济研究，2008（6）.

[3] 黄先海，杨君，肖明月. 中国资本回报率变动的动因分析——基于资本深化和技术进步的视角 [J]. 经济理论与经济管理，2011（11）.

[4] 黄先海，杨君. 中国工业资本回报率的地区差异及其影响因素分析 [J]. 社会科学战线，2012（3）.

[5] 江飞涛等. 中国工业经济增长动力机制转换 [J]. 中国工业经济，2014（5）.

[6] 卢锋. 我国资本回报率估测：1978-2006 [J]. 经济学（季刊），2007（4）.

[7] 世界银行中国代表处. 中国经济季报 [R]. 2006（5）.

[8] 孙文凯，肖耿，杨秀科. 资本回报率对投资率的影响：中美日对比研究 [J]. 世界经济，2010（6）.

[9] 武鹏. 改革以来中国经济增长的动力转换 [J]. 中国工业经济，2013（2）.

[10] 张松林，武鹏. 全球价值链的"空间逻辑"及其区域政策含义 [J]. 中国工业经济，2012（7）.

［11］郑京海，胡鞍钢，Arne Bigsten. 中国的经济增长能否持续——一个生产率视角［J］.
经济学（季刊），2008（3）.

［12］中国工业经济研究所. 中国工业发展报告 2013［M］. 北京：经济管理出版社，2013.

［13］中国工业经济研究所. 中国工业发展报告 2014［M］. 北京：经济管理出版社，2014.

第八章　金融支持实体经济转型发展

金融作为现代经济的核心，既是调控宏观经济的重要杠杆，也是微观市场要素组合的龙头。金融是因应实体经济发展的需要而产生的，并依靠实体经济的发展而发展。对于正处于纵深推进供给侧结构性改革的中国经济而言，金融要素的持续辐射和投入无论是过去、现在，还是在相当长的将来都是实体经济转型升级的根本保障与持久动力。

一、金融支持实体经济发展的主要成效

1. 推动重点领域与行业加快转型调整

2013 年 7 月，国务院发布《关于金融支持经济结构调整和转型升级的指导意见》，提出要引导、推动重点领域与行业转型和调整，大力支持实施创新驱动发展战略，加大对战略性新兴产业的资金支持力度。之后，央行和银监会一方面加大对铁路等重大基础设施、城市基础设施、保障性安居工程、棚户区改造等民生工程建设的支持力度，出台做好科技金融服务的意见，尤其加大对重点领域和战略性新兴产业的金融支持；另一方面有步骤地缩减对产能过剩、高污染、高耗能产业的资本支持力度，甚至严禁对产能严重过剩行业违规建设项目提供任何形式的新增授信和直接融资，防止盲目投资加剧产能过剩，并鼓励商业银行加大对产能过剩行业企业兼并重组、转型转产、技术改造等的信贷支持。数据显示，2017 年上半年，我国国内生产总值（GDP）同比增长 6.9%，高于 6.5% 的增长预期，预示着经济逐步回暖，第三产业增长 7.7%，分别高出第一产业和第二产业

4.2 个和 1.3 个百分点，占 GDP 比重升至 54.13%；同时，高技术制造业和装备制造业上半年同比也分别增长 13.1% 和 11.5%，新技术、新产业、新模式、新应用快速涌现，成为拉动经济增长和带动经济全面转型的引擎。

2. 整合金融资源，支持"三农"和小微企业发展

近年来，我国在多地已经试验了农村"三权"变现的问题，在不损害农民原有利益的情况下，农民可以以自己拥有的"三权"抵押贷款或者入股等多种形式进行农业经营，大大拓宽了农民的融资渠道，使农业经营更加灵活。在商事制度改革以及"双创"潮流的带动下，2016 年全年新登记企业 552.8 万户，同比增长24.5%，平均每天新登记 1.51 万户，而这其中大部分是小微企业。金融领域也随之加大了对小微企业的倾斜力度[①]。央行通过定向调控的方式，向小微企业、"三农"领域等过去存在贷款难、贷款贵的领域进行支持，施行定向降准、定向信贷支持工具并创新货币政策工具，引导资金流向小微企业、"三农"领域。2014 年以来，金融机构对小微企业的贷款增速始终高于大中型企业，小微企业贷款在企业贷款和各项贷款中的比重稳步提升。2016 年末，小微企业贷款余额20.84 万亿元，同比增长 16%，高于同期大、中型企业贷款增速 7.2 个和 9.1 个百分点；2016 年小微企业贷款累计增加 3 万亿元，占同期企业新增贷款的 49.1%，占比较上年同期提高 12.5 个百分点；与此同时，金融机构贷款加权平均利率5.27%，票据融资利率 3.9%，较 2013 年末、2014 年末分别下降 3.64 个和 1.77 个百分点。小微企业融资难、融资贵的问题在一定程度上得到缓解。

3. 以绿色金融助推绿色经济发展

根据国务院发展研究中心的估算，2015~2020 年，中国绿色经济年均投资量在 2.9 万亿元，共计 17.4 万亿元，其中 70% 以上的资金都需要从金融市场筹集。面对如此大的筹资压力，我国的绿色金融必须快速发展。2007 年，环保总局、

---

① 2013 年，国务院办公厅发布《关于金融支持小微企业发展的实施意见》，重申了"两个不低于"，即在风险总体可控的前提下，确保小微企业贷款增速不低于各项贷款平均水平、增量不低于上年同期水平。2015 年，银监会又将其调整为"三个不低于"，新增要求银行当年小微企业户数及申贷获得率不低于上年同期；并要求银行单列针对小微企业的信贷计划，通过信贷资产证券化、信贷资产转让等方式腾挪信贷资源用于小微企业贷款；同时，进一步扩大小微企业专项金融债发行工作，对发债募集资金实施专户管理，确保全部用于发放小微企业贷款；允许民营资本进入银行业，设立针对小微企业的中小型银行。2017 年 5 月，国务院再次明确要求大型商业银行 2017 年内要完成普惠金融事业部设立，成为发展普惠金融的骨干力量。

央行和银监会共同发布《关于落实环保政策法规防范信贷风险的意见》，这是我国第一次出台关于绿色金融方面的政策。2011年，环境保护部、中国人民银行、中国银监会启动"绿色信贷政策"评估研究项目，宣布计划建立"中国绿色信贷数据中心"，为各金融机构开展绿色金融提供信息支持。2015年，国家发改委出台《绿色债券发行指引》；2016年，上交所和深交所分别发布关于绿色公司债券试点的办法。截至2016年底，中国已成为全球三个建立"绿色信贷指标体系"的国家之一，也是全球首个由政府支持机构发布本国绿色债券界定标准的国家。自2014年中广核发行第一只绿色债券以来，我国境内贴标绿色债券与贴标绿色资产支持证券共计发行102只，累计规模达到2960.4亿元，约占同期全球绿色债券发行规模的30.5%。除此之外，我国金融机构还在海外发行绿色债券，以金砖国家开发银行为代表的国际多边金融机构也在中国发行绿色债券。在政府的支持下，中国绿色金融发展迅速，已经处于世界前列。

4. 创新金融服务，降低实体经济融资成本

就股市而言，我国已建成主板市场、中小板市场、创业板市场、新三板市场、区域性股权交易中心、柜台市场、H股及红筹股市场，后来又开通了"沪港通""深港通"；覆盖不同企业的股权交易机构以及跨国间的资本流通为不同企业通过股权市场进行融资创造了条件。在债券市场，公司债和企业债也得到了大力发展，可转债、可交换债等债券逐步增多，为企业提供了不同融资模式。到2016年底，我国股票市值和债券市值分别达到54.54万亿元和44.34万亿元，分别居全球第二位和第三位。除此之外，投资基金市场发展迅速。以公募基金为例，截至2016年底，我国境内共有108家基金管理公司，公募基金规模达到9.17万亿元，资产规模增长率约为9.18%。而私募基金则发展更为迅速，基金认缴规模10.24万亿元，较2015年底增长101.88%，远高于公募基金增速。在基金业中，创投基金、产业投资基金不断涌现，有效纾解了战略性新兴企业和重点行业企业的融资难、融资贵问题。

5. 支持优势企业并购重组，推进产业转型升级

在产业转型升级中，通过金融手段促进优势企业并购重组，进而优化产业发展要素配置尤为重要。2016年，国务院出台《关于积极稳妥降低企业杠杆率的意见》，提出要"加大对企业兼并重组的金融支持"。从实践看，这些政策主要包

括：通过并购贷款等措施，支持符合条件的企业开展并购重组；允许符合条件的企业通过发行优先股、可转换债券等方式筹集兼并重组资金；进一步创新融资方式，满足企业兼并重组不同阶段的融资需求；鼓励各类投资者通过股权投资基金、创业投资基金、产业投资基金等形式参与企业兼并重组。通过金融支持企业并购重组，在相当程度上降低了企业并购重组的难度。以上市公司并购重组为例，2015 年我国境内上市公司公告了 1444 次并购重组事项，共涉及交易金额1.58 万亿元人民币，并购重组事件的数量、交易金额和平均交易规模分别是2014 年的 3 倍、6.8 倍和近 2 倍；2016 年上市公司并购重组继续呈上升态势，全年上市公司发生并购案件 2127 起，涉及交易金额近 2 万亿元。

二、实体经济转型升级中面临的融资"瓶颈"

2012 年以来，我国金融业取得长足发展，但总体上看，金融优化资源配置、振兴实体经济的作用并没有得到充分的发挥，在部分领域甚至出现了非理性的金融扩张、过度自我循环和自我膨胀现象。这种状况不仅扭曲了资源配置，还阻碍了实体经济发展，更构成了酝酿金融危机的土壤和温床。

1. 金融供给与实体经济有效需求不相匹配

目前，小微企业约占中国经济总量的 60%，提供了 75% 的城镇就业机会，但是获得的贷款仅占银行贷款总量的 18%，获得的金融支持与其经济地位远不相称，金融供给与企业融资需求间出现了比较明显的结构性不匹配。一是信贷政策执行不到位。虽然国务院和中国人民银行等部门多次下发相关文件，强调加大对实体经济的金融支持力度，但是由于对政策的贯彻落实缺少监督，在信贷规模受限的情况下，信贷倾斜政策未能有效落实，对处于低端产业链条以及狭小市场的小微企业贷款的审批更加严格，实体经济受益于金融支持的范围与力度有限。二是金融资源配置不适应产业升级需要。金融机构信贷支持仍重点围绕重资产的制造业和固定资产投资，实体经济中大量轻资产的现代服务业、科技文化产业、绿色经济产业则尚处于金融服务的薄弱环节。三是实体经济的融资来源仍然单一。

2013~2016 年，我国直接融资比重呈现持续上升趋势（见图 8-1），且与部分发达国家的差距逐渐缩小。从存量角度看，我国直接融资存量比重一直处于较低水平，社会融资规模仍以人民币贷款为主，以银行信贷为主导。相比来说，欧美发达国家的直接融资占比为八九成左右，是市场主导型的金融结构。由于金融风险过多集中于商业银行金融机构体系之中，在客观上阻碍了整个金融系统支持实体经济发展的主动性。

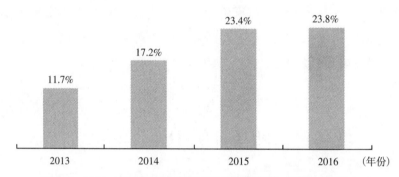

图 8-1　2013~2016 年直接融资占社会融资规模（增量）比重
资料来源：中国人民银行网站。

2. 金融部门与实体经济之间信息不对称

截至 2016 年底，我国 M2 总量为 22.34 万亿美元，超过美国和日本的 13.28 万亿美元、8.19 万亿美元之和。但是，我国企业融资费用却仍处高位。即便经过国家近几年的不断改革，企业反映的效果依然不容乐观。调查显示，2017 年仍有 56.3% 的企业反映存在"融资难、融资贵"的问题[1]。这其中，金融部门与实体经济之间存在信息不对称成为货币传导机制不畅的一个重要原因。一方面，政府和企业缺乏融资的必要知识和经验。地方政府、综合经济部门、行业主管部门对银行信贷政策的变动、规模的调整等情况掌握不够，主动争取银行支持不够；企业对银行的信贷政策、制度和流程不了解，不知道应如何与银行对接并寻求信贷支持，对产业基金、私募入股、上市融资等股权融资运作方式仍处于扫盲阶段。另一方面，银行对政府的经济发展规划、发展的重点行业，以及需要解决的重点、难点、热点问题了解不够，对拟支持企业的管理水平、投资运营、经营变

---

[1] 中国财政科学研究院. 降成本：2017 年的调查与分析 [M]. 北京：中国财政经济出版社，2017.

118

化、经济效益等情况掌握不充分，导致银行信贷支持不及时或不敢、不愿支持。

3. 金融创新相对滞后

不管是风险转移用的货币互换、利率互换还是增加流动所用的资产证券化产品，在我国发展都明显不足，远远满足不了企业需求。银行服务体系创新进展同样缓慢，银行没有足够动力去开发创新型金融产品，金融机构仍守着传统的信贷文化和制度流程，没有充分考虑市场和客户的真正需求，不仅新的信贷产品推出得少，而且往往不容易被客户接受，难以在市场上推广应用。金融创新的权限被收归在总行手中，对基层行并没有给予授权，基层行只能按照上级行研发的信贷产品去推广应用。上级行在研发信贷产品时，往往缺乏对基层需求的实际调查研究，缺乏对一线客户需求的了解，产品创新难以贴合市场需求。由于缺乏足够的市场竞争，创新的信贷产品服务性较差。金融机构在推出金融信贷创新产品过程中，对其效益、风险及服务三者关系的处理上，对风险和效益考虑过多，仍然是以自身为中心，而不是客户和市场的实际需求。

4. 金融生态环境亟待完善

现行投融资体制至今仍然过度倚重非市场运行，大量信贷资源掌握在政府手中或由政府支配，投融资市场的运行体系、规则体系、监管体系等建设，一直缺乏顶层设计、统筹协调，致使投融资的市场运行体系依然破碎不全、功能残缺，尤其是以价格形成为主要形式的市场运行动力生成机制、以价格为主要形式的市场信号传导渠道不健全，特别是纵向信号传导渠道的断裂，导致投融资信号的失真、运行功能的紊乱、运行机制的失灵。而当金融系统内部出现问题时，政府的解决办法往往是采取行政命令方式直接下达给金融机构以解决问题，这不仅无法从根本上解决金融机制不健全的问题，反而进一步加剧了金融市场的扭曲①。此外，金融市场的配套机制也严重缺乏或薄弱。例如，投融资的履约信用体系，包括征信、补信、分享、处置、惩治等缺失；信用资质和信用资源的评级、发布、准入、警示、退出等仍处于起步阶段，且容易受到政府干预；投融资市场运行风险的分析、评估、预警、防范、控制、化解等环节薄弱，并且缺乏从事相关方面

---

① 例如，郭娜（2013）的研究表明，通过推动担保机构发展、完善信用评级机制等市场手段，比政府手段更能解决中小企业的融资困境。

工作的专业化机构；投融资争端的调解、仲裁乃至专项立法、专业司法远远无法满足经济发展需要。

5. 部分民营企业自身治理存在问题

目前，我国民营企业的平均寿命只有 3.7 年，中小企业更是只有 2.5 年，不及美国的 1/3，如此短的平均寿命也使银行要冒较高风险贷款给民营企业。而这背后反映了部分企业自身治理存在严重问题。一些民营企业仍采用典型家族企业治理模式，企业与家族不分，企业的所有权与经营权混在一起，企业决策长期以来由家族家长一人决定，企业运营管理缺乏监督和制衡机制，企业产权是封闭的，大部分依赖企业内部积累、负债，原始股东投资往往不足，而且很难接受外部股权投资，导致企业发展缓慢甚至资金链断裂。当前，民营企业特别是小微企业在一定程度上存在财务信息失真、关联交易复杂、对外交叉担保、民间借贷信息不透明等问题，银行贷款成本高、风险大，影响了银行放贷积极性。为节省开支，相当数量的小微企业不设专职会计，一般从会计服务机构或社会上雇用兼职会计人员，只在月末办理纳税申报及缴税工作，尤其是小微民营企业基本不设账制表。小微企业信息不透明、不真实，银行贷款认定难、成本高、风险大等问题是制约银行向小微企业贷款的主要瓶颈之一。

6. 实体经济"脱实向虚"、盲目跨界投资或过度扩张

我国的企业发展在融资与投资上出现了"冰火两重天"的情况：一方面，企业"融资难、融资贵"；另一方面，拿到贷款或者资金充足的企业往往有投资冲动。但是，部分企业却出现了盲目跨界投资和过度扩张。资本市场和房地产市场的兴起，吸引大量制造型企业转向资本运营和房地产业，"脱实向虚"迹象越发凸显。从微观看，民营企业的决策者大多是其创始人，本身管理素质不够高，对于企业投资存在冲动性和盲目性，同时企业决策权大多集中于创始人一人之手，决策缺乏集体性和制衡性，往往出现"拍板决定"[①]。民营企业也随之出现了各种软约束问题：由于可以低价获得土地，甚至通过过度投资达到"圈地"的目的，出现土地软约束；由于可以通过大量借贷或者直接融资获得巨额资金，即使失败

---

① 例如，竺素娥（2015）曾发现，企业实际控制人会对企业过度扩张产生重要影响，并且发现，当实际控制人是男性、学历越低、风险偏好、持股比例越低时，企业过度扩张、盲目投资的可能性就越大。

也不必承担全责，出现预算软约束；此外，大量企业在环保、用工成本上都存在软约束，这些都加剧了企业的盲目过度投资。

7. 战略性新兴产业企业抵押担保难

近些年，我国战略性新兴产业发展迅速，太阳能光伏发电、风力发电均居世界第一位，但是战略性新兴产业却一直存在抵押担保难的问题。首先，战略性新兴产业企业多处于种子期、初创期，且大多以知识产权等轻资产为主，而如今有关知识产权质押、评估和交易体系尚不健全，用知识产权进行质押贷款、转让或引资均受影响，导致缺乏足够担保抵押物，满足不了现有银行信贷投放条件要求。其次，战略性新兴产业市场不成熟，企业发展风险高于传统行业，企业很难像传统行业企业之间形成互保，传统企业与新兴企业之间、新兴企业与新兴企业之间互保联保意愿低。除此之外，我国担保市场发展相对滞后，缺乏足够的融资性担保公司，通过市场化担保来解决融资问题难度较大。

三、加快金融创新、推进实体经济转型升级的对策与建议

金融的根基是实体经济，百业兴则金融强。当前，金融应回归本质，坚持服务实体经济的宗旨，把支持制造业由大变强作为金融服务实体经济的重心，从战略高度做好金融产品和服务方式的创新工作，使金融供给与实体经济转型升级对金融的需求有效匹配，提高实体经济发展的投融资效率，切实促进实体经济发展。

1. 强化政府对金融推动实体经济转型的引导扶持功能

首先，引导金融机构加大对农村金融、科技金融、文化金融、绿色金融、民生金融、小微金融的支持力度。引导规范中小民营银行、金融租赁公司、参股证券公司等民营企业入驻，创新提供专营式金融产品，支持村镇银行、小额贷款公司健康发展，尤其是引导其坚持服务"三农"和小微企业的市场定位；引导互联网金融创新服务于实体经济，建立长效监管机制，规范互联网金融有序发展。其

次，强化政府对金融创新的监测职能。对金融创新监测评估，建立切实可行的考评机制及奖惩机制，定期对金融创新进行指标评价，全面梳理金融机构创新产品的实施情况、取得成效、存在问题。进一步完善对金融机构的贡献考核和激励机制建设，按照银行对重点产业、重点项目、重点企业的信贷投放和金融服务进行量化考核，对贡献突出的给予奖励。建立金融监管机构定期会商及信息共享制度，密切关注金融风险重点领域，加强金融创新监测和信息通报，加强部门沟通协调，形成工作合力。

2. 深度推进产融结合，努力扩大金融有效供给

加快金融业体制机制创新，整合集聚更多优质金融资源，提升金融业发展水平，拓宽资本对接新兴产业、创业创新、小微企业等重点领域的通道。一是努力构建绿色金融服务体系。引导金融机构发行绿色金融债券和绿色信贷资产证券化产品，拓宽绿色信贷资金来源。建立政府参与的绿色产业基金和绿色债券，引导更多资金流向环保、节能、清洁能源、清洁交通等绿色产业，创新绿色项目担保机制。支持社会资本以 PPP 等模式参与污水垃圾处理等环境治理设施建设，鼓励成立环保设备融资租赁公司。二是建立健全科技金融服务体系。通过政府引导、运用市场机制，开展政策性、公益性、基础性科技金融服务和市场化金融业务，辐射带动科技金融创新。推进商业银行专营机构、专业团队、专属产品、专有流程、专享政策的"五专"科技金融服务。支持设立科技担保、科技小贷、科技融资租赁等专业化金融服务机构。三是创新发展供应链金融服务体系。积极发展有增信措施的供应链金融，围绕重点行业的供应链核心企业，为上下游企业提供支付、资金流转、理财增值、融资贷款等服务。通过建立严格的授信主体准入制度，强化对核心主体的授信准入管理。提高供应链金融网络结合程度，有效解决小微企业融资难问题，将闲置资金与融资需求进行匹配。四是大力发展各类投资基金。推动银行、证券、保险等金融资本参与设立各类产业发展引导基金。以基金化、产品化的方式引导社会资本支持支柱产业和战略性新兴产业发展。鼓励天使基金、风险投资基金、创业投资基金、产业投资基金、并购基金等多种投资基金发展。加大对投资于创业初期的风险投资基金的引导支持力度，发挥金融对"大众创业、万众创新"的支持作用。

3. 深化基于实体经济的金融创新，着力提升金融供给质量

金融发展的目的是通过构建有效的金融体系来降低隐性交易成本和风险，提高实体经济发展的投融资效率，促进实体经济发展。首先，金融创新应立足于实体经济，精准解析客户需求。鼓励商业银行创新理财、代理、托管、结算、咨询等中间业务服务和产品。推动金融机构构建全面、完备的金融服务平台，创新发展及时、快捷的金融产品，发展金融服务外包业务。支持区域性股权交易市场创新融资产品和服务手段，积极对接主板、创业板和"新三板"。积极开拓融资租赁、产业投资基金等新型融资方式，发行区域集优直接债务融资票据等新型债务融资工具。其次，加快金融技术创新。加快商业银行移动金融产品创新和商务应用拓展，加大手机银行、微信银行、网上银行、电话银行等电子产品的推广力度。积极主动运用网络信用体系，创新传统金融服务，整合金融资源，助力"大众创业、万众创新"。最后，增强金融创新内生动力。健全金融机构内部创新机制和管理理念，将产品创新的系统性、技术性及合规性相结合，建立科学的监测与后评价机制，在新产品与服务推出后，根据客户需求变化与市场检验情况不断优化产品；引进培养创新型人才，通过适当激励让员工主动参与到产品创新中来，将创新元素融入企业文化中。

4. 提升对中小微企业的金融服务水平，加大对薄弱环节的金融支持力度

对中小微企业的金融支持，是金融推动实体经济转型升级的关键环节。为此，首先，逐步建立完善中小微企业贷款风险补偿机制，引导信贷投放向中小微企业倾斜。支持银行机构充分利用互联网等新技术、新工具，不断创新中小微企业网络金融服务模式。其次，拓展中小微企业融资渠道，支持小额贷款公司开展信贷资产证券化业务，促进中小微企业与社会资本有效对接。推动银行机构大力发展产业链融资、商业圈融资和企业群融资，开办商业保理、金融租赁和定向信托等融资服务。积极争取支小再贷款、再贴现指标，重点向中小微企业贷款占比较大的中小金融机构倾斜。积极开展中小微企业转贷方式创新试点，允许列入试点银行"名单制"管理的中小微企业部分转贷，降低续贷成本。最后，鼓励规范设立中小微企业周转资金池，为符合续贷要求、资金链紧张的中小微企业提供优惠利率周转资金。引导社会资金为中小微企业提供融资支持。

5. 深化多层次金融合作体系，协力推进实体经济转型

首先，积极引导中小企业围绕国家政策导向，完善公司治理结构、加强内部管理、找对发展方向、准确定位，做好长期战略规划，引入专业性人才，建立好财务报表，降低融资风险。在财政资助、税收优惠、金融监管、信用体系、公共服务等多个维度上为企业营造良好的发展环境，强化企业的转型发展能力。其次，创建政银企对接合作平台，完善重大产业、重大项目、重点企业的金融对接机制；定期召集政府相关主管部门、企业和银行开展三方对接会，定期向金融机构发布产业政策和行业动态，及时推荐优质的重点企业和重点项目。最后，推动商业银行、证券机构、保险公司、担保公司、租赁公司等金融机构充分发挥各自优势，协同创新，鼓励金融机构在控制风险的前提下，进行业务品种和担保方式创新，可多采用在建工程抵押、应收账款质押、土地经营权抵押、存货质押等多种创新担保方式。

6. 深化信用信息平台和风险分担机制建设，全面优化金融生态环境

良好的金融生态环境对实体经济融资起决定性作用。首先，深化政策性担保体系建设，科学确定政策性担保机构的考核评价目标，规范发展融资性担保公司，发挥融资性担保公司对中小企业融资增信作用。发展多层次中小企业信用担保体系，通过资本注入、风险补偿等多种方式增加对信用担保公司的支持。其次，加快建立企业数据共建共享平台，构建企业信用档案，完善中小企业信用评价体系。最后，加强金融法制环境建设，完善立法、加强执法、确保司法公平。法制环境是优化金融生态环境最重要的一步。为此，有必要加强对恶意逃废债行为的打击，加强典型案件曝光力度，对恶意逃废债企业实施联合惩戒。坚决打击和治理各种金融乱象，切实维护公平有序的市场环境。

参考文献

[1] 郭娜. 政府？市场？谁更有效——中小企业融资难解决机制有效性研究 [J]. 金融研究，2013（3）.

[2] 李扬. "金融服务实体经济" 辨 [J]. 经济研究，2017（6）.

[3] 邱兆祥. 提高金融服务实体经济的效率 [N]. 人民日报，2017-04-25.

[4] 冉芳，张红伟. 我国金融与实体经济非协调发展研究——基于金融异化视角 [J]. 现代

经济探讨，2016（5）.

[5] 郑鈜. 金融服务实体经济的制度创新逻辑 ［J］. 中国发展，2016（2）.

[6] 竺素娥，胡瑛，郑晓婧. 实际控制人特征与企业过度扩张研究 ［J］. 商业研究，2015（5）.

第九章 物流成本与工业转型升级

一、研究背景

1. 物流为产业发展、经济发展提供强力支持

物流作为物质资料的实体运动及其相关运动的总称，可以创造空间价值、时间价值和形态价值。作为国民经济活动的一个构成方面，物流是国民经济活动的动脉之一，支撑着其他经济活动特别是物质资料运动的经济活动的运行。从社会再生产过程来看，它不仅支撑着人类社会的生产活动，也支撑着人类社会的消费活动，并与交易活动特别是有形商品的交易活动息息相关；物流效率的高低、成本大小，也直接影响着其他经济活动（生产、消费、流通）的效率、成本及其实现程度。

从宏观角度来考察，首先，物流是国民经济运行的"动脉"之一，它像血管一样，把众多不同类型的企业、部门、产业以及消费者通过产品的流动有机地联系在一起；其次，物流对社会生产的规模、产业结构的变化起着重要的作用；最后，物流发展水平的高低直接影响着一国的经济增长和经济竞争力。

在微观方面，首先，物流是企业生产经营连续进行的前提条件；其次，物流是保障商品流通顺利进行、实现商品价值和使用价值的基础；最后，物流是提高企业核心竞争力的重要因素。物流是继企业降低资源消耗、提高劳动生产率之后又一增加利润的源泉。

2. 物流业对产业发展的影响以及物流成本对产业转型升级的关键性

物流以及与之相关的概念虽然是一个较为现代的名词，但在古典时期就被论述过。早在亚当·斯密时代，运输效率就被看作影响产业分工和市场大小的唯一决定因素。发展到现代经济学研究框架中，物流则被视为国民经济发展的"动脉"和区域经济发展的"润滑剂""推动剂"。在宏观层面，宋则和常东亮（2008）认为，物流业是现代经济发展的"加速器"，对经济产出的拉动和辐射作用仅次于第二产业，总量超出其他第三产业总计；张红波和彭焱（2009）认为，物流业应该与区域经济为统一体，是区域经济的主要构成要素，甚至是部分区域经济发展的支柱产业。在微观层面，物流业对经济产出的贡献主要是通过降低物流成本实现的，物流成本通过影响国际贸易、要素流动和产业集聚等多种经济增长因素从而影响区域经济产出。总体而言，物流成本的降低能够通过影响相关因素的重新配置、降低交易费用、促进国民经济产业结构和发展方式转变，从而促进经济增长，这些观点得到了现代经济学界的认可（张兆民、韩彪，2016）。

物流产业作为国民经济的基础产业之一，与国民经济其他产业密切相连，对整个国民经济的运行质量和效率产生非常重要的影响，我国产业结构的调整和经济发展方式的转变要求物流产业发展与之相适应才能完成。

3. 物流总费用占 GDP 比重不断提高，但物流成本占 GDP 的比重高于发达国家的平均水平

社会物流总费用首先与一国的经济发展规模密切相关，一般而言，经济规模越大则社会物流总费用就越多。美国 1993 年社会物流总费用为 6600 亿美元，2007 年为 13970 亿美元，2011 年为 12820 亿美元，近 20 年间翻了一番。日本社会物流总费用 1993 年为 47 万亿日元，1997 年为 48.2 万亿日元，2011 年为 41.2 万亿日元，近 20 年社会物流总费用没有发生太大变化，这与日本自 20 世纪 80 年代末经济泡沫破灭后经济发展停滞不前直接相关。我国近 30 年经济高速发展，经济总量已超过日本成为世界第二大经济体，2014 年社会物流总费用 10.6 万亿元，同比增长 6.9%，较 2005 年的 3.386 万亿元增长了 213%。

国家发改委、国家统计局等部门于 2015 年 4 月 17 日联合发布的数据显示，2014 年我国物流需求规模增速减缓，物流业转型升级加快，社会物流总费用与 GDP 的比率为 16.65%，较上一年有所下降，但与发达国家相比还是要高出许多

（见表 9-1）。Donald 等对 1998 年、1999 年美国的物流年度开支进行了研究，并得出结论：美国的物流总成本占国民生产总值的 10% 左右，而这一比例在 2013 年更是达到了 8.5%。中国的物流成本占 GDP 的比率是发达国家的两倍，作为一个国际上普遍认可的物流行业发展指标，一个国家或地区的社会物流总费用占 GDP 的比重越低则意味着该国家或地区的物流效率越高。

表 9-1　各行业物流占比

单位：%

年份 指标名称	2008	2009	2010	2011	2012	2013	2014	2015
社会物流总费用占 GDP 比重	18.1	18.1	17.8	17.8	18.1	17.41	16.65	16
农产品占社会物流总额比重	2.07	2.01	1.78	1.66	1.63	1.59	1.56	1.6
工业品社会物流总额比重	88.8	90.43	90.18	90.66	91.37	91.76	92.24	93.07
进口货物占社会物流总额比重	8.7	7.09	7.52	7.07	6.49	6.12	5.64	4.74
再生资源占社会物流总额比重	0.3	0.29	0.36	0.37	0.3807	0.39	0.4	0.39
单位与居民物品占社会物流总额比重	0.1	0.17	0.16	0.16	0.11	0.14	0.17	0.23

资料来源：中宏数据库。

在快速发展的经济的推动下，我国物流产业发展十分迅速，服务水平提升很快，面临的行业环境、发展条件越来越好。2005~2014 年十年间，我国社会物流总额从 48.1 万亿元增长到 213.5 万亿元，年均增长 13.5%。2014 年全国物流产业增加值达 3.4 万亿元，同比增长 9%，占 GDP 的比重达到 5%，占第三产业增加值的 10% 以上。从我国物流总额构成来看，工业品占据着绝对的主导地位。在 2014 年的构成中，工业品物流占 92.3%，达 196.9 万亿元；进出口货物物流占 5.6%，达 12 万亿元；农产品物流占 1.5%，达 3.3 万亿元；单位与居民物流总额占 0.2%，达 0.37 万亿元；再生资源物流占 0.4%，达 0.85 万亿元。物流需求系数从 2005 年的 2.41 上升到 2014 年的 3.93，表明我国物流在单位 GDP 中的支撑作用不断上升。

4. 物流成本控制及降低对产业转型升级的重要性

物流是供给侧结构性改革的重要抓手，不仅贯穿于企业生产经营的各个环节，也贯穿于社会经济各个环节和领域。以降低物流成本为契机，创新现代物流模式，努力提高企业和全社会的物流效率，是转变经济发展方式，实现社会经济转型升级的关键所在（蔡进，2016）。

物流业作为社会分工的产物，随着现代化水平的提高，已由劳动密集型产业发展为融合运输业、仓储业、货代业和信息业等多领域的复合型现代服务业，涉及范围广、吸纳就业人数多、关联效应显著，是国民经济的战略性和基础性产业，对促进经济协调发展、保障经济顺畅运行具有重要作用。当前我国经济进入新常态，经济增速进入换挡期，经济发展方式从速度型向质量型转变，从投资拉动向消费拉动转型。在此过程中，物流业的发展至关重要，一方面，物流效率直接影响到经济运行效率；另一方面，物流成本直接关系到整个社会的运行成本，因此降低物流成本、提高物流效率成为物流业转型发展过程中面临的主要任务（依绍华，2016）。

二、物流成本产生的根源及控制机理

1. 物流管理的发展与物流成本的国内外研究状况

目前，以美国物流管理协会（Council of Logistics Management，1998）对企业物流的定义最为完整及简要，并为全世界各企业及协会所引用。Bradley（1996）认为，供应链已经成为企业物流的最重要影响因素之一。物流供应链的发展历程大致可分为四个阶段：第一阶段，主要发生在 1960 年以前，按照不同功能对分裂的物流活动进行管理；第二阶段，是物流管理阶段；第三阶段，是 Logistics 管理，将物流企业战略规划、信息服务、融资等相结合（第二阶段与第三阶段主要发生在 1960~2000 年）；第四阶段，是供应链 Logistics 管理阶段，主要发生在 2000 年以后（见图 9-1）。

学术界关于物流成本的研究，也是根据物流业发展的情况来进行的。Ford Harrisr（1913）在其论文中首次发表了著名的经济订货批量（Economics Order Quantity，EOQ）模型，这篇论文被认为是最早对库存理论进行研究的公开出版文献。之后国外学者对物流的决策、供应商订货等情况，主要围绕物流活动的不

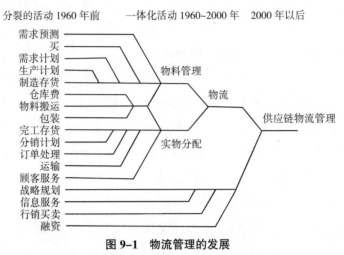

图 9-1　物流管理的发展

资料来源：王华.企业物流成本控制研究［M］.北京：北京大学出版社，2008.

同分裂活动进行研究。20 世纪 60 年代开始，学者开始转向对单一化研究或企业内部研究阶段。在企业物流层面，对运输成本的研究通常与采购、库存等活动相联系，即运输成本体现出某种一体化特性。到了 20 世纪 90 年代至 2000 年，研究开始针对供应链、物流、分散化来展开，2000 年后，学者对于物流的研究开始转向物流成本与企业战略、深化方面的研究。

国外物流成本研究体现出很强的实用性与针对性。从研究内容及方向看，国外物流成本研究大致可分为两个主要支流：一个关注物流成本在战略层面上的特性，另一个则把焦点放在优化成本—效用的物流策略上，重点讨论物流在创造价值以及建立与公司财务业绩联系方面所扮演的战略角色。但从总体上看，对于物流成本形成机理的理论探讨和阐述并不多见。

20 世纪 80 年代初期，国内学术界开始从不同角度研究和探讨物流问题，引进和介绍国外物流概念和物流理论研究的动态，并曾一度形成了物流理论研究热潮。随着人们对物流的认识不断提高、企业市场竞争的进一步加剧，到 20 世纪 90 年代，国内从对物流概念的界定和物流基本知识的介绍转为开展专题性研究，如物流行业发展问题和配送问题，物流模式、物流规划和物流运营等问题，并出版了不少反映中国物流理论研究水平的专著和学术论文。从国内学者的研究看，所涉及的研究内容也十分广泛：从物流成本的核算到作业成本法的应用，从库存配送等物流环节到物流系统仿真，从企业物流模式的建立到第三方物流，从物流管理扩展到供应链理论，从物流成本控制与优化到物流价值管理，以及物流时间管理、物流信息系统建设、物流系统竞争力的研究等。

2. 物流成本理论

（1）物流成本学说。物流成本是物流产业中传统的核心问题，关于物流成本的观念也随着时代、经济、物流业的发展而发展。

从最初由管理学大师德鲁克于 1962 年提出的"黑暗大陆学说"来形容流通领域作为经济领域中的黑暗大陆，影射出物流业在经济领域中还属于未被探索开发并且存在巨大的可挖掘利益的领域。

之后，日本教授西泽修（1970）对于物流成本提出一种新的比喻，将物流成本的整体形态比喻为冰山，传统的会计成本所统计出来的只是表面上的冰山一角，大量的其他隐性的成本混入企业的其他费用中。

再后来学者提出了"第三利润源泉"的概念，随着第一利润源泉——资源领域的不断开发以及第二利润源泉——人力领域的不断开发，物流成本被认为是提高企业利润的第三种重要途径。

在物流不断发展的过程中，由于物流的若干功能要素中存在损益的矛盾性，学者将其归纳为效益背反说，局部地提升利益可能会造成另一部分的成本增加，所以提倡在考虑物流成本的时候，必须将整体物流体系和各部分功能作为一个系统来加以权衡，主张整体的成本降低。

除此之外，建立了物流的成本中心说、利润中心说、服务中心说以及战略说，逐步提升物流成本对企业经营地位的重要性。成本中心说认为，物流成本占据了企业总成本中的较大比重；利润中心说认为，企业在市场中角逐的利润很大程度上依靠于物流成本的领先；服务中心说认为，优质物流是为顾客提供良好服务的基础，物流的提高有助于提升企业的市场竞争力；战略说将物流成本定位为，物流成本不仅是降低物流环节的成本，而且会影响企业的生存和发展。乘数效应也被用来形容物流成本对企业发展的重要性，类似于杠杆原理，物流成本的下降可以通过一定的支点使销售获得成倍的增长。

（2）物流成本的划分。物流成本的划分根据不同的划分依据有多种划分方法，本章主要阐述两种划分方法。

袁晋云（2006）按照物流成本的性质来划分，可以分为：

1）第一类物流成本。第一类物流成本是"物流冰山"露出水面那一部分，即一般能够使用会计方法直接计量的与物流运作相关的直接成本。这一成本是指产品空间移动（包括静止）过程中所耗费的各种资源的货币表现，是物品在实物运动过程中，如包装、运输、储存、流通加工、物流信息等各个环节支出的人力、物力、财力的总和。通常，专业的物流企业拥有专业化优势和规模优势，与工商企业自营物流相比，在直接物流成本上具有明显的成本优势。

2）第二类物流成本。一般企业对自己的物流成本都不是很清晰，通常会认为仓储费用和运输费用等第一类物流成本就是物流成本的全部。这主要表现在人们在关注物流直接作业成本时，多数情况下都忽略计算库存风险成本、库存跌价损失、库存资金占用成本、物流损耗、缺货损失等，或者不把这些成本当作物流成本。我们可以把物流与物流运作效果相关的物流成本称为第二类物流成本。通常这类成本对企业总体绩效起着举足轻重的作用。同样，专业的物流企业比工商企业能够提供更高质量的物流服务，因此在第二类物流成本上也有相当的优势。

3）第三类物流成本。与其他的任何一种类型的交易一样，物流服务如果是通过交易由别的企业来提供，就存在对交易进行组织、协调、监督的管理等的治理成本，即物流的交易成本，我们可以称之为物流的第三类成本。对第三类物流成本的正确认识，将会促使人们重视物流交易的效率。产业集群物流合作的深化，需要进行关系专用性投资，专用性投资数额越大，专用性程度越高，对合作关系进行治理的成本越高。相对于与其他物流企业进行治理成本高昂的合作而言，在企业内部组织物流活动可以节约第三类物流成本。

按照物流成本的分析与控制可以划分为：

1）物流作业成本。企业的物流作业成本是指物流作业实际发生过程中的成本，这些成本都被直接或间接归属于某项物流作业，是物流成本的最终凝结和转化。物流作业层次的成本动因之中，最为核心和简练的表达就是顾客价值。顾客价值构成了物流作业成本的最直接动因，并在此基础上分化为资源动因与作业动因两类。资源动因反映资源耗用与作业量的关系，一般引起资源的投入和耗用；作业动因反映作业量与最终产品之间的关系，直接引发某项具体的物流作业。

2）物流经营成本。企业的物流经营成本是指在物流经营层面上发生的成本，物流经营成本根据物流战略目标和规划制定出具体的执行方案，并控制着物流作业成本的形成过程。企业物流经营管理层次上的成本发生，可以划分为不同的系统，主要包括订单与顾客管理系统、供应与保障管理系统、运输与网络管理系统、库存与控制管理系统和仓储与拣货管理系统。

3）物流战略成本。物流战略成本就是发生在战略资源层次的成本，是物流成本的起源。物流战略成本通常发生在企业的最高层，与企业整体战略相关。企业物流战略资源配置、企业物流网络的设计与建立、物流网络发展方向的选择成本、企业物流系统的改革成本等构成了最主要的物流战略成本。战略成本都是非程序化的决策成本，可以进一步细化为两类，即战略显性成本和战略隐性成本。是指决策过程本身发生的成本，包括市场信息的取得、物流系统效益评估、企业物流系统建设的实际付出等；战略隐性成本是指决策过程发生之后，对企业物流经营和物流作业成本影响而产生的成本变动，包括企业物流网络重构后的运营成本、物流作业成本的变动、成本计量与控制方式改变产生的影响等。战略成本动因主要包括企业物流投资方向的选择、企业内部或外部物流资源重组、企业物流流程的重构、物流系统人事组织机构的设置与调整等。降低物流战略成本的途径主要有通过物流投资收益分析重构物流网络系统。

虽然企业的物流成本最终表现在物流作业上，但其物流战略成本、物流经营成本同样不可忽视，并实际影响最终的物流作业成本和决定着企业的盈利水平。三者共同形成了企业的物流总成本。物流战略成本就是发生在企业战略资源层次的成本，是企业成本的起源。物流经营成本是指在物流组织、规划、运作等方面发生的成本，经营成本根据战略成本的目标和规划制定出具体的执行方案，并控制着作业成本的投入和形成过程，是连接物流战略成本和物流作业成本的纽带。物流作业成本是指发生在具体物流业务活动中的实际成本，是物流成本的最终凝结和转化，既是物流战略实施的结果，也是物流经营、运作和控制的结果。

3. 物流成本控制理论

（1）系统论与物流成本控制。系统思想古已有之，但是将系统作为一个重要的科学概念予以研究，则是由奥地利理论生物学家冯·贝塔朗菲于1937年提出，系统是由若干相互联系、相互作用的要素所构成的具有特定功能的有机整体。系统管理学派认为，企业是人们创造出来的一个由相互联系的各个要素组成的系统，是一个与外界环境有着密切联系的开放式动态系统，与周围环境之间存在着动态的相互作用，并具有内部和外部的信息反馈网络，能够不断地自行调节，以适应环境和本身的需要。

物流系统是社会经济大系统的一个子系统或组成部分，涵盖了全部社会产品在社会上与企业中的运动过程，涵盖了第一、第二、第三产业和全部社会再生产过程，因而是一个非常庞大而复杂的领域。

物流系统具有输入、转换及输出三大功能，通过输入和输出使系统与社会环境进行交换，使物流系统和环境相依存。企业处于一定的环境之中，输入要受外部环境约束，输出要对外部环境产生影响，物流系统要有适应外部环境变化的能力，并把输入转换成输出，以达到一定的目标。在物流系统中，输入、输出及转换活动往往是在不同的领域或不同的子系统中进行的。从系统的观点来考察和管理物流成本，能明晰各有关企业、部门的成本网络关系，便于从企业的总体物流成本出发，实现对经济活动的合理规划和最佳控制。同时，在输出时要把信息及时反馈回来，不断调整转换过程，促使系统目标的顺利实现。

用系统的观点来研究成本控制，就是把企业的成本控制看成是一个开放式动态系统，成本控制系统就具有整体性、相关性、目的性、层次性和环境适应性等特点。这个系统由许多独立的单位组成，各个单位的本身机能和相互之间的有机联系，必须统一和协调于系统的整体之中，为整体的统一目标服务。从系统整体性的观点出发，把企业物流成本控制作为一个大系统，通过各种成本控制组织管理体系，使整体控制和局部控制之间的关系协调配合，达到全员、全面、全过程的控制，形成一个由互相联系、互相区别的各子系统所组成的成本控制网络体系，使其从总体上达到最优控制目标。

物流成本控制系统是一个大跨度复杂系统，具有以下几个特征：第一，企业物流地域跨度大。物流系统人力、物力、财力资源的组织和合理利用，是一个非常复杂的问题。运行对象复杂，"物"遍及全部社会物质资源，资源大量化和多样化：从事物流活动的人员队伍庞大；占用着大量的流动资金；物资供应经营网点遍及全国。第二，时间跨越。为解决供需之间的时间矛盾，通常采取储存的方式解决时间跨度大这一难题。第三，物流信息跨越。在物流活动的全过程中，始终贯穿着大量的物流信息。大跨度复杂系统带来的主要是管理难度较大，对信息的依赖程度较高。物流系统要通过这些信息把各个子系统有机地联系起来，处理好信息收集工作，并使之指导物流活动。第四，组织跨越。物流系统的边界横跨生产、流通、消费三大领域，随着科学技术的进步、生产的发展、物流技术的提高，物流系统的边界范围还将不断地向内深化、向外扩张，给物流组织系统带来了很大的困难。

（2）控制论与物流成本控制。1948年，美国数学家诺伯特·维纳发表了《控制论（关于在动物和机器中控制和通讯的科学）》的奠基性著作，标志着控制论的诞生。控制论是研究复杂系统的控制与通信共同规律的科学。"控"就是掌握，"制"就是限制，控制就是掌握和限制。控制是按照一定的条件和预定的目标，对一个过程或一系列事件施加影响，使其达到预定目标的一种有组织的行动，或者是指一个系统通过某种信息的传递、变换或处理，发出指令，调节另一个系统的行为，使其稳定地按照既定的轨道前进，以达到预定目标。控制在管理工作的各职能中居于特殊地位。

从控制论的角度来研究物流成本控制，就要把物流成本控制看成是一个控制系统、一种经济行为的控制。经济行为通常是以经济系统的输入和输出关系来进行描述的。物流成本控制要求在一定的输入量下，输出量保持在一定的目标范围以内变动，是一个恒值调节系统。作为一个恒值调节系统，就要求物流成本控制对象按照成本控制主体所预定的成本目标进行活动，并最终达到这一目的。

基于控制论的理念，物流成本的控制可以从观念、时间和空间上进行扩展。

（1）物流成本控制观念变化的拓展。物流成本控制观念的变化与实践的发展，使物流成本控制内容向纵深拓展。物流成本控制要控制成本发生的原因，即成本动因。在微观层次，成本动因拓展到作业，使产品成本控制的重点转移到作业成本控制。在宏观层次，成本动因被分为结构性成本动因、执行性成本动因和作业性成本动因。结构性成本动因产生于企业对其经济结构的选择，包括规模、范围、经验、技术和复杂性等，它改变了成本发生的基础条件。对结构性成本动因的选择和控制，是对企业成本发展方向的定位，使成本控制延伸到战略成本。而以取得竞争优势为主要目标的企业战略管理的发展，又使成本控制的内容拓展到成本与环境、成本与竞争优势、成本与企业可持续发展等领域。

（2）物流成本控制时间的拓展。成本控制时间的拓展，表现在传统的生产过程中以成本控制为中心，向前后两端延伸，改变了各时间段所包含的具体内容。事前成本控制的变化来源于企业战略成本管理的兴起与发展，围绕取得竞争优势的中心目标，价值链重构、结构性成本动因的选择，使成本领先不仅代表一种控制思想，而且更多地作为企业的一种竞争策略。作业成本管理是产品成本管理在微观层次的深化，它对以标准成本法为主的事中成本控制形成冲击。它既是事中成本控制内容的拓展，也是成本控制过程中空间形态的拓展。战略成本降低是竞争战略的组成部分，它整合了技术和人力资源管理战略，依赖于建立一种能通过创新使质量、时间和成本不断改进的文化氛围，形成长期成本竞争优势。

（3）物流成本控制空间的拓展。成本控制空间纵向拓展的显著趋势对以本企业内部控制为重心的传统控制空间，向供应链前后成本形成过程的横向和纵向上都做了拓展，不仅包括企业本身的成本控制，同时还要控制上下游企业的相关成本。一是与结构性成本动因相关的空间的纵向拓展形态，如产品设计、项目开发、战略的制定与选择等，强调这些空间和层面的活动结果对物流成本产生长期而巨大的影响，包含能将成本控制的观念、方法、措施嵌入这些空间与层面活动过程之中的思想。二是成本形成过程的微观空间结构或作业。作业成本管理就是成本控制空间的具体体现。

（4）信息论与物流成本控制。信息论的奠基人是美国科学家申农。最早的信息论只局限于通信领域，后来逐渐渗透到其他学科，在管理科学中也得到了广泛应用。在信息社会中，信息就是竞争资源要素之一，从信息论的角度看，管理过程实质上就是信息的不断运动过程。

物流成本信息以不同的形态分布于企业内外的各个方面。物流成本信息包括符号、传递、载体、反馈和需求五大要素。第一，符号，是指物流成本信息是由反映成本活动情况及变化的某些符号组成的，包括语言、数据以及其他专用标记。第二，传递，是指成本信息具有可传递性，如纵横方向的交流、随时间变化的推移等。第三，载体，要完成物流成本信息的传递、加工存储、利用等过程，信息必须依附于一定的物质载体。企业成本信息的媒介载体是多种多样的，主要表现为各种各样的会计、统计报表，各种会议记录，各种原始记录，领料单和支付凭证，各种计划和调度指令，各种定额、价格资料等。第四，反馈，在成本管理过程中不断产生和传递各种成本信息，其中不仅包括新生信息，而且包括反馈信息。第五，需求，这是物流成本信息与一般自然信息的显著区别，必须按照成本管理工作的需求获取和利用信息。

物流信息是物流活动中各个环节生成的信息，一般是随着从生产到消费的物流活动的产生而产生的信息流，与物流过程中的运输、保管、装卸、包装等各种职能有机结合在一起，是整个物流活动顺利进行所不可缺少的。物流信息是现代物流产业存在的基础。物流从一般活动成为系统活动依赖于信息的作用，只有靠信息的反馈作用，物流才成为一个有反馈作用的包括输入、转换、输出和反馈四大要素的现代系统。只有物流信息通畅，才能利用物流信息对供应链各个企业的计划、协调、客户服务和控制活动进行有效的物流成本控制。按信息的特征，企业成本信息可分为定量成本信息和定性成本信息。定量成本分析是以计量形式来表示内容的成本信息，它能从量的方面来反映企业成本的变化和特征。定性成本信息是以情况说明、问题反映等形式来表示内容的信息。在成本控制实际工作中更应重视定性成本信息的收集和加工整理。

通常把企业物流系统分为管理对象（物流）、管理机构和管理信息系统（信息流）三个组成部分。信息流随物流产生，管理部门要通过信息流来调节物流的数量、方向和速度。在成本控制中，信息必须及时反馈。物流成本控制实际上就是借助于信息流来控制物流的过程，指导物流顺利畅通，信息是企业协调和控制生产经营活动的基础。从成本管理的角度看，要求信息流和物流是同步的，但实际上，信息流往往有滞后性，特别是手工处理信息，经常落后于物流需求，直接影响到成本控制的效果。

因此，需要建立电子数据处理系统，增强信息反馈的及时性，利用成本信息系统数据处理区大、计算速度快、精确度高的特点，而且该系统还附有可以储存大量信息的数据库，能在极短的时间内，为成本控制提供和加工大量信息。利用信息反馈原理建立灵敏的成本信息系统，密切配合信息周转各个环节，是有效控制成本的重要手段。

（1）"物流延迟"理论。物流延迟理论是指在物流的业务操作中，将进一步的产品步骤延迟到收到客户的订单，并把能适应顾客需求或市场变化而做出改变的物流功能辅助环节推迟到物流配送的最后阶段来完成，以更好地满足顾客需求的一种做法。根据物流延迟理论，企业在物流系统设计中，要注意这种物流服务提供的增值效用，尽可能地将相关的能够适应顾客需求或市场需求变化而做出相应功能改变的物流辅助功能环节组建到企业物流系统的末端，依靠物流服务的延迟提供，使企业的产品更适销对路，创造更大的物流附加价值。

（2）物流成本溢出理论。任何一个物流系统都是一个完整的物流、信息流、资金流系统，以其横截面作为样本，可以将物流系统分为五个流动要素：流体、载体、流向、流量、流程。不同的物流样本，都有这五个流动要素，只不过它们的流体不同、所用的载体不同、流向不同、流量和流程也不尽相同，但每个物流样本的五个流动要素是相关的。

网络型的物流系统中，一定的流体从一个点向另一个点转移时经常会发生载体的变换、流向的变更、流量的分解与合并、流程的调整等情况，伴随着变换的时间、降低交换的成本等，物流成本也会随之转移溢出。分拨渠道内一个企业的决策往往会影响其他企业的物流成本，即物流成本溢出现象。

三、物流成本对产业转型升级的作用机理

从当前来看，我国产业发展的新特点主要有：①产业发展的任务从以数量扩张为主转变为以素质提高为主；②产业发展和结构调整的重点由解决比例失调转为推进产业结构升级；③产业发展和结构调整主体和手段由依靠行政和计划转向依靠企业和市场；④产业发展和产业结构调整越来越具有复杂性、艰巨性、必要性和紧迫性。此外，还存在产业发展水平低、产业结构不合理、产业国际竞争力弱等问题。

由于产业结构和体系的多方面因素的不合理导致的高成本低效率，对我国产业发展、经济发展都产生了巨大阻力。因此，以物流成本为视角来探索其对产业发展与转型升级的作用机理，能够从理论上深挖和扩展产业转型升级的理论，并且完善产业转型升级相关理论，从而为产业政策的制定提供理论依据，为中国产

业转型升级提供引导作用。

产业发展过程应包括两个方面：一是产业间结构的动态优化和高级化；二是产业自身的纵深化发展，即产业深化。一般地，产业经济理论主要研究产业间结构的比例关系和产业内企业之间的关系结构。产业自身的纵深化发展是指在国际分工已经形成的客观背景下，技术创新与技术进步的推动使各个产业自身由生产的低端向生产的高端逐步纵向演进的过程。这一过程，可以称为"产业深化"。随着经济的不断发展，各产业也随之发展，可以认为产业的发展体现于产业结构的转型和升级。

蒋兴明（2014）认为，产业转型升级是由产业链转型升级、价值链转型升级、创新链转型升级、生产要素组合转型升级所形成的有机整体。其中，产业链转型升级是指产业从边缘环节向核心环节延伸，并取得对全产业链的掌控力；价值链转型升级是指从价值链低端向高端延伸；创新链转型升级是指产业技术实现原始创新、集成创新、引进消化吸收再创新、协同创新四个方面的升级。

产业转型升级是一个系统性的工程，自上到下涉及各个产业之间组织与结构的变更。成功的转型升级必定需要来自外部拉力的提携与自身内部动力的催动。从现实角度来看，产业转型升级的外在拉力主要来自经济增长的需要和产业政策的引导，内在动力来自产业效率的驱动、科技创性的推动、产业竞争的促进。

1. 产业转型的内涵

关于产业转型的概念，理论界目前尚未形成一个比较权威和统一的定义。徐振斌（2004）认为："产业转型就是指一国或地区在一定历史时期内，根据国际和国内环境，通过特定的产业或财政金融政策，对其现有产业结构的各个方面进行调整。就中国当前来讲，产业转型即指从旧的产业结构布局转向以高新技术产业为先导、基础产业和制造业为支撑、服务业全面发展的产业新格局，促进经济社会的发展。"产业转型可以定义为在一国或地区的国民经济主要构成中，产业结构、产业规模、产业组织、产业技术装备等发生显著变动的状态或过程。由此可见，产业转型作为一个综合性的概念，包括产业在结构、组织及技术等多方面的转型。一般来说，产业转型主要包括产业结构和产业组织转型。

产业结构从广义来讲，是指产业间的技术经济联系与联系方式。这种联系与联系方式可从两个角度来考察：一是从"质"的角度动态地揭示产业间技术经济联系与联系方式不断发展变化的趋势，揭示经济发展过程的国民经济各产业部门中，起主导或支柱地位的产业部门的不断替代的规律及其相应的"结构"效益，从而形成狭义的产业结构理论；二是从"量"的角度静态地研究和分析一定时期内产业间联系与联系方式的技术经济数量比例关系，即产业间"投入"与"产出"的量的比例关系，从而形成产业关联理论。产业结构从狭义来讲，是指资源（包括自然资源和人力资源）在社会生活各部门配置的比例关系，它体现国民经济各个产业之间以及产业内部的比例关系和结合状况。

首先，产业结构是一个体系，包含着非常广泛的内容，它的构成、发展、变化趋势对社会经济具有重要影响，它不仅反映在生产结构和市场结构的变动上，也反映了就业、社会结构的变化。其次，产业结构是一国资源禀赋与现实经济实力之间的联结机制和转换器。最后，产业结构转换能力的强弱，往往是国家间在经济实力较量中孰胜孰败的关键因素。

德国鲁尔区以煤炭起家，长期以来，煤炭工业和钢铁工业是鲁尔区的主导产业。20世纪50年代后，由于廉价石油的竞争，随着煤炭资源的减少、国际能源结构的变化，这个百年不衰的工业区爆发了历时10年之久的煤业危机，继而又发生了持久的钢铁危机。

鲁尔区从20世纪60年代开始，对产业结构进行全面调整。鲁尔区利用其优越的交通条件、用水条件以及原有的经济基础，对原有的部门进行一系列的调整，并发展了一批新兴部门。联邦当局、鲁尔煤管区开发协会和各城市都在设法从外地迁入工业企业，以吸收煤矿裁减的工人，并使单一的经济结构向多样化发展。随着鲁尔区产业结构的调整，配套的服务贸易等第三产业迅速发展，尤其是批发业大量兴起。与此同时，充分利用当地劳动力资源充裕、交通便利和市场巨大等有利条件，通过改善投资环境及提供各种优惠政策等措施，吸引各类新兴工业企业扩大投资和迁入区内，以此来促进鲁尔区的产业结构向多元化发展。

经过几十年的经济转型探索，鲁尔区不再是一个衰落的工业区。恰恰相反，在改革以煤钢为主的单一结构的进程中，鲁尔区正逐步形成广泛多样的工业结构，明显地表现出积极向前发展的趋向。

法国洛林曾拥有丰富的煤铁矿资源，它是衰退产业区的典型代表。从19世纪末开始，洛林成为欧洲文明的重要工业区，在铁矿、煤矿和纺织三个行业的基础之上，它的经济获得迅速发展。然而，由于此后开采成本的逐步上升和进口石油的严重冲击，煤炭等资源型产业逐渐失去了竞争优势。20世纪70~90年代，煤炭及冶金企业大量倒闭，资源行业加速衰退，导致了一系列的诸如失业增加、经济滑坡等问题。为缓解这些问题，实现洛林地区经济协调发展，法国政府采取了一系列的政策：1963年，成立了国土整治与地区行动领导办公室，将洛林确立为优先整治地区；1996年，又成立了洛林工业促进与发展协会，专门领导产业转型和区域规划。在这20多年，法国政府和欧盟为洛林地区产业转型升级投入了大量资金，充足的资金投入是洛林成功实现产业转型的重要因素。洛林的铁矿开采已经停止，煤炭开采也已于2005年停止，汽车、电子塑料加工、计算机等已经取代了传统的煤炭和铁矿开采业，洛林地区的产业转型已基本完成。

对于中国来说，作为一个发展中的大国，其产业结构调整决定了中国今后的经济增长潜力和方向，各地区经济发展的不平衡和地区差距的扩大都需要结构转型和生产率增长。产业结构转型属于经济转型的范畴。经济转型，既包括新产业替代衰退产业、实现工业结构升级，也包括在产业替代过程中发生的体制转轨、技术创新、环境改善、劳动力转移等。

2. 产业升级的内涵

产业升级又称为产业结构升级，是产业转型的必然结果。产业升级是一个从低级向高级、由简单向复杂发展，实现产业结构不断优化的过程，即产业结构的合理化；同时，这一过程表现为产业之间优势地位的连续不断的更迭，实现产业结构的高度化。

产业结构合理化和产业结构高度化都具有相对性，它们都是动态发展的过程，在产业结构不断优化的过程中，每次跃升都可以说是产业结构的升级。产业结构合理化的着眼点是经济发展的短期利益，而产业结构高度化更多关注的是产业结构的未来，以经济发展的长远利益为出发点。高度化程度较高的产业结构系统，其合理化程度未必也高，而合理的产业结构能够保证其向高度化的跃升。因此，产业结构合理化为产业结构高度化提供了基础，产业结构高度化则推动产业结构在更高层次上实现合理化。产业结构合理化与产业结构高度化的相互作用共同构成了产业结构优化过程这一幅灿烂的图景。

产业的转型升级必然离不开产业结构的重新洗牌和升级发展，现阶段对于产业结构的升级理论，主要有：日本经济学家赤松要提出的雁阵模式，就日本的产业发展历程提出产业升级的关键在于产业转移；格·门施（Grid Mensch）和冯·丹因（Von Dan）认为技术进步推动产业升级而提出技术周期理论；现阶段一些区域经济学家引申工业生产周期理论提出的产业梯度转移理论。这些理论都为传统产业转型升级的"何去何从"提供了有利的理论支持。

从全球的价值链来看，产业升级主要是指劳动密集型产业向资本密集型或技术密集型产业升级转变的过程，主要包含四个层次：流程升级、产品升级、功能升级和跨产业升级。流程升级，即原产业的某种优势进入新产业；产品升级，即通过重组各价值环节，提高技能水平；功能升级，即通过产品复杂化增加产品附加值，提高竞争力；跨产业升级，即通过引进新技术和生产组织学习提高生产效率。

休斯敦是一座伴随着石油开采而发展起来的城市。进入20世纪60年代，休斯敦的石油开采开始出现整体下滑，但是该市按照产业链的延伸，在开采石油的同时，加速开发石化和石油科技项目，从而带动了为其服务的机械、钢铁、水泥、电力、造纸、粮食、交通运输等相关产业的发展，因此城市的发展并没有因此减缓。对城市发展产生重大影响的另一个举措是1962年休斯敦国家宇航中心的建立，它带动了1300家高新技术企业的发展。休斯敦最终实现了从单一石油资源型城市向集资本、技术、智力于一体的综合性大都市的演变。

在日本矿业城市的转型过程中，政府起了主导作用。1961~1991年，日本政府先后制定了九次煤炭政策。在第八次和第九次煤炭政策中，政府开始注意煤炭产业的转型，减少国内煤炭产量，加大进口，通过支持产煤地区基础设施建设、发展替代产业、扶持大型项目建立等措施，寻求煤炭产区经济结构多元化，实现产煤地域的振兴。政府在对该地区煤矿实行关闭的同时，用了10年左右的时间将其改造转换成高新技术产业区，成为日本政策推动煤城转型升级的一个成功案例。

3. 物流成本对产业转型升级的作用机理

传统的物流成本往往只关注到作业层面，忽视了物流成本冰山学说中的隐性成本，即物流的经营成本和战略成本。作业成本是物流成本的重点，经营成本是物流成本的核心，战略成本是物流成本的导向。其中，物流经营成本主要包括订单与顾客管理系统运营成本、供应与保障管理系统运营成本、运输与网络管理系统运营成本、库存与控制管理系统运营成本以及仓储与拣货管理系统运营成本；物流战略成本主要包括物流投资方向抉择的成本、企业内外部资源重组的成本、企业物流流程重组的成本以及物流系统人事组织机构的设置成本。

在物流成本的分层细化后，微观上，产品成本的控制转移到作业成本；宏观上，成本动因划分为结构成本动因、执行成本动因、作业成本动因，其中结构成本动因是企业对其经济结构的选择（如企业规模、经营范围、历史经验、生产技术等）。结构成本决定了企业成本发生的基础条件，从而形成了企业的战略成本，企业为获取竞争优势来制定和协调成本与环境、成本与竞争优势以及成本与可持续发展的关系。

从企业微观层面看：首先，降低物流成本意味着扩大企业的利润空间，提高利润水平。当某企业的物流效率高于所属行业的平均物流效率、物流费用低于所属行业平均物流费用水平时，该企业就能够获得超额利润，物流成本的降低部分就转化为企业的"第三利润"；反之则会降低利润空间。正是这种与降低物流成本相关的超额利润的存在，引导企业积极关注物流领域的成本管理，致力于降低物流成本。其次，降低物流成本有助于增强企业在产品价格方面的竞争优势，使企业以相对低廉的价格在市场上出售商品，从而提高商品的价格竞争优势，促进商品销售，为企业带来更多的利润。

从宏观层面看：首先，如果通过提高物流效率实现全社会物流总费用水平的下降，就意味着创造同等数量的财富在物流领域所消耗的物化劳动和活劳动的节约，从而实现以尽可能少的资源投入创造出尽可能多的物质财富的经济效果。其次，某地区、某行业物流总费用水平的下降，可以提升该地区、该行业在全国市场中的竞争力。同理，如果我们国家的某个产业物流运作水平高、成本低，则该产业在国际上的竞争力也会相应提高。最后，如果全行业物流效率普遍提高，则意味着同样数量的物流活动所耗费的社会必要劳动减少，商品价格会随之下降，这有利于保持物价的稳定，提高国民的实际购买力。

物流成本在宏观上进行时间和空间的拓展（见图9-2），将传统的以企业生产过程为中心的控制和以企业内部控制为中心的控制扩展到集研发、生产、销售、售后为一体的协同控制和上下游企业协同控制。

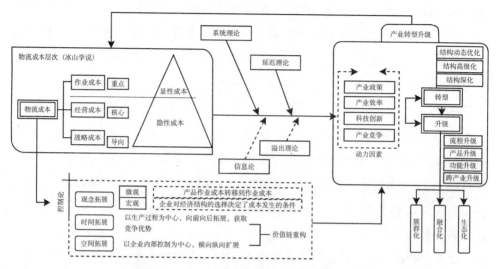

图9-2 物流成本对产业转型升级的作用机理

资料来源：笔者绘制。

这一拓展势必造成物流供应链和产品价值链的重构，在各产业相互融合的共生依赖系统中，企业和不同产业开始进行地域跨度的转变、时间跨度的转变、物流信息跨度的转变以及组织跨度的转变。加上信息技术的快速发展，大大加速企业之间、产业之间信息的搜寻、获取、反馈，从而使物流延迟与物流成本溢出得以更大范围地发生作用，能大大降低企业的作业成本、运营成本和战略成本。

企业的发展形成行业的发展，行业的发展形成产业的发展，企业的转变形成行业的转变，行业的转变形成产业的转变，从而使企业的成本对产业的转变会造成影响。而企业成本中，物流成本占了较高的比重，所以物流成本间接地对产业发展造成了影响。

综合以上对物流成本的深化剖析，结合产业转型升级的内涵，可以得出以下几点两者间的作用机制（间接作用机制和直接作用机制）。

间接作用机制包括：

（1）物流成本降低所带来的企业的竞争优势成长，势必带来行业竞争力度的上涨，行业竞争力度提升，势必带来产业竞争力的提升，最终促进产业的转型和升级。

（2）信息产业的发展带来的物流成本，充分发挥了物流延迟与成本溢出效应，在为第三方物流产业带来巨大利润的同时为其他产业中的企业的物流战略产生了巨大影响，提高了物流效率，从而提升产业的效率，最终促进产业转型升级。

（3）物流成本降低引发的信息技术创新、组合，引发的企业战略创新和物流经营的创新，导致了产业范围领域的科技创新，从而促进产业的转型升级。

（4）物流行业本身就是一个产业，相对于其他产业，其物流成本本身决定了企业尤其是战略的制定和物流流程的转变，会促使其他产业的战略和流程转变，从而对战略成本与经营成本造成影响，从而物流产业的发展对产业转型升级起到关键作用。

（5）对于企业来说，为降低物流成本而进行的战略、经营、组织、人事的转变，本身就是自身企业的一种"深化"，企业的"深化"引发行业结构的"深化"，行业结构的"深化"引发产业结构的"深化"，最终对产业转型升级产生影响。

直接作用机制包括：

（1）从控制论的视角来看，为使物流成本降低而引发的价值链重构，会直接产生产业结构优化的推力，从而促进产业转型升级。

（2）从系统论的视角和物流成本溢出理论来看，为使物流成本降级而引发的企业地域跨度的转变、时间跨度的转变、物流信息跨度的转变、组织跨度的转变会导致产业梯度转移和集群发展的趋势，从而促进产业转型升级。

（3）为降低物流成本而导致的企业流程重组、经营流程重组，引发了行业的融合，进而引发产业的融合，直接促进产业转型升级。

（4）物流成本的降低从特定角度来看，与企业可持续发展和企业与环境协同发展的关系密不可分，物流成本降低是产业生态化发展的基础，物流成本的降低能够促进产业转型升级。

随着时代的发展、物流业的发展，低成本现代物流业、绿色物流已成为物流业发展的趋势。现代物流产业所具有的跨地区、跨行业、跨部门的服务型、基础型和综合型的产业禀赋，决定了它既是一个庞大的纵向发展的经济领域，同时也是一个为其他所有经济领域服务的横向融合的经济领域。

从表象上看，现代物流产业是由物流资源产业化而形成的一种复合型产业，能够涉及和影响到国民经济的各个领域，它包括铁路运输、公路运输、航空运输、水路运输、管道运输、包装、装卸、邮政、电信等多个基础性、服务性行业；但从其运作的机理上看，现代物流业又是与三次产业深度融合的伴生性聚合型产业，它将分散在制造业、农业、流通业等多个领域物流资源，通过物流服务加以整合。现代物流业的生产性服务属性，决定了其在社会生产、生活产业链中，是通过对生产资料和产成品的运输、仓储、分拨、装卸、搬运、配送、信息的聚合等环节，把生产要素配置到企业生产现场和为消费者服务的服务场所，通过完成生产要素和产成品的位移来实现自身的生产和价值的。因此，现代物流业是和第一、第二、第三产业深度融合的复合型产业，物流成本的降低能够以直接和间接的作用来促进产业的转型升级。

四、物流成本对产业转型升级的趋势影响

厉无畏、王慧敏（2002）指出，把握国际产业的发展趋势，我国产业战略调整中通过集群化进一步提高我国产业的国际竞争力，通过融合化实现产业创新和培育新的增长点，通过生态化促进我国经济的可持续发展。

物流业的发展与产业发展逐步深化融合，其对产业的发展方向势必会产生影响，与此同时，产业的发展也会反作用于物流业，物流成本通过影响物流业的效率和利润，进一步影响产业转型升级的发展方向。

1. 物流成本与产业集群化的关系

产业集群是 21 世纪一种新型的产业经济发展模式，在此暂且将其称为"集群经济"（Clusters of Enterprises）。迈克尔·波特提出，产业集群主要是指集中于一定区域内特定产业的众多具有分工合作关系的、不同规模等级的企业，这些企业是拥有共同的市场利润及发展空间，基于共赢机制及产权保护而建立的一种组织行为主体。

　　要增强我国各地区商贸流通产业的市场竞争力及其经济发展水平，就必须从区域整体发展出发，构筑一套现代化的商贸流通产业发展模式，从而有效提升整体产业的市场竞争力。"产业集群"区域经济发展模式可以与地方流通产业的发展相吻合，从中能够挖掘出存在区域竞争优势的产业价值链（聂瑞芳，2016）。

　　薛辉、欧国立（2008）研究表明，产业集群已成为增强区域产业竞争力和经济活力的关键，而物流运作模式又左右着其集聚效应与扩散效应的发挥，产业集群与物流系统之间存在十分密切的协同关系。一个成功的物流运作模式，可以促使集群企业降低成本，减少资本投入；扩大市场规模，提高竞争优势；提高获取信息的能力，便于经营规划；减少风险和不确定性因素，为集群企业带来巨大效益。

　　当前，产业集群化发展已经成为推动地方优势产业转型升级和区域经济发展的主要模式之一。亳州市地处安徽西北部，早在明朝时期就是中国的四大药市之一，悠久的中药材种植历史和产业文化积淀为亳州中药材产业集群的形成与发展奠定了坚实基础。2015 年亳州中药材种植面积达 110 万亩（约占全国中药材种植面积的 5%，约占安徽省中药材种植面积的 60%），中药材产业总产值 610 亿元。目前，亳州拥有全国最大的中药材专业交易市场，是全国乃至世界最大的中药材集散中心和价格形成中心。然而，随着产业集群规模的不断扩大，集群企业组织化程度低、产业链上下游企业分工不明确、产业配套服务平台建设滞后等问题逐渐凸显。

　　发挥产业集群优势离不开物流行业作为基础服务体系的支撑与协同。与企业物流不同，产业集群物流着眼于构建集群内企业间的供应链关系，即集群内企业之间、集群与集群之间原材料、半成品、成品等物资从供应地到需求地的流转。其构建的一体化物流系统可以实现物流要素在集聚空间内的高效运作，更好地满足集群内企业的物流需求，降低物流成本与交易成本，形成产业集群核心竞争力并发挥核心优势。当前，亳州中药材产业集群处于产业链底端，在劳动力成本和资源价格不断上涨的背景下，必须改变依靠低要素成本获得竞争优势的方式，打造产业集群区域物流体系，构建科学合理的产业集群与区域物流协同发展机制。

　　从产业集群的概念上来看，为了使各层级企业之间资源配置效率更高，物资、信息、人员的转移成本降低，产业集群得以发展。物流在此充当了物资、商品转移的载体，物流的发展可以使产业集群的范围在同样的成本下地域范围扩大化；同样，产业的集群化发展，使需要流通的物资、信息更为频繁和密切，从而促进物流业的发展。

2. 物流成本与产业融合化的关系

1978 年，美国麻省理工学院（MIT）媒体实验室的内格·罗蓬特（Negrou Ponte）用三个重叠的圆圈来描述计算、印刷、广播三者的技术边界，认为三个圆圈的交叉处将成为成长最快、创新最多的领域。此后，尤弗亚（Yoffie）、植草益、周振华、厉无畏等众多国内外学者，分别从创新视角、模块理论、产业分离与融合的关系、系统自组织理论等方面，对产业融合进行了定义。综合以上学者的研究，产业融合可定义如下：由于技术的进步、管制的放松以及管理的创新，使同一产业内部或不同产业之间出现了传统边界模糊、消失，甚至产生一个新的产业的经济现象。产业融合不仅改变了传统的产业定义与产业演化路径，也改变了传统产业的竞争规则与产业界限，导致产业边界重新划分。

随着现代科学技术的不断发展和信息化时代的来临。产业结构的"软化"与经济体系的"服务化"逐步加深。产业融合正日益成为经济发展中的重要现象。物流业与其他产业的融合不断深化，在其融合深化的过程中，必定交织了复杂多样的流通过程。优化流通的过程，提高流通的效率，降低物流成本，能够更为高效地促进产业间的融合。物流产业融合主要受技术进步、放松规制、管理创新等方面因素的驱动。物流产业的形成与发展显著地体现了产业融合的特性，具有创新优化效应、竞争能力效应、绩效提升效应等融合效应（钟俊娟、王健，2012）。

另外，其他产业的发展也会对物流产业产生深刻的影响，如信息技术的发展对第三方物流产业的促进作用，信息产业的发展使物流服务的买方和卖方交流更加方便，降低了协调的成本，促进了双方的战略伙伴关系（Lewis and Ta-lalayevsky，2000）。

以郑州为例，物流产业的发展对于郑州经济社会的整体发展至关重要，"买全球、卖全球"大物流体系的构建、航空港实验区建设、国际商都建设，乃至国家中心城市地位的确立，均离不开物流产业的支撑。2016 年 8 月 31 日，河南自由贸易区建设获得国家批复，为郑州发展创造了又一重大历史机遇，因而郑州物流产业转型升级的需求也更加紧迫。在国家"互联网+"战略指引下，加快推进物流与互联网、金融行业的深度融合发展，既能为郑州物流产业增添新的动力，又能引领郑州物流行业步入转型升级新阶段。

河南省政府着手努力把郑州建成国家中心城市，打造"国际商都"，积极融入国家"一带一路"倡议，实施"东联西进"，借势发展，并实施"以航空港实验区为突破口，带动郑州都市区、带动中原城市群核心区、带动全省乃至中原经济区发展"的战略构想。事实上，早在2013年《河南省服务业重点领域发展行动方案》中，现代物流与旅游业就被确立为河南省服务业发展的重点领域，旅游物流的发展空间和优势十分明显。作为省会城市的郑州凭借其优越的交通枢纽地位，有望成为中国未来的物流中心，而前期大力打造的郑州航空港经济综合试验区及开启的"郑汴融城"都在一定程度上体现了旅游与物流等多产业的融合。因此，物流成本降低所带来的竞争优势提升，不仅能够突破地方旅游线性开发模式，加速现代旅游与物流两大产业的健康、持续、快速成长，更重要的是，可以提高旅游物流的专业化和整合能力，体现旅游市场开放性和流动性，促进区域内部的资源整合，共同促进城市经济社会跨越式发展。

首先是技术融合对产业的融合起到牵引作用，其次是业务的融合促进产业的融合，最后是市场的融合来完成产业的融合。这一过程中，物流产业起到连接贯通的作用，所以物流产业成本的控制和降低，能够有效降低产业融合的成本并且提高产业融合的效率。

产业融合使传统物流产业之间逐渐形成了新的技术、新的市场、新的业务，运输企业、快递企业、第三方物流企业等可通过共享其他行业的基础设施、技术设备、研发平台等可共同利用的资源，优化物流服务生产流程，降低物流成本，提高企业效率，以便快速响应市场需求。通过跨产业并购，联邦快递（FedEx）与联合包裹（UPS）公司由传统的快递服务企业转变为提供一体化物流服务的现代物流企业；马士基航运（Maersk Line）、日本邮船（NYK）、美国总统轮船（APL）公司由传统的航运企业转变为现代物流企业，它们不仅通过共享彼此的船只、集装箱、港口泊位等基础设施及技术设备，提供远洋运输和有关多式联运的基本功能，还共同开发信息、仓储、包装、库存、控制、分配等新的功能领域，提升物流服务的价值，从而提高了物流产业绩效。在需求方面，产业融合能使企业创造出更多新的产品和新的服务，满足更多的消费需求甚至创新消费需求，融合后的产品或服务功能更为齐全，收入弹性也更高。产业融合通过优化资源配置，促进企业创新，从而提升产业绩效。

3. 物流成本与产业生态化的关系

对"产业生态"这一概念，耶鲁大学的 Thomas Graedel 等（1995）在著作《产业生态学》中，揭示了生态学中的生物组织与产业中的企业组织的相似性，重点从企业与环境的协调发展中描述产业生态学的学科性质及研究内容等。他们将产业生态学的基本概念简要描述为：产业生态学是人类在经济、文化和技术不断发展的前提下，有目的、合理地去探索和维护可持续发展的方法。产业生态学要求不是孤立地而是协调地看待产业系统与其周围环境的关系。这是一种试图对整个物质循环过程——从天然材料、加工材料、零部件、产品、废旧产品到产品最终处置——加以优化的系统方法。需要优化的要素包括物质、能量和资本。因此，产业生态学是从产业生态系统的角度评估和降低产业活动的环境影响的科学。

樊海林等（2004）认为，产业生态是作为在操作层面上对可持续发展理念的一种深度拓展，产业生态根植于系统分析。他分两个层次对产业生态的概念进行界定：一个层次是广义的产业生态，主要是指理念与原则层次上的产业生态，这一层次的产业生态理念基本可以用"优化资源生产率"来加以概括；另一个层次是狭义的产业生态，主要是指模仿自然生态的产业生态系统，通过产业生态系统中不同产业流程和不同行业之间的横向和纵向共生以及不同企业或工艺流程间的横向耦合及资源共享，使能量和物质的消费得以优化，废弃物的产出被最小化。

循环物流是低成本现代物流的一个很重要的体现，它无论在理念上还是在运营模式上都能和生态化、产业化找到耦合点，这也成为生态化产业在机理上的一种重要支撑点。现代物流对生态化产业集群区实现规模的经济效益具有巨大的拉动作用，它的迅速发展也将大大地提高生态化产业集群的地位。它的支撑作用表现在以下几个方面：

（1）在理念上，就是以降低对环境的污染、减少资源消耗为目标，利用先进物流技术规划和实施运输、仓储、装卸搬运、配送等物流活动。循环物流强调了全局和长远的利益，强调了全方位对环境的关注，体现了企业的绿色形象，是一种全新的物流形态。

（2）在循环物流的运作模式上，分为两种模式，包括基于供应链的循环物流运作模式和基于产品生命周期的循环物流运作模式。

首先，基于供应链的循环物流运作模式。循环物流是物料及信息在原料生产商、产品生产商、批发商、零售商以及使用者之间的空间和时间坐标上往复流动，在这种循环流动中，由物料流和信息流经过的节点、路径及其相互联系和相互作用方式等构成的整体就是循环物流系统。循环物流涉及供应链上的所有企业，不是某一家企业就能独立起作用的。因此，循环物流必须基于供应链而构建。

其次，基于产品生命周期的循环物流运作模式。其运作过程是：①制造商经过对供应商的评估，选择出绿色供应商，供应商将由自然资源、能源和人力资源转化而来的原料零部件送达生产企业，然后形成绿色产品；②生产过程中的余料、残次品等，直接进入内部回收系统；③产品经绿色分销渠道，交给第三方物流企业进行专业化的运输和配送；④分销系统规划必须考虑产品退货和处理要求，并制定相应的运行策略。

产业生态化是现阶段产业发展方向的高级形态，物流产业在其中发挥着关键的作用。无论是广义产业生态概念中的优化资源生产率，还是狭义产业生态概念中的不同产业流程和不同行业之间的横向和纵向共生以及不同企业或工艺流程间的横向耦合及资源共享，物质流动、信息流动对其影响巨大，因此物流成本的因素依然对产业生态化起着关键的影响因素。

反过来看，产业生态化本身就是产业内部系统的有机运作和自我协调，是产业内部系统良性运作的一个表现，而这种良性运作必然促使产业各级企业、产业与其他产业的流程畅通循环，这必定会使物流产业更为和谐、绿色。

五、结论

物流业几乎涵盖了全部社会生产与消费领域，涉及三大产业和全部社会再生产的全过程，对国民经济各行业资源的配置和产业转型升级发挥着积极的拉动和组织作用，是国民经济发展的动脉和基础支撑系统。随着国民经济的不断增长，物流总费用也不断上涨，其中物流成本占 GDP 的比重虽然逐年递减，但是以2015 年的数据来看，与发达国家相比依然是他们的两倍。因此，降低物流成本对于产业发展、国民经济继续增长具有巨大的促进作用，也因此研究物流成本对于产业转型升级的作用机制具有重要的意义。

本章通过研究物流成本的产生来源和机理、物流成本的相关控制理论、产业转型与升级的内涵，构建了物流成本对产业转型升级的机制流程，提出物流成本对产业转型升级的直接作用机制和间接作用机制。

产业的发展体现于产业结构的转变、产业形态以及产业所提供的商品、服务、性质的升级，其发展主要以集群化、融合化、生态化为趋势。物流业本身作为第三产业中的一员，与其他产业交织相融。在产业集群化的过程中，物流充当了物资、商品转移的载体，物流的发展可以使产业集群的范围在同样的成本下地域范围扩大化；同样，产业的集群化发展，使需要流通的物资、信息更为频繁和密切，从而促进物流业的发展。在产业融合过程中，技术融合对产业的融合起到牵引作用，业务的融合促进产业的融合，市场的融合来完成产业的融合，而物流产业起到连接贯通技术融合、业务融合与市场融合的作用，所以物流产业成本的控制和降低能够有效降低产业融合的成本并且提高产业融合的效率。在产业生态化的过程中，由于不同产业流程和不同行业之间的横向和纵向共生以及不同企业或工艺流程间的横向耦合及资源共享，物质流动、信息流动对其影响巨大，因此物流成本的因素依然对产业生态化起着关键的影响。

参考文献

［1］21 人民网.亳州药市今日开市 力争 2020 年交易额达 1000 亿元［EB/OL］. http：//ah. people.com.cn/n2/2016/0224/c358266—27801278.html. 2016-02-24.

［2］蔡进.切实降低企业物流成本 助推经济转型升级［J］.中国经贸导刊，2016（28）：21-22.

［3］曹瑛.现代物流与区域经济发展研究［D］.成都：四川大学博士学位论文，2007.

［4］韩彪，张兆民.区域间运输成本、要素流动与中国区域经济增长［J］.财贸经济，2015（8）：143-155.

［5］何雄浪，毕佳丽.技术溢出、要素流动与经济地理均衡［J］.中央财经大学学报，2014（4）：80-86.

［6］胡俊文."雁行模式"理论与日本产业结构优化升级——对"雁行模式"走向衰落的再思考［J］.亚太经济，2003（4）：23-26.

［7］蒋兴明.产业转型升级内涵径研究［J］.经济问题探索，2014（12）：43-49.

［8］焦继文，李冻菊.再论产业结构合理化的评判标准［J］.经济经纬，2004（4）：88-91.

［9］孔令丞，谢家平.产业生态化：人工产业系统的生态性回归［J］.生态经济，2005（2）：55-58.

［10］李克宁.谈物流成本与 GDP［J］.中国流通经济，2002（4）：11-12.

［11］厉无畏，王慧敏.产业发展的趋势研判与理性思考［J］.中国工业经济，2002（4）：5-11.

［12］厉无畏，王慧敏.国际产业发展的三大趋势分析［J］.上海社会科学院学术季刊，2002（2）：55-57.

［13］马汴京.头程运费、国际贸易与经济增长——来自中国 120 个城市的经验证据［J］.经济学（季刊），2011（4）：1311-1327.

［14］马健.产业融合论［M］.南京：南京大学出版社，2006：3-4.

［15］［美］迈克尔·波特.竞争论［M］.北京：中信出版社，2003：210.

［16］聂瑞芳.地方商贸流通与产业集群发展的互动研究［J］.商业时代，2016（9）：167-169.

［17］宋杨，高宏伟.物流产业与三大产业联动发展关系研究——以北京市为例［J］.北京交通大学学报（社会科学版），2013，12（3）：1-6.

［18］宋则，常东亮.现代物流业的波及效应研究［J］.商业经济研究，2008（1）：3-9.

［19］王东岳.我国区域经济与物流产业的协调发展研究［J］.价格月刊，2016（6）：76-79.

［20］王华.企业物流成本控制研究［M］.北京：北京大学出版社，2008.

［21］王焰.供应链延迟理论的形成与发展研究［J］.物流科技，2008，31（5）：27-28.

[22] 翁心刚. 对我国物流成本的再认识 [J]. 中国流通经济, 2016, 30 (5): 5–11.

[23] 徐振斌. 新型工业化与产业转型 [J]. 商周刊, 2004 (9): 34–48.

[24] 薛辉, 欧国立. 产业集群的物流运作模式研究 [J]. 中国流通经济, 2008, 22 (10): 22–24.

[25] [英] 亚当·斯密. 国富论 [M]. 北京：华夏出版社, 2005: 13–19.

[26] 依绍华. 关于我国物流业发展若干问题的思考——对当前降低物流成本减轻企业负担的几点建议 [J]. 价格理论与实践, 2016 (9): 29–31.

[27] 袁晋云. 浅析产业集群物流成本的降低 [J]. 山西财经大学学报, 2006 (s2): 20–20.

[28] 张铎. 电子商务与物流 [M]. 北京：清华大学出版社, 2000.

[29] 张红波, 彭焱. 现代物流与区域经济增长关系的实证研究 [J]. 工业工程与管理, 2009 (1): 122–126.

[30] 张兆民, 韩彪. 以社会物流费用占社会物流总额比重测算物流成本 [J]. 中国流通经济, 2016, 30 (10): 24–30.

[31] 赵光辉. 物流企业"互联网+"的应对策略研究 [J]. 现代管理科学, 2017 (7): 97–99.

[32] 郑鑫, 陈耀. 运输费用、需求分布与产业转移——基于区位论的模型分析 [J]. 中国工业经济, 2012 (2): 57–66.

[33] 植草益. 信息通讯业的产业融合 [J]. 中国工业经济, 2001 (2): 24–27.

[34] 中国物流与采购网. 2014 年全国物流运行情况通报 [EB/OL]. http://www.chinawuliu. com.cn/xsyj/201504/16/300850.html.

[35] 钟俊娟, 王健. 基于产业融合的物流产业演化机理 [J]. 中国流通经济, 2012, 26 (11): 36–42.

[36] 周振华. 信息化进程中的产业融合研究 [J]. 经济学动态, 2002 (6): 58–62.

[37] Bowersox D. J., Closs D. J. Logistical Management: The Intergrated Supply Chain Process [M]. New York: McGraw Hill, 1988: 24–45.

[38] Cassen R. H. Our Common Future: Report of the World Commission on Environment and Development [J]. International Affairs, 1987, 64 (1): 126.

[39] Edward frazelle, 任建标. 物流战略咨询 [M]. 北京：中国财政经济出版社, 2003.

[40] Humphrey J. Schmitz H. Governance and Upgrading: Linking Industrial Cluster and Global Value Chains Research [R]. IDS Working Paper, Institute of Development Studies, University of Sussex, 2000 (12): 124–126.

[41] Karen. The Elements of a Successful Logistics Partnership [J]. International Journal of

Physical Distribution and Logistics Management, 1988, 45（1）: 117–142.

［42］ Lambert D. M. Stock J. R. Strategic Logistics Management ［M］. Homewood IL Irwin, 1999: 59–88.

［43］ Lewis I., Talalayevsky A. Third–party Logistics: Leveraging Information Technology ［J］. Journal of Business Logistics, 2000, 21（2）: 173–185.

［44］ Vernon R. International Investment and International Trade in the Product Cycle ［J］. International Executive, 1966, 8（4）: 307–324.

［45］ Yoffie, D. B. Introduction: CHESS and Competing in the Age of Digital Convergence ［C］//Yogie D. B. (ed.). Competing in the Age of Digital Convergence. Boston, 1997: 1–35.

第十章 基础设施建设与工业转型发展

2008 年国际金融危机发生后，作为应对国际金融危机冲击"一揽子"计划的重要举措，中国推出两年新增 4 万亿元的庞大投资计划，这些新增投资主要用于基础设施建设投资。投资计划的完成，为我国在较短时间内扭转工业经济增速下滑趋势，实现回升向好发挥了至关重要的作用。"十二五"以来，随着刺激政策的退出，2011 年基础建设投资增长率急剧下降，但随着经济下行压力不断加大，近年来基础设施建设投资增长率明显回升，为工业稳增长发挥了重要作用。

一、中国基础设施建设投资的基本情况

1."十二五"以来基础设施建设投资基本情况

"十一五"期间，中国基础设施建设投资增速呈现 U 形增长态势。2006 年，中国基础设施建设增长率为 21.3%，2007 年下降为 16.2%，2008 年随着金融危机的爆发，中国经济亦受到巨大冲击，2008 年下半年开始，中国政府加大了财政政策支持基础设施建设的力度，2008 年基础设施建设投资增长率上升为 22.7%，随着 4 万亿投资计划的推出，2009 年基础设施建设投资增长率急剧上升到42.2%。2010 年，基础设施建设投资在 2009 年很高基数的基础上仍增长了18.5%。

"十二五"以来，中国基础设施建设投资增长率经历了一个先急剧下跌，然后恢复的过程。2011 年，随着 4 万亿刺激政策的退出，基础设施建设投资增长率急剧下降至 4.6%，2012 年逐渐恢复至 15.3%。此后，随着经济下行压力的加

大，国家加大了基础设施建设的投资力度。2013 年，基础设施投资增长率上升
至 21.2%。2014 年，基础设施建设投资增长率为 20.3%。2014 年，中国基础设施
投资额为 112174.5 亿元。从各月情况来看，总体趋势表现为"先上升，后小幅
波动"的特征。其中，前几个月每月基础设施投资额分别为 6073 亿元、7594 亿
元、8213 亿元、10143 亿元、12443 亿元，呈现逐渐上升的态势。进入下半年
后，7 月为 10434 亿元，8 月为 10228 亿元，投资额有所下降；9 月又回升至
12011 亿元的较高水平；10 月与 11 月又有所下降，分别为 11321 亿元、10024
亿元；12 月，基础设施建设投资额上升至 13960 亿元的全年最高水平。

分行业来看，2014 年，电力、热力生产及水生产与供应业投资 22916 亿元，
同比增长 17.1%；交通运输、仓储和邮政业投资 42984 亿元，同比增长 18.6%；
水利、环境和公共设施管理业完成投资 46273 亿元，同比增长 23.6%。

2. 交通基础设施建设投资

2014 年，交通基础设施建设积极推进，年交通固定投资保持较快增长势头。
2014 年全年，完成铁路、公路、水路固定资产投资约 2.5 万亿元。其中，铁路建
设完成 8000 亿元投资额，水运、公路基础设施建设分别完成投资 1458 亿元和
15256 亿元，分别下降 4.6% 和增长 11.4%。

（1）铁路建设。2014 年，中国铁路总公司计划完成铁路投资 8000 亿元，投
产新线里程 7000 千米。实际完成铁路投资金额为 2010 年来的新高。另外新线投
产达到 8427 千米，创历史最高纪录。2014 年中国铁路营业里程已达 11.2 万千
米，中西部铁路营业里程达到 7 万千米，占全国铁路营业总里程的 62.3%，其
中高铁 1.6 万千米。国民经济进入新常态后，工业增长面临日趋严峻的下行压
力，加快铁路建设成为稳增长的重要政策手段。2014 年 10 月，发改委密集批
复铁路基建类项目，2014 年 11 月，国家发改委再批四条铁路建设项目，总计
投资 662.4 亿元。2014 年，国家发改委已批复的铁路项目投资总额达 11165.39
亿元。

"十二五"以来，铁路建设取得了巨大成就。2014 年，铁路营业线路里程数
为 11.18 亿千米，与 2010 年相比新增里程 2.06 千米，增长了 22.6%，中西部铁
路营业里程达到 7 万千米，占全国铁路营业总里程的 62.3%。其中，2014 年高速
铁路营业线路里程约为 16000 千米，而 2010 年高速铁路营业里程仅为 5133.4 千

米，增长了 211.6%。

（2）公路水路交通。2014 年 1~11 月，我国公路水路交通固定资产投资 15505.1 亿元，同比增长 10.9%。其中，公路完成投资 14076.0 亿元，同比增长 13.1%。水运完成固定资产投资 1376.4 亿元，同比增长 1.2%。预计 2014 年公路水路基础设施固定资产投资完成 1.67 万亿元，同比增长 5.56%；新建高速公路 8260 千米，改建 339 千米；新改建国省干线 2.86 万千米；新改建农村公路 21 万公里；建成万吨级泊位 110 个，新增及改善高等级航道 289 千米。从区域结构看，东、中、西部地区分别完成公路水路交通固定资产投资 5283.0 亿元、3703.8 亿元和 6518.2 亿元，较 2013 年同期分别增长 8.3%、5.7% 和 16.5%。区域占总投资比例对比，东部、中部、西部固定资产投资比例分别占比 34.1%、23.9%、42%，西部地区依旧是当前主要的投资区域。

"十二五"期间，公路水路基础设施建设稳步推进。2014 年，公路线路里程为 446 万千米，比 2010 年增加了 45.5 万千米，其中，高速公路里程为 11.19 万千米，比 2010 年增加了 3.78 万千米，增长了 41.2%；内河航道运输里程增加 2059 千米。

（3）城市轨道交通。2014 年，中国内地 36 个城市约 3300 千米的轨道交通在建项目，共完成投资 2857 亿元，日均超过 7.8 亿元，比上年大幅增长 33%。据国家发改委统计，截至 2014 年末，中国内地已有 22 个城市建成并运营轨道交通线路 101 条，运营里程 3155 千米。2014 年，中国城市轨道交通新增里程的城市有 16 个，里程共计 386 千米，其中有 13 个城市为新增加线路，里程共计 366 千米。其中长沙、宁波、无锡三座城市于 2014 年开通首条地铁，开启了城市发展"地铁新时代"。截至 2014 年底，中国城市轨道交通的总里程已经超过 3000 千米（包含地铁、有轨电车等），地铁线路总计 88 条。

3. 电力基础设施投资

2014 年，全国主要电力企业电力工程建设完成投资 7764 亿元，同比增长 0.5%。电源工程建设完成投资 3646 亿元，同比下降 5.8%，其中，水电、火电、核电、风电分别完成投资 960 亿元、952 亿元、569 亿元、993 亿元；电网工程建设完成投资 4118 亿元，同比增长 6.8%。2014 年，全国基建新增发电设备容量 10350 万千瓦，其中水电新增 2185 万千瓦，火电新增 4729 万千瓦，核电新增 547 万千瓦，并网风电新增 2072 万千瓦，并网太阳能发电新增 817 万千瓦。2014 年，全国基建新增 220 千伏及以上输电线路长度和变电设备容量分别为 3.61 万千米和 2.24 亿千伏安，分别同比少投产 2842 千米和多投产 2563 万千伏安。

截至 2014 年底，全国发电装机容量 136019 万千瓦，同比增长 8.7%。其中，水电 30183 万千瓦（含抽水蓄能 2183 万千瓦），占全部装机容量的 22.2%；火电 91569 万千瓦（含煤电 82524 万千瓦、气电 5567 万千瓦），占全部装机容量的 67.4%，比上年降低 1.7 个百分点；核电 1988 万千瓦；并网风电 9581 万千瓦；并网太阳能发电 2652 万千瓦。截至 2014 年底，全国电网 220 千伏及以上输电线路回路长度、公用变电设备容量分别为 57.20 万千米、30.27 亿千伏安，分别同比增长 5.2% 和 8.8%。

4. 电信基础设施建设投资

2014 年，电信业固定资产投资规模完成 3992.6 亿元，达到自 2009 年以来投资水平最高点。投资完成额比上年增加 238 亿元，同比增长 6.3%，比上年增速提高 2.4 个百分点。其中，移动投资稳占电信投资的重点，完成投资 1618.5 亿元，同比增长 20.2%，占全部投资的比重达 40.5%，比上年提高 4.6 个百分点。传输投资比重逐步加大，其中传输投资完成 967 亿元，同比增长 1.6%，占比达到 24.2%。互联网及数据通信投资规模与占比有所下降，完成 398.6 亿元，同比下降 22.1%，占比由上年的 13.6% 下降至 10%。

"十二五"以来，电信基础设施不断完善。传输网络优化完善取得较大进展。2014 年，全国新建光缆线路 300.7 万千米，光缆线路总长度达到 2046 万千米，同比增长 17.2%，比上年同期回落 0.7 个百分点，而 2010 年光缆线路总长度仅为 996 万千米。移动通信设施建设步伐加快，移动基站规模创新高。2014 年，随着 4G 业务的发展，基础电信企业加快了移动网络建设，新增移动通信基站 98.8 万个，是上年同期净增数的 2.9 倍，总数达 339.7 万个。其中 3G 基站新增 19.1 万个，总数达到 128.4 万个，而 2010 年移动基站与 3G 移动基站数分别仅为 139.8 万个与 45.9 万个。移动网络服务质量和覆盖范围继续提升。WLAN 网络热点覆盖继续推进，新增 WLAN 公共运营接入点（AP）30.9 万个，总数达到 604.5 万个，WLAN 用户达到 1641.6 万户。2014 年，互联网宽带接入端口数量突破 4 亿个，比上年净增 4160.1 万个，同比增长 11.5%。互联网宽带接入端口"光进铜退"趋势更加明显，xDSL 端口比上年减少 968.7 万个，总数达到 1.38 亿个，占互联网接入端口的比重由上年的 41% 下降至 34.3%。光纤接入（FTTH/0）端口比上年净增 4763.9 万个，达到 1.63 亿个，占互联网接入端口的比重由上年的 32% 提升至 40.6%。

5. 水利基础设施建设投资情况

2014 年，水利管理业固定资产投资 6290 亿元，同比增长 26.5%，其中中央水利投资 1627.2 亿元，同比增长 15.6%。2014 年，中央水利投资计划已分解落实水利建设项目 15152 个，其中中央预算内水利投资计划 5064 个，累计开工 4432 个，开工率 87.5%；中央财政水利专项资金预算 10088 个，累计开工 8366 个，开工率 82.9%。2014 年，我国水利建设投资达到 4881 亿元，其中中央投资 1627 亿元，分别较上年增长 11%、15.6%。

6. 保障房及棚户区改造建设

住建部公开数据显示，截至 2014 年 9 月底，全国城镇保障性安居工程已开工 720 万套，基本建成 470 万套，分别达到年度目标任务的 103% 和 98%，完成投资 10700 亿元。这意味着，今年的保障房建设提前三个月完成了年度任务。显然，相比 2013 年同期保障房开工数据来看，这一进度快于去年同期，总投资量也高于去年同期。

2014 年全面完成了年初确定的各项任务。2014 年，全国城镇保障性安居工程基本建成住房 511 万套，新开工 740 万套。城市基础设施建设进一步完善，全国城市公共供水普及率达到 92.5%，自来水管网漏损率下降 0.5 个百分点，城镇污水处理设施再生水利用量达 35 亿立方米。城市燃气普及率达到 94%。2011~2013 年底，全国城镇保障性安居工程累计开工 2490 万套，其中棚户区改造 1084 万户；基本建成 1577 万套，其中棚户区改造 668 万户。根据住建部的计划，2015 年新开工建设保障性安居工程 700 万套，基本建成 480 万套。照此计算，"十二五"期间保障房的开工数量高达 3890 万套，远超 3600 万套的目标任务。

二、基础设施建设对于工业发展的作用

1. 基础设施建设投资成为稳定经济增长、推动工业转型发展的重要力量

"十二五"期间，随着固定资产投资实际增速的不断下滑以及国际市场持续疲弱，中国工业经济面临日趋严峻的下行压力，为稳定经济增长，避免经济失速，中国政府加大了基础设施建设的投资力度与支持力度。2013 年、2014 年，我国固定资产投资同比名义增长率分别为 19.3%、15.1%，而同时期基础设施建设同比名义增长率为 21.2%、20.3%，高于固定资产投资的增长率。2014 年，国家加快了基础设施建设项目的审批，并批准了一批重大基础建设项目，基础设施建设投资增长率高于固定资产投资增长率 5.2 个百分点，对于稳定固定资产投资增长，进而稳定工业经济增长发挥了重要作用。

对于钢铁、水泥、有色金属等原材料行业而言，基础设施建设投资的快速增长对于缓解这些行业严重的产能过剩态势发挥了极为重要的作用。基础设施建设投资的快速增长，对于稳定装备工业的增长也起到了重要的作用，它在一定程度上缓解了工程机械较为严重的产能过剩问题，稳定了铁路车辆以及相关设备产品的市场需求。风力发电、太阳能发电装机容量的快速增长，对于环境太阳能光伏产业、风能设备产业来说，缓解了这个行业严重产能过剩的局面，并为这两个产业的发展带来了新的机遇。重大能源基础设施建设项目的推进，在一定程度上也推动了关键能源装备研发、量产上的重大突破。通信基础设施的不断优化和完善，带动了电子信息产业的发展，推动了电子信息产业的技术升级，加快了"两化"融合的步伐，并为实施《中国制造 2025》战略创造了一定的条件。

2. 基础设施建设投资拉动工业经济增长的动力正在减弱

2008 年金融危机发生后的两年里，中国政府推出大规模的基础设施建设投资方案，这在推动工业经济快速企稳回升方面起到了重要作用。但是，当前中国已不具备再次推行类似 4 万亿元投资方案的条件，这主要是因为：

第一，地方政府融资能力下降。4 万亿元投资在拉动工业经济快速企稳回升

的同时，也导致地方债规模急剧增长，由此带来的金融风险随之剧增，地方政府融资能力受到影响。随后，中央政府加快清理地方债务，银行进一步收紧对地方融资平台贷款，地方政府融资能力进一步受到制约。2014年1月初，中国人民银行在信贷工作座谈会上提出要"要彻底清理资信差、功能不明、财务不可持续的地方融资平台"。2014年10月2日，国务院办公厅下发《国务院关于加强地方政府债务管理的意见》，将存量债务分类纳入预算管理。

第二，一般公共财政收入增速放缓。2008~2011年间，中国政府一般公共财政收入增速分别为17.3%、18.4%、20.6%与24.3%；2012~2014年期间财政收入增速分别下降至12.9%、10.2%与8.6%。特别是2014年中国一般公共财政收入140350亿元，比上年增长8.6%，这已跌至1991年以来新低。财政收入的放缓，在很大程度上制约了基础设施建设投资的快速增长。

第三，土地市场趋冷。土地抵押贷款以及土地出让收入，是地方政府进行基础设施投资重要的资金来源。中国指数研究院发布的数据显示，2014年全国300个城市成交102830万平方米，同比减少31%，相比2013年，2014年土地出让金仅有2.3万亿元，同比下降28%。财政部发布的数据则显示，受房地产市场调整影响，国有土地使用权出让收入42606亿元，同比增加1340亿元，仅增长3.2%。

3. 基础设施投资效率正在下降

根据黄少卿和施浩（2013）与邵挺（2015）的研究，中国基础设施的投资效率正逐年下降。他们主要采用投资的社会回报率和资本边际收益率来衡量基础设施投资效率。

根据他们测算的基础设施资本边际产出的情况来看，2004~2008年中国基础设施资本边际产出逐年小幅下降，但2008年以后边际资本产出下降的速度明显加快，尤其是东部、中部地区边际资本下降速度加快的趋势更为明显。他们还测算了2004~2013年，全国和各地基础设施社会回报率，总体上呈现逐年递减的趋势，全国基础设施投资回报率从2004年的39%下降到2013年的25%，东部地区从46%下降到33%，西部地区从31%下降到18%。邵挺（2015）沿用了黄少卿和施浩（2013）的研究方法，即通过计算基础设施资本与非基础设施资本回报率的比值的方式来判断基础设施建设是否不足或者超前。如果该值大于1，表明相对于非基础设施而言，基础设施投资存在不足，应该适度加大基础设施投资力度；反之，如果该比值小于1，就说明基础设施投资超过了最优水平，存在"过度超前"的问题，应该适度降低基础设施投资的力度，等非基础设施投资水平相应提高后，再提高基础设施投资水平。邵挺的计算结果表明，该比值总体呈现回落的趋势，2013年该值已经下降至0.95，基础设施建设已从滞后发展变成略微超前。虽然不存在显著的基础设施过度超前现象，但考虑到近年来中国经济资本回报率呈现急剧下降态势（江飞涛，2014），整个基础设施建设投资的效率恶化问题是需要我们谨慎对待的，它在很大程度上会制约基础设施建设持续较快增长的可行性。

三、经济新常态下基础设施建设发展展望

1. 交通基础设施投资增长仍有较大空间

（1）公路建设将迎来新的发展空间。2013年6月，国家发改委正式印发《国家公路网规划（2013~2030年)》，提出未来我国公路网总规模约580万千米，其中国家公路约40万千米。在40万千米的国家公路中，普通公路网26.5万千米，国家高速公路网11.8万千米，高速公路由7条首都放射线、12条南北纵线、18条东西横线及部分环线共同组成，还有1.8万千米的展望线。这是我国第一个集高速公路和普通公路于一体的国家中长期公路网布局规划，是指导我国公路长远发展的纲领性文件，意味着全国公路建设将迎来新的发展机遇。

（2）铁路建设将继续稳步推进。根据国家铁路局发布的信息，中国已完成编制铁路"十三五"发展规划基本思路，并提报国家发改委和交通运输部，初步拟定"十三五"期间建设铁路新线2.3万千米，总投资2.8万亿元。在铁路"十三五"规划中，中国铁路除了将继续花大力气建设高速铁路，建成"四纵四横"高铁网，进一步将高铁在全国铺开外，还需将发展改革的天平向西部倾斜，缩小东西差距，继续推动全国大通道的打通。此外，铁路"十三五"规划中国家还将继续推进铁路的深化改革，让以前封闭的国家部门直接面向市场，广泛地利用大量

民间资本。同时，"十三五"期间，铁路"走出去"步伐加快以及"一带一路"倡议实施，中国将积极拓展国外高速铁路建设市场，继续参与国际竞标。

（3）城市轨道交通将迎来新的发展契机。2013年5月，按照国务院发布的《关于取消和下放行政审批项目等事项的决定》，城市轨道交通项目审批权下放，开始由省级投资主管部门按照国家批准的规划核准。该项政策出台后，城市轨道交通建设的步伐明显加快。2015年，随着南通、洛阳、济南、呼和浩特四个城市最新提交规划，预计2016年全国将有40个城市建设轨道交通，总在建里程近4000千米，其中地铁近3000千米，轻轨60千米，单轨80千米，有轨电车350千米，市域快轨425千米。预计到2020年，全国布局轨道交通的城市将达到50个。

2. 电力基础设施建设与投资空间依然巨大

（1）我国电力工业将由规模扩张型发展向质量效益型发展转变，发展质量明显提升、结构更加优化、科技含量显著加强，电力建设和投资空间依然巨大。尽管"十三五"期间电力增速由高速转为中速，但由于我国电源装机基数巨大，年均增量装机规模仍将庞大，其中非化石能源发电新增装机容量比例将进一步提升。另外，国际电力建设与投资前景十分广阔，"加强能源基础设施互联互通合作"是"一带一路"倡议的合作重点之一，在"一带一路"沿线国家中，许多国家人均装机容量低于中国，有非常大的发展需求，中国企业可充分利用电力装备制造、工程建设方面的优势，借助亚洲基础设施建设投资银行、丝路基金等金融平台，积极拓展海外电力基础建设市场。

（2）电网基础设施建设同样空间巨大。2015年7月6日，国家发改委、能源局联合发布关于促进智能电网发展的指导意见，提出到2020年，初步建成安全可靠、开放兼容、双向互动、高效经济、清洁环保的智能电网体系，满足电源开发和用户需求，全面支撑现代能源体系建设，推动我国能源生产和消费革命。在智能电网建设中，除智能变电站的改造升级或新建是首要任务外，加快特高压变电系统建设也将是重要任务。"十三五"期间，还将新增大气污染防治行动计划中的12条输电通道、酒泉至湖南、淮东至皖南、东北外送等输电通道建设。

3. 新一代通信网络与工业互联网将获得极大发展

"智能制造""互联网+"等将是制造业发展的重要方向，这需要拥有更为高速、覆盖更广泛、服务更可靠的宽带网络。而当前，我国工业宽带网络基础建设相对薄弱，目前多数工业园区的网络基础以满足办公、生产相关的软件应用为主，不管是带宽、覆盖率还是稳定性都不够支撑智能生产。另外，相关费用还是偏高。商用（含工业）、民用网络在设备、安装、使用、入场等费用上有区别，不考虑这些因素，单从相同的带宽来看，商用产品还是收费较高。工业宽带的发展环境还不成熟，需求没有完全释放。一方面，智能制造的基础相对薄弱，目前对于网络的要求还不是很迫切；另一方面，数据中心建设没有实质性拉动传输端的需求。

有鉴于此，工业和信息化部要求，到 2020 年之前，必须以高速宽带网络建设为抓手，提升信息基础设施支撑水平；落实网络提速降费指导意见，推进全光纤网络城市和 4G 网络建设，同时还要加大 5G 研发力度；研究部署工业互联网，组建工业互联网产业联盟，建设工业互联网试验网，研究制定网络架构方案、基础设施建设规划；加强和改进互联网管理，落实企业安全主体责任，营造安全网络环境。

《中国制造 2025》也明确提出，加强互联网基础设施建设。加强工业互联网基础设施建设规划与布局，建设低时延、高可靠、广覆盖的工业互联网。加快制造业集聚区光纤网、移动通信网和无线局域网的部署和建设，实现信息网络宽带升级，提高企业宽带接入能力。针对信息物理系统网络研发及应用需求，组织开发智能控制系统、工业应用软件、故障诊断软件和相关工具、传感和通信系统协议，实现人、设备与产品的实时联通、精确识别、有效交互与智能控制。积极推进第四版移动通信、移动互联网等，加快光纤宽带建设，稳步推进三网融合，全面提高宽带的普及率和接入宽带，为云计算发展提供更强大的网络基础设施支持。

4. 积极推进重大科技基础设施建设

我国将继续加大投入，积极推进科技基础设施建设。2013 年 2 月，国务院印发《国家重大科技基础设施建设中长期规划（2012~2030）》。该规划指出，科技发展正孕育着一系列革命性突破，发达国家和新兴工业化国家纷纷加大重大科技基础设施建设投入，扩大建设规模和覆盖领域，抢占未来科技发展制高点，我国迫切需要加快重大科技基础设施建设。

该规划进一步提出，在未来的 20 年里，根据重大科技基础设施发展的国际趋势和国内基础，以能源、生命、地球系统与环境、材料、粒子物理和核物理、空间和天文、工程技术七个科学领域为重点，从预研、新建、推进和提升四个层面逐步完善重大科技基础设施体系。在可能发生革命性突破的方向，前瞻性地开展一批发展前景较好的探索预研工作，夯实设施建设的技术基础；在 2016~2030 年适时启动建设一批科研意义重大、条件基本成熟的设施，强化未来科技持续发展的能力。

5. 环境保护基础设施投资力度将加大

当前，中国资源环境约束日益趋紧，环境承载能力已经达到或接近上限，环境质量差、污染物排放量大、生态受损严重、风险隐患高，与公众的需求和期待差距较大，环境保护任务十分艰巨。必须加大环境保护基础设施建设投资的力度，提高环境保护基础设施的质量和水平。据环保部规划院测算，2020 年之前，环保投入将增加到每年 2 万亿元左右，2016~2020 年社会环保总投资有望超过 17 万亿元。规划还将提出发展绿色金融、绿色信贷、绿色保险等内容，设立税收等鼓励政策，扎实推进环保第三方治理，最大限度撬动社会资金，发展环境保护基础设施。

总体判断，今后相当长时间内，基础设施建设投资仍将起到稳定工业经济增长的作用，不过需要看到这种拉动工业增长的作用总体呈减弱趋势。在这一期间，基础设施建设与投资对于工业发展的积极作用将主要体现在推动工业转型升级方面：一是将推动中国智能制造的发展，二是有利于增强制造业的创新与研发能力，三是将加快工业绿色发展的步伐。

四、发挥基础设施建设先导作用、推动工业转型升级的对策与建议

1. 加快推进基础设施建设投融资体制改革

一是加快形成完善的多元化基础设施投融资体系。目前我国基础设施建设投融资仍以地方融资平台和银行信贷等间接融资渠道为主，没有形成多元化的融资模式，融资风险日趋突出，应将 3.6 万亿元的平台债有序转化为收益债券、项目债券等融资品种，更多采用 PPP、BOT 等模式有效吸引社会资本进入基础设施投资与运营管理。二是推进 PPP 发展。建立健全相应法律制度，在法律层面上明确界定政府与私人部门应承担的责任、风险以及应享有的权利。在城市基础设施及公共服务领域，如城市供水、供暖、轨道交通、医疗等领域中优先选择收费定价机制透明、有稳定现金流的项目，作为推广 PPP 模式的示范。各级政府财政部门需要根据财税体制，按照公开、公平、公正原则，探索项目采购、预算管理、收费定价调整机制、绩效评价等有效管理方式，规范项目运作。

2. 积极支持工业互联网建设

一是加快工业互联网接入规范、交互技术和安全技术等相关标准制定工作。政府应积极协调各方，加快制定相关规范和标准，以有效指导建设方和使用方进行相关的研究和实施。二是将工业宽带纳入现有示范项目等支持体系中，针对重点工业园区包括宽带、网络设备等基础设施建设给予一定的政策支持，并且在后期市场化运行过程中探索新的收费模式。三是做好物联网、数据中心等规划和应用与工业宽带建设的对接。工业宽带建设随之而来的是工业大数据的采集和应用，建议在现有物联网、数据中心建设和应用的基础上进行试点，率先将工业宽带的传输、工业大数据采集、数据中心的计算应用等环节流程整合起来，建立完善的工业互联网体系。

3. 加强农村基础设施建设

首先，创新投入方式，拓展资金来源。凡涉及农村区域性的基础设施建设，

如公路、水利及其他社会事业的设施建设，在以政府为主要投入主体的前提下，可以探索出一条以农村土地承包经营权、林权和宅基地使用权（以下简称农村"三权"）作为资本，运用政府设立的担保公司这一有效平台，以农村"三权"为抵押物，向金融机构进行抵押担保融资。对农户自愿参与并直接受益的项目，如危房改造、改厕、沼气池建设等，可采取财政资金以奖代补来引导民间资金投入，从而有效缓解公共财政对农村基础建设的投入压力。其次，加大中央、省级财政对于农村基础设施建设项目的财政投入，减少县级财政的配套，尤其应大大减少欠发达县的配套金额及比例。最后，对已经完工的项目，进行绩效考核，制定奖惩机制，要将绩效考核结果与奖补资金的兑现以及后续项目的安排挂钩（张英鑫，2014）。

参考文献

[1] 胡昊，谢忻玥. 以 PPP 推动基础设施及公共服务领域投融资体制改革 [J]. 国际商务财会，2014（10）.

[2] 黄少卿，施浩. 基础设施、经济增长与劳动力流动 [R]. 上海金融与法律研究院工作论文，2013（10）.

[3] 邵挺. 基础设施：从前向拉动型向后向诱导型 [R]. 国务院发展研究中心研究报告，2015（7）.

[4] 文芳. "工业宽带"建设刻不容缓 [J]. 中国电信业，2015（2）.

[5] 张英鑫. 加强农村基础设施建设，提升财政公共服务能力 [R]. 国研网研究报告.

第十一章　军民融合推动工业转型升级

军民融合发展的根本目的，就是要统筹经济发展和国防建设，将国防和军队建设融入国家经济社会发展体系之中，使包括军工企业、民用企业在内的各类涉军或将要涉军的企事业单位都获得新的发展。当前，中国经济发展进入新常态，推动产业转型升级，迫切需要寻找和培育新的增长点和动力源。推进军民融合，蕴含着巨大的引领和激发创新作用，必将成为推动产业转型升级的强大动力。

一、军民融合推动工业转型升级的主要路径

中国经济转型发展为军民深入融合提供了新契机，工业强国建设为军民深入融合提出了新要求，两者必将形成全要素、多领域、高效益的深度发展格局。

1. 军工需求牵引工业产品和质量升级换代

通过军民融合，许多原本由军队或军工系统自我经营、自我保障、自我配套的事情逐步交由市场和社会去做，会释放出巨大的内需，形成拉动经济增长和产业转型发展的强劲动力。首先，国防武备产品追求性能优越、质量过硬、成本低廉。围绕武器装备研制需求和生产需求，逐步提高基础产品、原材料等国防科技工业支撑保障产品的质量技术标准，能够带动机械、冶金、化工、轻纺、建材、有色、石化、电子等相关产品的质量提升与支撑保障能力。其次，军工高端制造装备升级需求可以促进基础工业在生产技术工艺上不断创新，推动计算机集成制造（CIM）等先进制造技术广泛使用，提升工业技术水平，实现高端制造装备自主供应。再次，以军用技术推广项目为支撑，以国防武备需求为引导能够加快基

础工业淘汰落后技术和产能，促进新技术、新工艺和新设备得到更广泛应用，实现工业结构转型升级和能力优化。最后，挖掘国防武备需求的民用潜力，发挥国防武备需求与市场需求的协同效应，有助于提升工业整体实力和核心竞争力。

2. 技术外溢提升工业技术水平和制造能力

许多有划时代意义和全局性影响的重大科技成就，都是因为国防需要，通过军事装备研发而取得突破的。在中华人民共和国成立初期的独立发展时期，我国国防科技工业也是通过在核能、航空、装备等领域的突破，提高了基础工业的科技创新能力、产业竞争力。从20世纪上半叶开始，特别是"一战"和"二战"期间，重大科技工程逐渐成为科学的热点。"曼哈顿计划""阿波罗登月计划""人类基因组计划"等这些带有"大科学"时代标志的工程，让人们记忆深刻。就我国而言，"两弹一星"、载人航天、蛟龙号等一批耳熟能详、展示中国科研实力的工程已拔地而起。国防科技工业成为不断向基础工业提供先进技术的源泉。我国已经建立了门类齐全、高水平的国防科技工业体系，许多关键技术，包括微电子技术、光电器件、人工智能系统、实时导航系统、空气动力系统、计算机和雷达、核能利用技术、新型火炸药和燃料等，大部分都是在军工领域率先实现突破的通用技术。国防科技工业中，用于飞机制造的数控技术和各种数控机床、数控加工中心，现已广泛地应用于模具、汽车、通用机械装备制造、电子机械、工程机械等各种民用工业产品的制造，保证了产品制造的精度、质量；从武器装备中精密机械和仪器制造发展起来的精密、超精密及特种加工技术，已经在电子产品、计算机、光学仪器等行业发挥重要的作用；航空、航天、兵器制造企业，直接将飞机、发动机、火箭等尖端武器装备的先进集成制造技术，转移用于汽车、摩托车、家用电器等的生产，带动了相关行业的技术进步。国防科技工业成为不断向基础工业提供先进技术的源泉。通过发展军民通用技术，特别是通过产业化的发展，可提高国防科技企业自身的基础能力、技术实力和经济实力以及市场竞争能力，并带动基础工业在市场经济环境中得以良好生存和发展。

3. 要素共享激发创新活力

国防科技企业拥有国家特殊的资源配置，掌握着大量核心资源和高新技术。国防科技工业汇聚了数十万高素质科研人员、上百万人才队伍，拥有大量价值不菲、世界一流的先进实验设施和科研仪器，在许多高技术领域有非常雄厚的科研积累和大量核心技术成果，有很强的核心技术研发、设计及相应的制造能力。通过军民协同创新推动这些重要创新资源的共享，创新人才的交流与流动，可以在很大程度上提高我国国家创新体系的创新能力与创新效率。《中国制造 2025》中，新一代信息技术产业、高档数控机床和机器人、航空航天装备、海洋工程装备及高技术船舶、核电装备、新材料领域都是需要重点突破的领域，而在这些领域军民协同创新有巨大的空间和潜力。国防科技领域长期积淀形成的优质创新资源和技术，一旦加速向民用领域开放共享，通过军民融合与市场需求相结合，就会激发无尽的创新活力。近年来，军民协同创新有力推动了军民创新资源的共享与协同，并在重要领域技术创新方面取得突破。其中，国产大飞机 C919 专用发动机 LeapX 成功进行空中测试；"天河二号"超级计算机研究成功及应用，并为国家重大科技项目提供高性能计算服务。军民协同创新大大加快了北斗卫星导航系统应用新技术的研发、应用及相应应用产业的发展；除此之外，在下一代信息网络、高速光纤与无线通信、物联网、云计算、数字虚拟、先进半导体和新兴显示等重要领域，军民协同创新也取得了不俗的成就。

4. 国防订单带动战略性新兴产业快速崛起

战略性新兴产业特别是《中国制造 2025》大力推动突破的重点领域，大多与国防科技工业高度相关，如发展信息化武器装备、国防体系的信息化建设所需的新一代信息技术与民用信息技术通用，高档数控机床、机器人、航空航天装备、海洋工程装备及高技术船舶等领域的核心技术均具有很强的军民两用性。国防工业的发展推动并加快了这些新兴产业前沿技术的发展，并为这些产业的发展提供了重要的需求，特别是在这些新兴产业发展的初期，国防订单在推动这些产业前沿技术的产业化过程中具有重要作用。国防科技工业同时为基础工业、农业、科学技术和国防现代化服务。国防科技工业把核科学技术、电子技术、航空航天技术等应用到基础工业部门，构建并发展成为新兴产业，如原子能发电站、大型客机、地面设备、气象和通信卫星、大型计算机等，甚至包括精密仪器产业。通过发展结构相似、技术相通、工艺相近的军民两用产业，加快国防科技产业的民用化程度，使之成为国民经济中具有较大规模和较长产业链的新兴产业。近年来，军民融合发展有力推动了新一代信息技术与信息产业的发展。许多民营企业在网络安全和信息化军民融合领域展现出蓬勃发展的生机与活力，"民参军"的范围涵盖电子信息产品制造、软件及系统集成、信息传输、信息服务和网络安全等各个领域。

二、军民融合发展面临的挑战

1. 军民融合程度有待深入

国防科技体系还存在一定的封闭性，与基础工业之间还未形成良好产业生态。军民融合所揭示的发展规律，已为我国国防科技工业60年由无到有、由小变大、由弱变强的发展历程和经验教训所验证。随着这些年来军民融合政策的实施，国防科技工业和基础工业之间已有了一定的交流和互通，但运行体系之间仍旧有着明显的体制分离。国防科技工业在军民两用技术项目上已体现出了很强的自主创新能力，但这些高技术成果却一直未能顺利地实现产业化。国防科技管理机构也没能很好搭建工程化平台，科技成果转化的中间环节较为薄弱，缺少军民互通、互动的交流平台。对于军工系统中的基础工业企业，由于长期过度依赖于军工保障条件而不能灵活地进行市场运作，从而缺乏强劲的市场竞争力；对于能生产军品的基础工业企业，由于订货渠道的闭塞，很多优质产品还不能有效地输送到军工部门。再加上研发管理体系、价格核算体系、产品标准体系等的不同，更进一步阻碍了军、民企业之间技术、产品、信息的沟通与交流。加强国防科技工业与基础工业的融合程度，必须将国防科技融入经济建设和科技创新中，满足国防和民用两种需要，发展军民"双赢"的模式，从而实现国防科技工业与基础工业的连接，使国防科技工业成为不断向基础工业提供先进技术的源泉，积极带动国民经济的快速发展。

2. 国防科技工业对基础工业的辐射能力有待扩大

虽然国防科技工业优势明显，但辐射能力有待扩大，尤其在民品领域，缺乏像美国波音飞机那样极具辐射能力的大型企业。与美国无线通信、计算机等信息产业发展比较，我国国防科技工业辐射能力明显不足。在计算机领域，1946年美国研制成功ENIAC，最初用来进行复杂技术运算，提高导弹、炮弹的打击精度，后来逐步小型化、预算速度不断加快，被用于办公和普通的科学研究与娱乐。在全球卫星导航领域，1994 年美国 GPS 卫星完全部署到位，实行军民分码、民用免费，仅民用市场产值就超过 500 亿美元/年。此外，我国国防工业带动基础工业发展模式严重趋同，兵器、电子、航空、航天、船舶、核工业等军工企业部门的基础工业发展大多集中在汽车制造、家用电器、时装、饮料等一般性的民用产品上。从当前国防科技工业带动基础工业发展情况来看，民用飞机、民用船舶、民用卫星、运载火箭和核电等产品在国内外市场具有较强的竞争力，但在汽车制造、家电制造等基础工业领域，在国内外市场上都不具有明显的竞争优势，甚至有些产品没有任何竞争优势。当前，面对科技创新发展新趋势，一些重大科学问题的原创性突破正在开辟新前沿、新方向，一些重大颠覆性技术创新正在创造新产业、新业态，世界主要国家都在寻找科技创新的突破口，抢占未来经济科技发展的先机。在信息技术、生物技术、制造技术、新材料技术、新能源技术等基础技术方面，在北斗导航、新材料等具备明显领先优势的产业领域，国防科技工业必须通过强大的产业辐射能力，形成一批具有革命性的新兴产业。

3. 国防科技工业与基础工业的良性互动有待加强

同建设世界科技强国的目标相比，我国发展还面临重大科技"瓶颈"，关键领域核心技术受制于人的格局没有从根本上改变，科技基础仍然薄弱，科技创新能力特别是原创能力还有很大差距。在整个科技发展过程中，国防科技的发展总处于优先的发展地位，或超前并带动基础工业发展。新一轮科技革命蓄势待发，关键的军用技术与民用技术日趋相同。例如，航空工业既可以生产军用飞机，也可以生产民用飞机；航天工业既可以生产战略导弹，也可以生产民用卫星；核工业既可以生产原子弹，也可以生产核电站；船舶工业既可以生产军用舰艇，也可以生产民用船舶。只有把这些核心技术掌握在自己手中，才能真正掌握竞争和发展的主动权，才能从根本上保障国家经济安全、国防安全。要抓住新一轮科技革命和产业变革的重大机遇，就要在新赛场建设之初就加入其中，甚至主导一些赛场建设，从而使我们成为新的竞赛规则的重要制定者、新的竞赛场地的重要主导者。我国近年来在民用高新科技领域，尤其是在计算机类、通信技术类和电子技术类产品的科研和生产方面取得了长足的进步与发展，但由于现行的军品生产和民品生产技术标准存在较大差异，造成了国防科技与民用科技、国防科技工业与民用工业之间难以实现良性互动。美国是通过应用民用标准，取消、转换和限制使用军用标准的方法，来解决军民技术标准不统一问题的。所以，在技术基础上，国防科技工业有责任制定和实施军民通用技术标准。

三、军民融合的难点与障碍

1. 顶层规划设计有待完善

传统的分体化建设体制机制给国防建设和经济建设的协调发展造成重大阻碍。首先，缺乏从两大建设全局出发，统筹经济、科技、教育、人才、社会服务保障等各个领域军民融合建设的宏观决策机构。其次，缺乏对军民融合建设宏观决策的综合执行机构。我国经济建设和国防建设实行的是部门管理和行业管理，经济建设的部门管理普遍存在职能交叉，综合执行军民融合建设宏观决策的机构"缺位"。最后，缺乏有效协调军民之间关系的机制。政府不了解军队建设需求，军队不了解政府的建设规划，导致国防需求没能很好地融入地方经济社会发展规划中，国防建设不能充分利用地方经济社会发展成果，表现为：在需求对接机制上，需求提报程序不规范，军地对接主体不明确，存在"有需求难对接、有资源难利用"的现象；在资源共享机制上，军民标准不接轨，补偿机制不健全，"民参军、军转民"渠道不畅通，造成重复建设、资源浪费现象；同时，军民融合在组织协调、项目报批、工作落实上还存在相互扯皮问题，造成"融与不融一个样，融好融坏一个样"的现象。以国防科技工业为例，政府对国防科技工业的能力建设和产业发展按照军民属性分线管理，不利于军、民两方面科研生产能力和两类产业的整体规划、统筹兼顾，军地科技资源和科研成果难以共享。

2. 政策法规制度不完备

近年来，从国家到地方都相继颁布出台了一系列促进军民融合式发展的政策规定，军民融合发展的政策法规环境得到很大改善，但总体来看，现有的法律法规体系还存在一些问题。在军民融合发展规划、制度安排、政策保障等方面还缺乏高层次、统一的法律规范，军民融合方面的法律制度建设整体滞后，法律制度效力低（以意见、办法等为主）、数量少、覆盖面窄、配套不够，军工领域"门槛"过高，影响制约了军民技术双向转移和民用企业参与国防建设的热情，相关法律法规体系涉及面较窄，缺乏促进融合的基本法律，难以高效发挥规范政军企等各方行为共同推进军民融合的作用。同时，在融合促进、信息资源利用和动员、军队人才培养、部门协同、国防教育等许多领域还没有专门的法律法规。而且相关融合建设法规的强制性、可操作性、执行力都不够强，激励政策的优惠度也明显偏低，基本上是"谁参与、谁吃亏"。

3. 利益壁垒难以打破

军民融合深度发展的过程，是一个资源统筹配置的过程。资源的统筹配置必然要调整改革原来的利益分配方式，必然要触动既有利益格局，削弱一部分人获取利益的权利和机会。

例如，我国目前有13万家民营高新技术企业，很多高新技术企业在新能源、新材料、电子信息产业方面都与传统军工企业相比肩，有的技术水平甚至高于十大军工集团，但是却只有550家民营企业进入军工行业。军民融合意味着军品市场的垄断地位将被打破，军工企业将直接面对越来越多且越来越强的国内外竞争。如何充分发挥市场在资源配置中的决定性作用，通过竞争决定企业的参与程度，实现融合资源的使用效益最大化，同时找准国家、军队、企业利益的契合点，形成融合深度发展的合力，这是军民融合发展需要着力解决的一个关键问题。

4. 技术标准体系不互通

标准化是军民融合的基础工程。现代军事装备技术的军民通用率要求已达80%以上。按照这个指标，我国军用、民用标准的通用程度还比较低，一些民用飞机、船舶和大型机械装备征用后，改造起来特别麻烦；现有铁路、公路和港口码头等大型基础设施难以满足部队重型装备的运输、装卸需求。近几年，军民标准互联互通虽然已在逐步推进，产生了积极影响，但由于缺乏有效战略支撑，推进过程并不顺利，真正作用未能发挥。在武器装备发展方面，我国军用标准和民用标准仍然是完全不同的两套体系，这不仅直接影响了武器装备的现代化，而且还形成了军民融合的技术壁垒，制约了军民标准互联互通对军民融合深度发展的促进作用。

5. 融资渠道过窄

由于军工企业属于国家保密行业，大量所需资金主要靠国家财政供给，其余少数部分由企业的留存收益和政策性银行的贷款来满足，其对商业性银行和非银行金融机构等中介机构的利用程度小。此外，军工企业的运行机制和政策法规也导致了军民融合产业融资渠道不宽。军品的市场垄断性强，效益与投入不匹配，而且投入资金的利用效率也不高，民间企业的进入门槛极高，这就造成了军民融合吸引投资的能力弱，使融资过程并不顺利，难以适应市场经济的快速发展。军民融合投资大、周期长、风险高，过度依赖政府投资的资金保障模式越来越难以为继。解决资金难题，要改革国防科技工业投融资模式，以股份制改造为抓手实现投资主体多元化。

四、军民融合推动工业转型升级的政策取向与对策措施

1. 推动军工开放，引导社会资源进入武器装备科研生产领域

当前，国防投资领域门槛较高，如果没有相应的激励政策，社会力量参与的积极性就不高，很难形成竞争机制，制约军民融合发展进程。为此，一是着力健全开放式发展的武器装备科研生产格局。根据武器装备发展战略和规划，立足国家工业基础，坚持军品优先，精干军工主体，扩大协作配套范围，全面引导社会资源进入军品能力建设领域，加快放开一般能力，使其寓于民用工业中发展，逐步形成面向全国、分类管理、有序竞争的开放式能力发展格局。二是加快改进军品市场准入和退出制度。根据新的形势和发展要求，修订武器装备科研生产许可目录，并面向全社会公开发布。建立健全武器装备科研生产退出制度，解决企事业单位退出武器装备科研生产体系时的安全保密、能力保持、任务接转等问题。加强武器装备科研生产许可制度、武器装备承制单位资格审查管理制度和武器装备科研生产单位保密资格审查认证制度的协调衔接。三是完善有利于公平竞争的政策。加快出台国防科技工业投资体制改革的配套措施和办法。改革现行军品税

收政策，按照公平、高效的原则，对从事武器装备科研生产的各类企事业单位执行统一的税收政策。进一步完善政府投资管理，对承担同类武器装备科研生产任务的企事业单位实行同等投资政策。

2. 大力推进军工和民用技术相互转化

国内外高技术产业发展的实践证明，高技术产业对相关行业的贡献关键在于技术研发（R&D）溢出。一要鼓励成立科技成果转化办公室等类似机构，并积极利用好社会技术服务中介的桥梁纽带作用，把军工领域中具有市场前景的军品技术转化成民用成果；在推动军工技术转移转化，支持军用技术推广项目的同时，应扩大收集民口优势技术和产品，推动民口单位主动与军工对接合作，促进供求双方有效融合。二要完善国防科技工业知识产权数据管理，适时解密军用科研技术及成果，加强知识产权保护；利用国家建设军民融合创新示范区、全面创新改革试验区等政策契机，发挥国防科技工业军民融合产业投资基金等相关专项资金的引导作用，通过政府提供政策和资金支持，建立完善军品、民品之间的技术转移机制，鼓励有关试点区域加速军用技术成果推广转化步伐。三要以建设示范性国家技术转移机构与科技成果转移示范区、成立众创空间等为契机，促进军民科技相互支撑转化，大力推进科技成果的产业化；构建军品与民品之间的 R&D 成果有偿共享体系，提升技术流动的效率。四要通过采取完善相关立法、设立明确的国防专利降解密制度、调整失泄密处理办法、完善投融资和风险投资制度、构建国防专利转化多方联动机制、发挥市场资源配置作用、加强国防专利转化中介服务建设等措施，破除国防科技工业向基础工业技术辐射的体制机制障碍。五要在国家层次实施军民两用技术及产业发展专项，通过制定军民融合法规、完善相关优惠政策，引导民用先进技术转移进入军用领域，带动节能环保、新材料、新能源、装备制造等新兴产业加快发展。

3. 推进创新资源共享，探索建立协同创新机制

充分调动军工集团公司、科研院所、高等院校等各类创新主体的积极性，遵循市场规律，围绕军品科研生产和工业转型升级，统筹国家工业领域各种创新资源，逐步形成数量广泛、布局合理、跨地区跨行业的军民融合发展协作创新链。一是面向军民融合发展的重大需求，探索建立一批协同创新中心。加强军民统筹，编制新材料产业健康发展的指导意见，加快军民共用新材料产业化、规模化

发展。研究集成电路领域军民融合重大问题，减少重复投资，提高资源利用效率。探索开展安全可靠关键软硬件、工控系统应用试点示范工程，推动形成技术、应用、产业、安全相互促进、协同发展的良好格局。促进民用飞机、民用船舶等领域军民融合发展。推进高档数控机床、国产首台（套）重大技术装备在军工领域的应用。二是加强军用标准和民用标准的对比和融合研究，逐步扩大武器装备吸纳民用技术规范的范围，研究提出军民通用标准建设工作方案，实施军民标准通用化工程，在保密前提下逐步实现军民技术标准融合。近期可选取电子领域为试点，系统梳理现行军工行业标准，开展军民通用标准制修订工作，提出"立改废"清单、强制性标准清单和建议上升为国家标准的清单。三是建设国防科技工业领域军民融合资源共享平台和军工核心能力数据库。通过资源共享平台更广泛地面向社会各界进行政策的宣贯以及开展军品科研生产、军工能力建设、民口单位技术和产品信息发布，明确供需双方权责，规范需求、申请、审核、公布、落实的程序方法。使供需双方明晰对方的情况及需求，实现对接公开化、透明化。不断完善资源共享平台服务功能，提升信息服务水平。加强国防科技工业领域军民融合数据统计工作，整合军工科研生产、固定资产投资、关键设备设施、军贸进出口、国防科技成果、国防科技重点实验室和重点学科实验室、先进制造技术研究应用中心等数据资源，建设好军工核心能力数据库，不断丰富数据量、提升数据质量，加强分析研究，为军民融合决策提供技术支撑服务。

4. 依托军工需求牵引，着力提升国家整体制造能力

武器装备与军工产品的特殊性，往往需要微细制造、超精密制造、巨系统制造技术，并对于精密程度等有极为苛刻的要求，这些要求不断推动国防科技工业精益制造能力、极端制造能力的提升。这就要求国防科技军工产业必须广泛采用先进制造技术，并不断吸收最新的高技术成果来发展先进制造技术，进而通过技术外溢不断推动整个国民经济制造体系精益制造、极端制造水平的提升。20世纪下半叶以来，武器装备的通用化、系列化、模块化发展趋势，在很大程度上推动了国防科技工业体系柔性制造技术与能力提升，并进而在一定程度上促进了整个国民经济制造体系柔性制造能力的提升。集成化、数字化、网络化、智能化既是当前及未来军工产业发展的重要方向，也是未来制造业发展的方向。在政策取向上，应依托军工需求牵引，深入推动信息化和工业化深度融合，强化工业基础

能力，提高综合集成水平，以推广智能制造为切入点，培育新型生产方式，带动整个国家制造体系在数字化、网络化、智能化等方向上实现突破和发展。一要加快传统产业改造提升，推进行业生产设备的智能化改造，促进移动互联网、云计算、大数据、物联网等信息新技术在企业研发、制造、管理、服务等全流程和全产业链的综合集成应用，提高精准制造、敏捷制造能力，做精做强传统产业。二要加快发展智能制造，推动智能核心装置的深度应用和产业化，构建自主可控、开放有序、富有竞争力的智能制造生态系统，积极打造数字化车间、智能化工厂，提升制造装备和产品智能化水平，做大做强高端产业。三要坚持自主研发和开放合作并举，大力培育基于工业互联网的新产品、新业态、新模式，打造充满活力的创业创新生态系统。

5. 推动军工经济与区域经济融合发展

军工经济与地方经济的协调发展已经从单纯的军转民、民转军向资源统筹、要素共享转变，从单纯的地方为军工单位提供优惠政策向高层次、全方位的战略合作转变。当前，一是大力推进国民经济动员融入区域经济发展体系，着眼于区域经济发展中的增量资源（原有产业的增持、扩产、转产以及新产业兴建）进行动员准备，实现区域经济动员与区域经济发展的有机协同，降低实现区域经济军民融合的交易成本。二是着力引导和支持重大军民结合项目有机纳入区域工业发展布局，构建实施军民融合产业集群，促进军工经济与区域经济融合发展。军民融合产业集群是以特定地域空间为载体，以军工资源为基础，以军民两用产品为依托，以市场为导向，实现区域化布局、专业化生产、市场化联动、一体化经营和社会化协作，促进相关企业以及支撑机构（地方政府、中介组织、知识生产机构等）的集聚与协作，形成范围经济效应，从而使区域优势进一步扩张并形成核心竞争力的产业集群。三是鼓励区域民用产业积极参与国防科技工业建设，在区域内部有效地整合资源，形成一个协调的、强有力的、有利于产业长足发展的纵向、横向关联的系列性产业链条。依托军民两用科技创新体系，增强区域产业的核心竞争能力。通过组织军工先进技术参与传统产业技术改造和重点企业技术中心建设、选择重大科技项目进行军民联合攻关、促进军工技术向民用领域扩散等手段，加快军工经济与区域经济融合向深度和广度发展。

6. 加强国家层面军民融合的统筹协调

推进军民融合深度发展，首先必须搞好顶层规划设计，从国家战略上指明发展方向。一是要研究论证并制定军民融合深度发展战略。要与国家总体发展战略和国防军队发展战略相适应，在科学论证的基础上搞好整体设计，周密制定战略规划，合理确定军民融合深度发展的阶段性战略目标、战略重点和战略举措等。要根据环境变化，适时调整规划，保持顶层设计的科学性、前瞻性、实践性。二是从国家层面明确抓总部门对军民融合推进事项进行宏观统筹，把军队建设规划纳入国家发展总体规划。将军队发展需求与国民经济和社会发展规划紧密地衔接起来，把军队基础设施建设融入国家基本建设体系，把军队人才培养融入国民教育体系，将军队信息化建设融入国家信息化建设体系，把军队后勤保障融入经济社会保障体系，把国防动员融入国家应急管理体系，在优化资源配置中提高资源利用效益。三是认真制订好军民融合计划。要加快制订军民两用技术转移计划，将国防科技发展纳入国家科技发展计划中，在国家组织的重大基础科学研究和重大前沿技术开发中，充分满足国防发展需要，形成以国家为主体的高新科技基础支持体系；各部门、行业建设发展计划，应明确军队发展的用途。通过规划计划的进一步完善，形成上下衔接、横向协调、便于落实的规划计划体系，有效落实军民融合深度发展的战略目标和任务。

参考文献

[1]车茹雅，张晓瑞. 我国军民融合产业融资模式存在的问题及对策建议 [J]. 生产力研究，2013（11）.

[2]纪建强，黄朝峰. 论战略性新兴产业额军民融合发展 [J]. 当代经济管理，2013（7）.

[3]任海平. 推进军民融合发展，加快产业转型升级 [C]//中国经济分析与展望（2015~2016）. 北京：社会科学文献出版社，2016.

[4]宋纯利，宋政. 我国军民融合深度发展存在问题及对策措施 [J]. 中国军转民，2016（1）.

[5]郑兴祥. 推进军民融合深度发展亟待突破五大障碍 [J]. 国防科技工业，2015（2）.

第十二章　发达国家促进工业转型发展的经验及启示

日本、新加坡、德国等发达国家长期以来在供给侧实施了一系列的政策，这些政策在长期推动国民生产体系质量与效率提升方面卓有成效，是持续增强国家竞争能力的重要举措。对于日本和新加坡而言，这些供给侧政策还是助推两国成功跨越"中等收入陷阱"的重要政策工具。日本、新加坡、德国的成功经验，对于当前处于经济新常态的中国而言具有重要的借鉴价值。

一、日本、新加坡、德国推动供给体系提质增效的主要政策措施

1. 让注重"效率与质量"成为国民共识

日本和新加坡通过国民运动转变国民观念，让企业、国民充分认识到持续改善（生产）效率与质量的高度重要性，并成功地让社会各阶层都积极参与到提升生产效率和质量的活动中来。"日本制造"也曾是劣质产品的代名词，缺乏国际竞争力。20世纪60年代，日本把"质量救国"作为国家战略，在全国范围推广全面质量管理。日本科学技术联盟设立质量管理研究小组，创立了质量管理月、QC小组等制度，迅速提升了质量水平。"质量救国"战略保证了日本1960~1970年"国民收入倍增计划"的实现，最终导致工业竞争力超过美国和欧洲国家。日本沿着质量强国道路继续前行，1999年颁布《制造基础技术振兴基本法》，明确规定了国家、公共团体、生产经营者在促进生产基础技术方面的职责，《消费者保

护基本法》还专门规定了消费者教育的基本方针和主要措施。一些日本企业提出了持续改善（效率和质量）的经营理念、管理思想和具体做法。此外，产业专家、管理研究者、企业家、管理者、各阶层员工都积极参加到持续改善（效率和质量）的活动中，持续改善效率与质量的理念和思想深入人心。

20世纪80年代初，新加坡劳动力市场紧缺，工资水平上升，企业国际市场竞争力面临严峻挑战，经济持续发展动力不足。新加坡的领导人感到本国生产力远远落后竞争对手，决定发起全国性的生产力运动，生产力运动在国家和公司层面都积极开展，新加坡还仿效日本把每年11月定为"生产力月"。新加坡政府通过生产力运动向每一个新加坡国民灌输发展生产力（提升生产体系的效率与质量）的理念，让各阶层国民都充分认识到了提升效率与质量的重要性，并积极参与到发展生产力的活动中来。30余年来，新加坡政府始终通过宣传和教育，向国民强调提升效率与质量对于国家、对于提升国民收入水平的重要作用。近年来，提升生产力又成为新加坡国家战略的优先选项。

19世纪80年代，作为后发工业国家的德国因为仿冒英国、法国、美国等国产品并以廉价冲击市场，使"德国制造"成为一种歧视性标签。德国工业开始反思并严格质量管理，建立了一整套有效的"法律法规—行业标准—质量认证"体系。一是完善的法律法规，如《设备安全法》《产品安全法》《食品法》等，范围广泛的法律体系成为德国产品质量的根本保证。二是统一的行业标准。德国标准化学会（DIN）制定的标准覆盖几乎所有工业领域，保证产品品质和性能的稳定性。三是客观的认证体系。质量认证机构既保证了法律法规的有效实施，又向消费者证明产品的可靠性和安全性。到19世纪末期，"德国制造"基本上扭转了在世人心目中的负面印象。20世纪50年代，德国实施"以质量推动品牌建设，以品牌助推产品出口"的国策，制造业又在战后迅速崛起。"用质量去竞争"逐渐成为大多数德国企业的座右铭，很快"德国制造"成为品质和信誉的代名词。在德国，对于技术、效率、品质近乎苛刻的追求，早已深入人心，并成为"德国制造"的灵魂。

2.设置专门机构助推生产力提升

为帮助企业甚至公共部门持续提升效率与质量，日本与新加坡政府专门设立了特定机构。在日本，持续改善逐渐成为企业的自发行动，但是这种私人部门的自发行动得到了日本科学技术联盟、日本生产力中心与日本管理协会这三个非营利组织的帮助，它们为企业持续改善行动提供课程、研讨、咨询、国际交流、设立生产力与质量奖项以及其他支持机制，这三个非营利组织协助企业持续改善的活动得到了日本政府的资助。

新加坡先后成立生产力中心（1967 年）、生产力促进委员会（1972 年），生产力促进委员会最初作为国家发展部附属机构，后来又隶属于新加坡标准、生产力与创新局，生产力促进委员会与生产力中心在生产力运动中起到了非常重要的作用。它们围绕生产效率与质量提升这个核心领域组织技术专家、管理专家、企业管理人员、工人等各阶层人士展开研究，总结先进企业经验，为企业提升生产率提供课程培训、论坛和研讨会、参观学习先进企业、技术与管理咨询甚至解决方案，极大地促进了不同机构与个人参与到活动中来，并推动了先进技术与先进管理经验的研究、应用和传播。生产力促进委员会除上述职能外，还与亚洲生产力组织（The Asia Productivity Organization）、日本海外技术研修者协会（The Association for Overseas Technical Scholarship of Japan）就提升生产率与工作技能培训等领域展开合作，并与日本国际合作局（JICA）合作发起"生产力发展计划"。这些国际合作为新加坡提升生产率起到了重要作用。当前，新加坡生产力中心与生产力促进委员会在新加坡的经济发展中仍然发挥着极为重要的作用。

德国虽然没有设立专门助推生产力发展的特定机构，但官方性质的德国技术转移中心、半官方性质的弗朗霍夫协会，在一定程度上承担着从技术方面助推企业效率与质量提升的功能；德国的工业协会、商会则为企业提供政策、科技、管理等方面的咨询服务，在一定程度上起到了助推作用。

3. 尤为重视促进中小企业提升生产率

日本政府在"二战"后初期就开始实施（中小）企业评价系统工程，并为此成立日本中小企业诊断协会（J-SMECA）。企业评价系统是经国家授权专门为中小企业提供企业诊断与咨询服务、改善建议的系统，其目标是提升中小企业的效率与能力。中小企业大学是企业评价系统中的重要组成部分，它负责严格培训中小企业咨询师，并对合格者予以认证，合格者在获取小企业大学的认证后，将会自动获得通产省（后改为经产省）颁发的企业咨询师证书与相应从业资格。中小企业大学在很大程度上确保了企业评价系统诊断与咨询服务的高质量。2004 年，日本将几个支持中小企业发展的组织合并成日本中小型企业和区域创新组织（SMRJ），并于 2006 年对企业评价系统进行进一步优化提升，更加突出了企业系统评价工程的实际应用性。日本的企业系统评价工程，经过 60 年的有效实施，对于日本中小企业提升效率起到了非常重要的作用。

帮助中小企业提升生产率也是新加坡政府的一项重要政策。中小企业发展的政策体系一般由贸工部企业司制定，由新加坡标准、生产力与创新局执行，政策的执行需要政府与商会和商业协会合作；新加坡众多商会和商业协会中有五个企业发展中心，这里有许多商业顾问可以给中小企业发展提供咨询建议，包括寻找适合中小企业发展的政府扶持项目，帮助中小企业寻求融资，为中小企业提供公司管理、生产管理、人力资源、公司运转等方面的咨询服务。新加坡生产率中心则为中小企业提高生产率提供技术解决方案以及相应经营管理方面的建议。

帮助小企业提升技术能力、管理水平、创新能力与产品质量一直是德国政府的一项重要政策。官方的德国技术转移中心、半官方的弗朗霍夫协会主要为中小企业提供科技、技术、产品开发方面的咨询服务，帮助企业提升技术能力、效率与产品质量。政府还通过补贴的方式鼓励中小企业接受专业技术、创新及相应管理方面的咨询服务，帮助企业更好地适应日益复杂的经济环境和不断加快的技术更新速度，帮助企业加快技术能力、管理效率、产品质量提升及新产品开发的步伐。

4. 建设高水平的科技大学与高质量的职业教育与培训体系

日本、新加坡、德国都高度重视产业人才培养和人力资本的提升，并将此作为推动国民经济体系效率提升与生产力水平跃升的极为重要的手段，成效显著。这三个国家一方面重视高水平科技大学、工程技术学院的建设，为国民经济发展培养高素质的科技、工程技术人才；另一方面极为重视职业技术教育与培训，建立员工终身学习体系。

日本自明治维新开始，就高度重视高水平科学技术大学的建设，这些科学技术大学为日本培养了大量高素质的科技人才与工程师，为日本产业发展与效率提升做出了重要贡献。新加坡政府同样高度重视人才在产业发展中的作用，新加坡致力于建设具有国际一流水准的理工大学（科技大学），新加坡南洋理工大学是世界顶尖的科技大学之一，为新加坡的经济发展与生产力水平提升培养了大量具有国际水准的科技、管理人才。而 1992 年成立的新加坡南洋理工学院，如今已经成为拥有大约 78000 名在校生、具有亚洲领先水平的理工学院，为新加坡的经济发展与生产力水平提升培养了大量高素质的工程技术人员。

德国历来重视高水平理工大学的建设，德国的 TU9 理工大学联盟的九所理工大学历史悠久且在国际上享有盛名。20 世纪 60 年代，联邦德国经济进入飞跃发展阶段，社会需要大量实用型高技术人才和管理人才，联邦及州政府为顺应这一要求，大力发展应用科技大学。应用科技大学面向市场，根据经济发展与产业需求调整专业设置，设立理论与实践交叉循环的课程体系，企业密切参与教育过程，其毕业生由于良好的专业素质与丰富的实践经验非常受企业欢迎。德国 70% 的工程师都毕业于应用科技大学。

日本、德国、新加坡不但高度重视尖端科技人才、精英型技术人才的培养，还高度重视职业技术、技能的教育与培训，为持续改善生产率与质量培养了所需的大量高素质技能型人才。这三个国家都特别强调技术技能培训内容与目标产业劳动需求的匹配，强调培训项目及内容的设置应随着经济发展与技术变迁过程中对劳动技能要求的变化而及时调整。

日本制定了《职业能力开发促进法》，并建立了以学校职业教育、公共职业教育与企业职业教育为主要构成的完善职业教育体系。其教育体系结构既有初、中、高各种层次衔接，又有国、公、私各种类型，使日本形成了较密集、高效的职教网，进而有效提升了整个职业教育体系的质量与效率。高效优质的职业教育体系是促进日本经济发展与持续改善的一个重要因素。

德国制定了《联邦职业教育法》，并建立起著名的双元制职业教育体系，即企业与职业技术院校合作培养技能人才的职业技术教育体系。双元制教育体系将职业实践的学习与专业知识、普通文化的知识紧密结合起来，为德国培养了大量高素质技能型人才。这些高素质技能型人才是德国制造业效率与质量持续提升的重要源泉，是德国制造业竞争优势的重要构成。

在新加坡，全国人力资源委员会（NMC）根据国家中长期人力资源的规划和需求，制定相应的实施方案与策略，并设置了明确的量化目标，在之后的 4~5 年时间内，根据学生类型、数量和特定技能要求，由各大学和理工学院进行培养。同时，政府资金将按照职业教育培训计划与人力资源规划给予支持。在继续教育方面，政府通过提供一系列多元的技能培训作为学校教育的补充，以及培养更多的专业人才、经理、行政人员和技术人员，使培训范围扩大到所有层次员工的职业技能和竞争力。

5. 实施严格的消费者权益保护制度

20世纪五六十年代，日本经济虽然快速增长，但是日本产品却是廉价、低质产品的代名词。随后，日本企业不断提高其产品质量，日本制造逐渐成为高质量的代表。推动这一重大转变的两股重要力量：一是持续改善理念、思想及先进经验的成熟和推广；二是日本政府自20世纪60年代末开始构建完善的严格保护消费者权益制度体系。后者的作用往往被国内学者、政策部门所忽视。但是，许多日本学者的研究都表明，日本20世纪60年代末开始实施的严格的消费者权益保护制度（包括集团诉讼、具有震慑力的惩罚性赔款、生产方举证责任、严格追究相关责任人的刑事责任等），对于倒逼日本企业持续提升产品质量起到了至关重要的作用。

德国全方位严格保护消费者权益，从法律上制定了《消费者权益保护法》《食品法》《日用品法》《产品担保法》和《消费信贷法》，法律规定非常详尽。德国在联邦政府中设立了消费者保护部，并建立了成熟的消费者协会网络，并且有大量独立的产品检验组织。这些法律和机构成为消费者维权最有力的保障，同时迫使企业必须充分保证产品的质量，否则会面临严苛的处罚以及由此带来的巨大经济损失。

二、发达国家工业转型经验对我国的启示

从发达国家尤其是成功实现赶超的发达国家经验来看，在供给侧实施一系列推动国民生产体系提质增效的政策，是一国进入中等收入水平以后应对要素成本上升、加快产业转型升级、提升产业国际竞争力的重要举措。当前，我国经济已进入新常态，正面临要素成本快速上升、资源环境约束强化、部分产业严重产能过剩、经济增长效率恶化、经济下行压力不断加大，以及发达国家再工业化与后

发国家追赶等带来的严峻挑战，迫切需要通过供给侧结构性改革，着力提高供给体系的质量和效率，进而增强经济持续增长动力，推动我国社会生产力水平实现整体跃升。借鉴日本、德国、新加坡等发达国家经验，结合中国国情，中国可从以下几个方面推动供给体系技术能力、效率与质量的提升：

1. 积极推动国民观念的转变，让持续提升效率与质量成为全社会的共同信念，形成崇尚效率与质量的社会氛围

当前，我国许多企业及企业中的管理人员、技术人员、产业工人心态浮躁，企业及企业主热衷于在房地产市场投机赚快钱，缺乏实实在在做企业、做实业的精神，经营管理层和各级员工缺乏职业精神，极不利于国民经济生产体系提质增效。我国可借鉴日本"国民改善运动"与新加坡"生产力运动"的经验，通过长期、全民范围内的宣传和教育，转变国民的观念，让国民充分认识到提升效率与质量的高度重要性，并进而将持续改善效率与质量的精神和理念贯彻到自己所从事的工作中。转变国民心态，还必须在制度和政策安排中最大限度地减少"赚快钱""一夜暴富"的诱惑和投机取巧机会。

2. 建设完善的生产力促进体系，更加注重帮助企业提升科学管理水平与企业劳动者技能

中国虽然也有类似的生产力促进中心，但这些中心更注重为企业提供科技服务，且服务的质量与效率都有待提高；而日本、新加坡促进生产效率与质量持续改善的部门更加注重促进企业生产管理、现场管理、经营管理水平与企业劳动者技能的提升，帮助企业形成持续改善生产率与质量的企业文化与制度。当前，科技能力不足并不是导致中国企业效率和质量水平不高的唯一原因，科学管理水平不高、劳动者技能水平较低以及管理体制落后等是当前导致中国企业效率与质量较低的更为重要原因，并制约着企业科技能力的提升。当前，我国应该在国家发改委或者工业和信息化部下设"生产力促进局"，整合现有资源与机构，从协助与促进企业提升管理水平（包括生产管理、现场管理、质量管理等）、员工技能、技术能力以及协调三者发展的能力等方面着手，促进企业生产效率与质量的提升。

3. 构建中国的中小企业评价系统，建立中小企业大学与全国性的中小企业管理咨询协会，助推中小企业提升管理水平

政府主导中小企业评价系统的构建，并吸引社会各界力量积极参与，中小企业评价系统商业化运作，政府为接受咨询与评价的中小企业予以一定的补贴和资助。政府资助与推动全国性中小企业管理咨询协会的建设，推动对于中国中小企业管理问题的研究，以及提升中小企业管理咨询的水平。在政府主导和资助下建立中小企业大学，用于培训和认证中小企业管理咨询师，以此保证整个中小企业评价系统诊断、评价与提供咨询服务的质量。提升中小企业管理水平，将有力推动中小企业效率与质量的提升。

4. 建立产业技术研究院和全国性的技术转移中心，助推中小企业技术升级与技术创新

产业技术研究院应致力于为中小企业研究开发低成本、适应性的共性技术，并结合设备推广和工程管理服务推广，实现共性技术的突破和推广。在设立产业技术研发中心的同时，研究院还应设立技术转让中心和产业服务中心，后两个中心承担技术研究成果推广的职责。产业服务中心还要为企业特别是缺乏工程化能力的中小企业提供设备安装、设备检修、设备调试、人员培训等服务。建立全国性的技术转移中心，为企业尤其是中小企业提供技术信息服务、技术咨询与技术服务、技术交易项目的受理与评估，重点是加快先进技术、技术创新成果在中小企业中的应用。

5. 高度重视产业技术人才和技能人才的培养

加强"工匠型"实用技术人才和工程人才的培养与培训。日本、新加坡、德国等国有大量的旨在培养"工匠型"技术人才和工程人才的大学，这些学校的生源基本上都与研究型大学一样是一流的。建议根据我国教育体制和教育观念的现实情况，在一些大学设置专门的"技术工程学院"，与企业合作培养工程师和知识型技术工人。加强企业、职业学校、工程型大学和政府公共服务机构之间的合作，建立高水平的职业教育体系，提升广大产业公认的技能水平，借助政府扶持的培训项目，针对机床操作、通用工业机器人操作等重点工艺设备进行有重点的培训，提升我国制造业的整体技能水平与劳动生产率。

6. 加快推进消费者权益保护制度改革，严格保护消费者权益

进一步完善《消费者权益保护法》，建立消费者集体诉讼制度；完善和强化消费领域惩罚性赔款制度，确保惩罚性赔款的震慑作用；落实和完善举证责任倒置制度，避免消费者因鉴定难、举证成本高、不专业而难以维权的问题；严禁地方政府干预消费者权益保护案件的审理，保护本地不良企业。

参考文献

[1][日]大野健一.学会工业化——从给予式增长到价值创造[M].北京：中信出版社，2015.

[2]高松.德国双元制职业教育及其在高等教育领域的发展[J].北京师范大学学报，2013（1）.

[3]黄群慧，贺俊等.真的是产业政策——发达国家促进工业发展的历史经验与最新实践[M].北京：经济管理出版社，2015.

[4]姜大源.德国"双元制"职业教育再解读[J].中国职业技术教育，2013（33）.

[5]李晓萍，李平，江飞涛.创新驱动战略中市场作用与政府作为——德国经验及其对我国的启示[J].产经评论，2015（6）.

[6]桑凤平.日职业教育促进产业发展的经验及其借鉴[J].教育研究，2012（6）.

[7]许思奇.日本消费者保护政策与立法[J].日本研究，1995（3）.

第十三章 财政政策、金融政策和产业政策协同推进工业转型发展

　　2008 年国际金融危机后，中国政府为应对危机，采取积极财政政策、宽松货币政策以及以"十大产业调整振兴规划"为代表的产业政策等一揽子政策工具，这些政策在阻止经济快速下滑并推动经济迅速企稳回升方面起到了至关重要的作用。但是，这些政策在实施中也暴露出一些问题，其中尤以财政政策、金融政策和产业政策的不协调最为显著。近年来，中国政府不断完善其经济政策工具，优化经济政策组合，并加强经济政策之间的相互协调，对于经济政策工具的运用也日趋娴熟，但是，在进一步加强财政、金融、产业政策协调方面仍面临诸多挑战。

一、三大政策不协调问题的现状

　　国际金融危机以来，中国尤为重视产业政策的运用，先后制定"十大产业调整和振兴规划"以及与之相配套的 160 余项实施细则、《国务院关于加快培育和发展战略性新兴产业的决定》《国务院关于进一步加强淘汰落后产能工作的通知》《国务院关于化解产能严重过剩矛盾的指导意见》《国务院关于促进企业兼并重组的意见》等一系列产业政策，力图促进产业结构的调整与产业的转型升级，为国民经济的长期、健康发展寻求新的动力机制。然而，积极财政政策与宽松货币政策的实施虽然短期内推动了国民经济的企稳回升，但是缺乏与产业政策的协调，在某种程度上阻碍了产业结构的调整与产业的转型升级。

1. 推动高耗能行业快速增长，延缓高能耗产业的调整

金融危机以来，稳增长的财政政策与货币政策，推动了固定资产投资的高速增长，对于高耗能工业产品的市场需求快速增长，进而推动高能耗行业的快速增长。2013 年，全国粗钢产量 7.79 亿吨，比上年增长了 7.5%，2008 年粗钢产量为 5.01 亿吨，五年间增长了 53%。2013 年，十种有色金属产量为 4029 万吨，比上年增长 9.9%，2008 年十种金属产量为 2520 万吨，五年间增长了 59.9%；其中，精炼铜、原铝分别为 684 万吨、2205 万吨，分别增长 13.5%、9.7%，而 2008 年精炼铜、原铝产量分别为 378.9 万吨、1317.6 万吨，五年间分别增长了 80.5%、67.3%。2013 年，水泥产量 24.1 亿吨，比上年增长 9.6%，2008 年产量 14 亿吨，五年间增长了 72.1%；平板玻璃产量 7.8 亿重量箱，比上年增长 11.2%，2008 年产量为 5.99 亿重量箱，五年间增长了 30%。高耗能行业的快速增长，一定程度上使产业结构调整相对缓慢。2011 年，六大能耗工业总产值占全部规模以上工业总产值的比重仍高达 33.78%，而 2006 年、2007 年、2008 年该比重值分别为 33.68%、33.86% 和 34.16%，与金融危机之前相比，六大高能耗工业占比并无太大变化。

2. 进一步加剧了部分行业的产能过剩问题

积极财政政策与宽松货币政策的实施，使固定资产投资在短期内快速增长，极大地刺激钢铁、电解铝、水泥、平板玻璃等投资品的市场需求的同时，也扭曲了市场信号，刺激了这些行业产能投资的高速增长。当政策强度不得不减弱时，需求增长显著放缓，而新增产能又不断释放，进一步加重了这些行业产能过剩的程度。根据国家统计局的调查与测算，2013 年前三季度工业产能利用率分别为 78.2%、78.6% 和 79.6%，低于 80%。钢铁、水泥、平板玻璃、煤化工、造船、工程机械等传统行业产能大量过剩。2013 年，全国粗钢产能利用率为 75%，厚板、热轧宽钢带、冷轧电工钢等高端产品产能利用率不足 70%；电解铝产能利用率下降至 69%，全行业亏损 23.1 亿元；水泥与水泥熟料产能利用率分别为 77% 和 72%；平板玻璃行业产能利用率 72.2%。2012 年船舶产能利用率为 75%，2013 年全国造船完工量比上年下降 24.4%，产能利用率进一步下降。此外，刺激家电、汽车等产品消费需求等政策，透支未来平稳的消费增长，也刺激了相关行业的产能投资，导致这些行业在政策退出后面临一定程度的产能过剩。还需要进一

步指出的是，这些政策在较长一段时间内大大减弱了钢铁、电解铝、水泥等原材料行业以及家电、汽车等行业的转型升级压力和动力，在一定程度上阻碍了这些行业的转型升级。

3. 金融政策不利于实体经济结构调整与转型升级

一是中国长期以来实施极为宽松的货币政策，不利于实体经济的转型升级。长期压低存贷款利率与货币投放量快速增长，虽然支持了投资驱动型的增长模式，同时也付出了高昂的代价，导致资源的严重错配，资本的使用效率低下。近年来，长期宽松的货币政策导致了较为严重的资产价格泡沫和通货膨胀问题，导致大量金融资源热衷于在房地产市场、金融市场进行投机，并进而导致较为严重的产业资本空心化的问题，以及不断积累、日趋严重的金融风险，这极不利于实体经济的长期健康发展。二是利率市场化进程与金融体制改革进程缓慢，不利于产业结构调整与转型升级。长期的利率管制不利于资本跨行业与跨企业的有效配置，不利于企业提高资本使用的效率，并会进而导致产业结构的扭曲与过度的资本化。金融体制改革进程缓慢，金融体系不健全，中小企业长期贷款难，资本市场发展缓慢，缺乏风险投资的生成机制与退出机制，风险分担机制不健全，创新融资困难，影响了市场主体创新和创业的意愿，进而对产业的创新发展与转型升级带来不利影响。

二、三大政策不协调的原因

三大政策不协调的主要原因有两个方面：第一，财政政策、金融政策与产业政策三者各自的主要政策目标是截然不同的；第二，财政政策、金融政策与产业政策在制定过程中缺乏协调机制。

财政政策是政府为实现预定的社会经济宏观目标，调整财政分配过程所形成的既定财政分配模式，其基本政策思路是通过财政支出（政府购买、转移支付）和税收的变动来直接影响总需求和国民收入的变化。财政政策的主要目标是维持宏观经济的稳定、促进地区经济的均衡发展、提升政府基本公共服务水平。而货币政策作为中央银行的金融政策，是指一国中央银行为实现特定的经济目标，针对货币供应量及信用量调控所制定和采取的各项方针措施。作为一项重要的宏观经济政策，其主要目标包括：一是维持适度的货币供给，为经济和社会的正常运转提供较为稳定而良好的金融环境；二是抵消其他方面经济干扰因素的作用，即在经济周期的不同阶段采取不同的政策手段，扭转不足或过度的需求，以便实现最优的经济增长和价格水平的稳定。产业政策是政府为了实现一定的经济和社会目标而对产业的形成和发展进行干预的各种政策的总和。产业政策的功能主要是弥补市场缺陷，有效配置资源；保护幼小民族产业的成长；"熨平"经济震荡；发挥后发优势，增强适应能力。产业政策的基本特点：一是以调控经济结构而非总量为目标，如调控产业结构、产业组织结构、产业区域布局结构，使社会资源在各产业、行业、企业、地区之间得到合理配置，逐步实现产业结构的优化。二是旨在影响经济的长期而不是短期的均衡方向。产业政策的目标通常不是短期经济变量，而是以提升长期的产业竞争力和经济竞争力为目标。三是产业政策主要是影响经济的供给而非需求面，即产业政策主要是通过促进或限制某些产业的发展，优化产业结构，促进实现供给和需求的总量、结构的平衡。由于三大政策的出发点、主要政策目标各不相同，财政政策、金融政策与产业政策在制定实施过程中比较容易出现不协调的情况。

三大政策缺乏协调机制。财政政策主要由财政部主导制定，金融政策则主要由中国人民银行、证监会、银监会主导制定，产业政策则主要由国家发改委与工业和信息化部主导制定。这些部门均主要从本部门工作、任务和目标出发来制定政策，政策之间难免出现不一致甚至冲突的地方。并且，由于政策制定过程中与相应部门缺乏相应有效的协调体系，这些政策上的冲突很难得到有效协调。

三、三大政策协调的基本原则与组织机制

1. 三大政策协调是现阶段经济发展的现实要求

现阶段，中国经济产业结构调整与产业转型升级的迫切性日益加强，同时还面临稳增长的巨大压力，这就需要在当前的约束条件下，实现三大政策的协调与配合。产业政策、货币政策和财政政策的协调一方面要服从有利于产业结构转型升级、实现可持续增长的长期目标，满足产业政策、货币政策和财政政策各自的政策目标要求；另一方面也必须充分考虑到现阶段我国经济发展过程中客观存在的各种经济、社会约束。综合来考虑，本轮产业政策和宏观政策刺激力度受到大概三方面的约束：一是经济转型的约束，二是房价调控的约束，三是地方政府债务的约束。具体来讲，经济转型要求在货币环境的适度偏紧状况下进行，只有在适度偏紧的货币环境里，企业才可能采取集约型的生产，资源才能得到更合理的配置，投资效率才可能得到真正的提高。房价调控的约束要求房地产限购限贷政策不能轻易放松，刺激刚需的方向不能脱离房地产调控的大方向，刺激刚需不能改变房价合理回落的大趋势。而政府债务的约束决定了对政府融资平台的授信受到严重制约，这样就大大降低了地方政府的投资资金来源，使很多项目受制于资金的约束而不能开展。

2. 促进产业结构优化调整与产业转型发展是三大政策协调的根本目标

经济发展的过程本质是经济结构调整优化的过程，经济结构是经济发展中各种矛盾交错集中的"点"。经济结构出了问题，不仅会影响经济增长质量，还会影响总量平衡；不仅会加剧社会生产与自然资源之间的矛盾，还会加剧社会生产与再生产中的社会矛盾。因此，无论是总量性政策，还是结构性政策，最终都要服从于经济结构优化的根本目标。国民经济要保持又快又好的发展，其前提就是要有合理、健全的经济结构。加强财政货币政策的协调配合，改善中国经济运行中的结构性矛盾，应当摆在我国宏观调控中的突出位置。

财政政策和货币政策的基本内容要有利于经济结构的长期优化，形成有利于

结构调整的正确导向。要通过政策的激励与约束作用，引导和推动结构调整朝着国家预期的方向发展。财税政策既可以通过减税、贴息、补助等方式鼓励特定产业发展，也可以通过加税等方式限制特定产业发展。产业政策可以通过调整行业准入门槛、促进企业兼并重组、调整产业技术标准等来鼓励或限制行业的发展。投资政策要发挥好政府投资的引导作用，进一步规范和改革投资审批、核准、备案制度，积极为扩大社会投资创造条件。信贷政策要以产业政策为基础，加强窗口指导，扩大或收紧对特定行业的信贷资金供应。环保政策可以通过环境评价和环保标准的调整推动结构调整。产业政策在结构调整中大有可为，关键在于区别对待，切实把"保"和"压"有机结合起来。各项政策要加强相互协调，形成推动结构调整的合力。

在满足促进经济结构优化长期目标的基础上，货币政策和税收政策还要满足抑制经济过冷或过热等短期目标和促进公平分配等长期性目标，这些目标的实现也有利于为产业结构调整创造好的环境。具体来说，税收政策的目标还包括财政收入目标、收入公平分配、经济稳定。财政实现经济增长的主要手段是降低税负；实现财政收入增长的税收政策目标关键在于税收要随着经济的发展不断增长；实现收入公平分配的税收手段主要通过实行累进的个人所得税制度、遗产税制度，限制收入分配的过度集中和过快增长；实现经济稳定的税收手段主要是建立税收的自动稳定机制和发挥税收的乘数作用。而利率政策的目标除了经济增长和物价稳定，还包括充分就业和国际收支平衡。中央银行在控制社会总需求时，通过对商业银行贷款利率和再贴现利率的控制控制基础货币供应量和基础货币乘数，从而有效地控制社会总需求，达到稳定物价的目标。中央银行还通过利率的调整，实现经济增长、充分就业和国际收支平衡目标。

3.三大政策协调的组织机制

政策实施方面的协调，关键是加强政策实施主体之间的组织协调。为了确保财政政策与货币政策有效、全程、可持续协调，需要设计科学、可行的多层次政策协调机制。为了降低三大政策的协调成本，需要从政策实施的组织结构和工作机制等不同的层面构建多层次的政策协调机制。

第一个层次（最高层次）的政策协调机制建立可考虑在中央财经领导小组的框架内设立专门的经济政策协调委员会，由工信部、财政部、中国人民银行、国家发改委、国家税务总局等部门负责人组成，定期举行会议，主动寻求财政货币政策在经济结构调整目标下的充分合作。协调委员会至少每月召开一次会议，通过完善工信部、财政部和中国人民银行的协调机制，来提高我国产业政策、财政政策、货币政策的组合效应，增强政策效果。

在中央财经领导小组的框架内设立经济政策委员会的情况下，则由经济政策委员会协调产业政策委员会、财政政策委员会、货币（金融）政策委员会，定期召开各政策协调会议，经济委员会的主要负责人与各子委员会的主要负责人参加会议。

第二个层次是相应行政部门首长的定期会晤机制。虽然在我国，各部（委）首长有不少见面的机会，如党中央和国务院的各种会议、国外的财经外交有关会议等，但是工信部、发改委、科技部、财政部、中国人民银行等首长缺乏平台就各方政策协调问题进行深入的交流，影响政策协调的效果。这些部门首长会晤应定期举行，有关议题要提前做好沟通。

第三个层次是信息沟通与保障工作机制。为了确保上面两个层次的协调机制能够有效运转，提高政策协调的效率，需要设立产业政策、财政政策、货币政策协调信息沟通与保障机制。建议依托工信部、财政部和央行内部的政策制定司局，建立三方的信息沟通工作会议和信息交流平台。工作层面的信息沟通与保障机制是三大政策协调机制的基础，该机制运行得好坏与否、是否及时、沟通协调的水平等对整个财政协调具有十分关键的意义，建议重视该机制，并通过人员交流、干部挂职等方式，加强该机制的运行。

4. 充分发挥市场的决定性作用是三大政策协调的基本条件

从长期来看，充分发挥市场的决定性作用与更好发挥政府作用，是实现三大政策协调配合的基础。市场机制在利用分散信息、协调供需平衡、淘汰落后企业和产能、激励企业创新与提升效率、促进产业结构调整与转型升级方面更具高效率性。促进产业结构的调整，首先要尊重市场机制在资源配置中的决定性作用，政府需要为市场机制更好地发挥作用提供良好的制度框架与公平竞争的市场环境，在此基础上采取补充性的经济政策来促进产业结构调整。如政府采取过度干预市场经济的产业政策，则会扭曲市场，破坏市场优胜劣汰的竞争机制，导致设租、寻租等问题，导致创新缺乏与资源配置效率低下，不利于产业结构调整与产业转型发展。从财政政策和货币政策的角度看，过多的行政性的宏观政策手段增加了政策的随意性和主观性，降低了宏观政策的一致性和连续性，在政策实施效果方面经常出现顾此失彼甚至加剧经济波动的问题。

四、促进三大政策协调的主要思路

1. 产业政策与财政政策、金融政策相互关系的再认识

财政政策、货币政策着眼于"熨平"经济周期波动，避免国民经济大起大落带来的社会经济问题，更多体现出短期性、相机性的特征。传统上作为宏观经济政策主要手段的财政政策、货币政策更多关注总量上的失衡，较少关注结构性问题。产业政策的着眼点在于促进或推动产业结构的顺利调整与升级，培育、巩固和提升本国产业的国际竞争力，以实现经济的长期快速发展以及对发达国家的赶超。产业政策是国家产业与经济发展中长期发展战略的重要组成部分与集中体现。改革开放以来，产业政策作为政府促进和引导经济发展的一种手段，在中国经济发展和转型中发挥着重要作用。宏观经济政策与产业政策虽然各有侧重，但并不存在内在冲突，一方面，实施有效的产业政策能促进产业结构的较快调整和升级，能在很大程度上减轻由于结构性矛盾所带来的宏观经济波动；另一方面，宏观经济的稳定又为产业政策的制定和实施提供了良好的外部环境，有利于产业结构的进一步调整。

现阶段中国经济发展过程中，经济增长的速度与结构变化都十分迅速，各种结构型矛盾集中凸显，加大了国民经济失衡和出现较大波动的风险。总量矛盾、结构矛盾相互影响，结构性矛盾是总量失衡的根源，总量失衡往往又加剧结构性矛盾。实施简单着眼于总量平衡的传统宏观经济政策，并不能实现国民经济的长期稳定发展。因而，实施行之有效的产业政策与审慎、灵活的宏观经济政策，并充分协调好两者之间的关系以及使两者相互促进，无论对于实现长期可持续发展与赶超战略，还是对于"熨平"经济周期、实现国民经济的平稳运行而言，都具有重要意义。

现阶段经济周期中，中国产业政策与宏观经济政策（主要是财政政策与货币政策）充分协调和配合，主要考虑以下两个重要方面：第一，在宏观经济政策的制定实施中，不只是简单考虑短期总量失衡问题，而是需要同时考虑长期结构矛盾问题，即在实施反周期的财政政策和货币政策时，既要考虑维护宏观经济的稳定，又要遵循产业与国民经济发展的长期战略，配合产业政策，对于不同的产业实施差异性的政策，以加快产业结构调整升级。第二，产业政策在制定实施过程中，应在保持政策与政策方向长期稳定的基础上，根据国民经济运行的实际情况，配合宏观经济政策，适当把握新政策推出的时机以及调整政策的侧重点与政策的力度。需要进一步指出的是，产业政策在配合宏观经济政策的过程中，不宜为短期目标而改变既有产业政策的基本方向，不能脱离制定产业政策所依据的长期战略。

2. 经济周期中产业政策与财政政策、金融政策协调的总体思路

协调经济周期中产业政策与宏观经济政策，首先需要进一步了解经济周期。在现实经济中，经济主体的信息从来就是不完备的，必然会出现市场主体计划的不协调，供给（总量与结构）与需求（总量与结构）不匹配情形是市场的常态，市场是一个不断试错和纠错的过程，经济周期正是这种试错和纠错过程的一种突出表现形式。特别是当供给与需求（总量与结构）出现严重不匹配时，就会出现经济低迷。经济低迷的过程，从很大程度上来说，是一个相对剧烈、动荡的纠错和调整过程，全社会的供给能力与结构甚至经济结构本身都会发生大的调整。同时，过剩的生产能力被迫调整，低效率的企业和落后的生产能力被淘汰出市场，资源和市场份额不断向高效率优势企业集中，新的产业或新的经济增长点被市场挑选出来。经过这一纠错和调整过程，经济增长的动力逐渐增强，国民经济恢复增长。

从经济周期的性质看，经济周期中协调产业政策与宏观经济政策的总体思路，应包含以下几个主要方面的内容：第一，产业政策与宏观经济政策协调的重点在于创造良好、稳定的市场环境，强化市场在匹配社会总供给、总需求（总量与结构上）方面的能力，促进市场在推动产业结构调整升级方面的能力。第二，产业政策与宏观经济政策协调，要求宏观经济政策不能简单地将维持 GDP 的高增速作为唯一目标，而是要同时注重促进经济结构与产业结构的转变，尤其是要

降低经济结构或产业结构的变动带来的社会成本，并采取必要的支持手段加速这种结构性变动，实现国民经济内生增长动力的顺利转换。第三，经济低迷时期，宏观经济政策刺激力度把握尤为重要。刺激需求政策的力度以稳定市场信心、避免恐慌性情绪过度蔓延为宜。经济低迷是国民经济严重结构性矛盾的产物，采用不计政策成本的刺激政策，虽然可以在短期内实现国民经济走上快速增长的轨道，但并没有消除或者缓解这种结构性矛盾，反而会加重市场信息的扭曲，加深国民经济的内在矛盾。当不计成本的刺激政策难以为继时，结构性矛盾将被进一步激化，经济低迷将会再次出现。第四，经济低迷时期，强化市场导向性产业政策的使用，顺应并促进产业结构的调整，是配合宏观经济政策推动国民经济尽早走出经济低迷的重要手段。为新兴产业的发展创造良好的环境，促进新兴产业的发展，促进传统产业改造升级与产业转移，都是其中的重要内容。

对于现阶段的中国而言，各种结构性矛盾凸显，国民经济长期快速增长的内生动力不足，经济下行压力不断加大。此时，宏观经济政策的着眼点不在于采用不计成本的刺激政策，暂时维持经济的快速增长，这种做法只会使经济各种结构性矛盾进一步加深，并会使未来国民经济面临更为严重的经济低迷，甚至是长期的经济衰退。当前，中国宏观经济政策与产业政策协调尤为重要。财政刺激政策与各级政府主导投资的力度不宜过大，以逐步稳定信心、避免恐慌性情绪过度蔓延为宜，反周期财政政策的重点在于降低经济周期中经济结构剧烈调整对社会经济所带来的冲击，避免经济结构剧烈调整所带来的社会动荡，为经济结构的调整和顺利进行创造较为稳定的社会、经济与政治环境。当前经济下行过程中，宏观经济政策应尤其注重减税政策的使用，较大幅度地减轻企业实际税负，既不会扭曲市场，也能为企业脱困创造一定的条件，能为促进经济结构的调整创造有利条件。而货币政策方面，长期的零利率甚至负利率的货币政策并不可取，这会导致资产价格的严重泡沫以及资本错配日益严重。金融政策方面对于支持实体产业的发展与转型，重点应放在使中国人民银行具有较强的独立性，放开金融领域的进入管制，加强金融业的监管，推进利率、汇率市场化的改革。

五、促进三大政策协调的具体建议

1. 三大政策协调中财政政策的调整

三大政策的协调要求财政政策在产业结构调整与转型发展方面发挥更加积极的作用：一是需要调整税收政策，形成有利于产业结构调整和转型发展的税收体制；二是调整财政支出政策，向更有利于促进总需求结构的方向调整，鼓励创新、增强创新能力，促进高技术产业和战略性新型产业发展方向的调整；三是完善财政补贴政策。

（1）税收体制的调整和完善。第一，积极推进税收体制改革。积极推进"营改增"改革，将目前实行的营业税范围内与增值税链条相关性较强的全部转为增值税，这能有力推动生产性服务业的发展，间接为制造业的转型发展创造有利的外部条件。改革消费税，将污染重、能耗大的消费品纳入征收范围，对重污染、高能耗的消费品实行高税率。加快资源税改革，尽快将煤炭及其他非金属矿原矿、铁矿及其他金属等具备条件的税目改为从价计征。开征独立的环境税，将目前与环境保护有关的收费项目改为税收，逐步将适用范围扩大到更多排放量大的污染物，税率设定遵循"先低后高"的原则。

第二，改革现行税收优惠政策。应尽量淡化税收优惠政策的所有制取向；逐步取消以区域（园区）为主的税收优惠，代之以鼓励企业创新与研发、技术改造、节能与环境保护投资以及促进新兴产业发展为主的税收优惠政策。这种优惠政策应该是一种普惠型的优惠政策，对于符合要求的企业，应进一步简化优惠的审批手续，促进税收优惠政策的落实。转变税收优惠的方式，更多采用加速折旧、（节能、环境保护、技术改造投资等）投资税收减免、亏损结转、费用扣除、提取风险基金等间税收优惠方式，这种优惠方式针对性强、使用灵活、成本收益比较大，效率也比较高。长期以来，高新技术产业优惠政策的重点在其生产、销售环节，未来优惠政策的重点应调整为对其技术与产品的研究开发、技术转移环节。

（2）财政（支出）政策的调整和完善。第一，促进总需求结构的调整，进而拉动产业结构优化。应适当调整财政政策，提高国内消费水平，提高最终消费对经济增长的贡献，降低经济增长对投资和净出口的依赖性。一是调整和完善国民收入分配制度，增强国民收入初次分配的合理性，建立起居民收入随经济发展而稳定增长的机制，提高社会整体的边际消费倾向。二是加大财政对农民及城乡低收入者的补助力度，提高低收入群体的收入水平，进而提高其消费能力。三是加大对社会保障的财政投入，促进以城乡一体化为导向的社会保障体系建设，同时加大就业资金投入和支持教育、医疗卫生等公共事业和服务体系建设，降低居民公共性支出比重，解除居民消费的后顾之忧，从而减少预防性储蓄，增强居民消费预期，增加即期消费。

第二，加大对技术创新、技术扩散的支持力度。提高自主创新能力，加快先进技术的扩散与使用，是推动产业转型发展的中心环节。一是进一步加大对科学基础研究、产业基础技术研究开发的支持力度。二是政府应通过贷款担保、贴息、风险补贴等方式逐年加大对科技创新的引导和激励，确保政府引导性资金投入的稳定增长。三是进一步增加对高新技术企业的财政投入、财政担保、贴息及税收优惠，引导和带动市场资金注入高新技术行业和企业，支持高新技术产业发展。四是加大公共技术服务平台建设投入力度，积极鼓励各类协会、研究机构、企业参与平台建设，促进其提高服务质量和服务水平。五是加大支持创新联盟和创新集群发展的力度，尤其是要加大中小企业创新联盟的支持力度，鼓励中小企业参与到本地创新集群中来。

第三，进一步发挥财政政策的积极作用，促进战略性新兴产业的发展。加大与战略性新兴产业相关的公共项目与基础设施建设，并注重与装备自主化的结合，在加强新一代信息网络、高效清洁发电、特高压输变电、高速铁路、城市轨道交通、生态环境等重大工程建设的同时，提高重大工程装备的国产化率要求，推进自主装备整件和零部件需求发展。加大财政投入，进一步鼓励节能环保等战略性新兴产品的消费，如绿色电力、绿色家电、新型燃料汽车、节能环保汽车、节能环保建筑、节能照明工具等。

第四，调整和完善财政补贴政策。一是将选择性补贴的政策模式调整为普遍性补贴；二是将补贴的重点由生产环节转为研发与创新、消费环节；三是控制补贴的范围和规模，尤其是要取消世界贸易组织《补贴与反补贴协议》绝对禁止使用的出口补贴和进口替代补贴；四是规范补贴制度，提高补贴的透明度，并建立严格的补贴政策事前、事中以及事后评估程序。

2. 三大政策协调过程中金融政策的调整

从协调三大产业政策、促进产业结构调整与转型升级的角度来看，金融政策的主要功能是提升金融市场配置资本的效率，营造良好、稳定的宏观经济环境，为产业发展提供多层次且高效率的金融市场体系。

第一，积极稳妥推动利率市场化进程。利率市场化大致的步骤是：进一步扩大存贷款利率浮动区间；减少受监管的贷款利率期限数量，并最终减少到只控制贷款基准利率；减少受监管的存款利率期限数量，长期存款利率优先市场化，活期存款利率最晚市场化。逐步实现利率市场化，使利率能真正反映资金的供求关系，使投资者在信贷过程中承担真实的资金成本与风险成本。这一方面可以从根本上抑制低效率的粗放型投资，提高资金的使用效率，抑制产能过剩；另一方面可以形成倒逼机制，迫使工业企业尤其是国有企业提高自身的生产效率和经营绩效。

第二，实施稳健的货币政策。中国长期以来实施极为宽松的货币政策，一方面长期压低存贷款利率甚至使之长期处于负利率状态，另一方面货币投放量长期快速增长。虽然这种货币政策支持了投资驱动型的增长模式，同时也付出了高昂的代价，导致资源的严重错配，资本的使用效率低下。近年来，长期宽松的货币政策导致了较为严重的资产价格泡沫和通货膨胀问题，并进而导致较为严重的产业资本空心化的问题，以及不断积累、日趋严重的金融风险，这极不利于产业的长期健康发展，也不利于产业转型升级。因而，中国应转为实施更为稳健的货币政策。此外，还应强化专业型和市场型的监管方式，及时释放金融投机属性所积累的价格膨胀风险。否则，金融资本必将挤出产业资本，造成最严重的经济滞胀的后果。

第三，加快建立多层次、市场化金融体系。在加强金融监管的同时，消除不必要的审批和准入管制，推动建立多层次、多元化、市场化的金融体系。在加强监管的同时，逐步放开银行业等金融服务行业的准入管制，鼓励更多民间资本金融领域发展，发展社区银行、区域性银行。建立多层次的资本市场，形成交易所、全国性股权转让市场、区域性场外市场及券商柜台场外市场三个大的层次，服务于多元化国民经济发展需求和多层次投资者投资需求。推进股票发行注册制，适当放宽创业板对创新型、成长型企业的财务准入指标，建立专门层次，为尚未盈利科技创新型企业在创业板上市创造条件，并实行不同的投资者适当性管理制度。大力发展风险投资基金、创业投资基金和私募股权投资基金，拓宽其资金来源，促进资金汇聚渠道的多样化。

3. 三大政策协调中产业政策的调整

在要求财政政策和金融政策积极配合产业结构调整的同时，产业政策自身也要不断提高合理性和科学性，为三大政策协调创造条件。当前中国的产业政策具有显著的选择性产业政策的特征，即扶持大企业发展、限制小企业发展，挑选特定产业、特定企业甚至特定技术、特定产品进行扶持，这种产业政策模式严重影响市场竞争的公平性，市场优胜劣汰的竞争机制难以充分发挥作用，同时使企业热衷于扩大规模，热衷于寻求政府的政策支持，而在研发、创新方面缺乏足够动力和压力，极不利于制造业及制造业企业的创新发展与核心竞争力提升。因而，应对当前产业政策进行重大调整，放弃"扶大限小"，选择特定企业、特定技术、特定产品等进行扶持的产业政策模式，而将政策重点转为"放松管制与维护公平竞争"。

第一，公平市场准入。消除市场准入中的所有制与企业规模歧视，让不同所有制、不同规模的企业具有公平进入市场的权利。坚持"非禁即准、平等待遇"的原则，取消不必要的准入标准，如企业规模、投资规模、技术标准等，消除中小企业在市场进入上的限制性条件；将准入管理局限在生态与环境保护、产品与生产安全、劳工权益保护方面；消除一些行业和领域存在的隐性市场进入壁垒，如政策影响力、指定采购、资源和要素的原始占有、在位企业战略性阻止行为等。在企业登记、申请立项、税收收费标准、政府采购、财政补贴、土地使用等方面，不同所有制企业、不同规模企业应享有同等的政策待遇。

第二，制定全面、完善的公平竞争法，切实保障各种所有制企业依法平等使用生产要素、公平参与市场竞争、同等受到法律保护，严格约束地方保护主义行为以及为本地企业提供损害公平竞争的各类补贴与优惠政策。同时还要修订《劳动法》《产品质量法》《消费者权益保护法》《反不正当竞争法》《环境保护法》等法律法规，加强保护劳动者权益、消费者权益与公众利益，加大对违法行为的惩处力度，禁止企业采用损害消费者、劳动者权益与破坏环境的方式进行不正当竞争。

第三，加快垄断性行业的改革。打破行政性垄断，在自然垄断行业的可竞争环节引入竞争机制。除涉及国家安全、少数公共产品生产与公共服务提供的领域之外，其他一切处于行政性垄断的行业部门都要打破垄断、放松管制甚至取消管制，全面引入竞争，创造开放、公平、透明的竞争环境与竞争格局。而在需要保留行政性垄断的行业中，应放宽对准入的限制，保障各类经济主体获得平等的市场准入机会，并在可竞争环节引入竞争。在自然垄断行业，根据其行业技术经济特征，加快垄断行业改革。例如，铁路运输行业实施政企分开，鼓励其他企业开展铁路投资与经营，并可考虑实施"网运分离"，在运输市场引入竞争；电力行业方面在发电和售电市场引入竞争，对于输配电网络环节加强监管；水务和燃气等城市公用事业可在竞争经营权获取环节引入特许权招标等竞争机制。

参考文献

［1］江飞涛，李晓萍.当前中国产业政策转型的基本逻辑［J］.南京大学学报（哲学·人文科学·社会科学），2015（3）.

［2］江飞涛，李晓萍.直接干预市场与限制竞争：中国产业政策的取向与根本缺陷［J］.中国工业经济，2010（9）.

［3］张其仔等.协调保增长与转变增长方式关系的产业政策研究［J］.中国工业经济，2009（3）.

后 记

本书是中国社会科学院创新工程《传统产业转型发展问题研究》（GJSCX2017-02）的阶段性成果。参加本书初稿撰写的作者是：第一章，刘勇；第二章，刘勇、郭文、蒋鑫；第三章，彭绍仲；第四章，江飞涛；第五章，曹建海、李芳琴；第六章，曹建海、江飞涛；第七章，江飞涛；第八章，刘勇；第九章，刘勇、蒋鑫；第十章，江飞涛；第十一章，刘勇、葛健；第十二章，江飞涛；第十三章，江飞涛、吕宁。乔睿智、史耀庭参与了调研，并做了资料收集和数据处理工作。全书由刘勇审定和统稿。

在本课题研究过程中，我们得到了中国轻工业联合会王世成副会长、中国钟表协会汪孟晋副理事长、中国自行车协会马中超理事长、中国文体用品协会易晓俐副理事长、中国轻工业联合会信息中心郭永新副主任的积极协助和鼎力支持，得到了美的电器、格力电器、罗西尼表业、深圳天王表业、深圳格雅表业、山东泰山体育、宁波得力集团、宁波贝发集团、威海光威集团、北京碧海渔具等调研企业的热情接待和全力配合。在本书出版过程中，编辑申桂萍女士付出了大量的心血，谨此一并致以衷心的感谢。

我们热切地希望读者提出批评并指正，也希望本书能对理论和实际工作者探讨传统产业转型发展有所裨益。

刘 勇

2017 年 12 月 11 日